시리즈 대승불교·2

대승불교의 탄생

사이토 아키라 외 저
이자랑 역

씨아이알

머리말

대승불교는 외형적으로 보는 한 기원전후 무렵에 탄생하였다. 반야경 계통의 경전을 시작으로 법화경, 무량수경, 십지경, 입법계품 등의 많은 대승경전과 대승계 불전佛傳인 랄리타비스타라(普曜經) 등도 이 이후에 등장한다. 또한 이들 경전으로 인해 기원후 2-3세기경부터는 이름이 알려진 저자들에 의해 관련 논서가 등장하게 된다.

단, 이 경우에 한 가지 주의해둘 요점이 있다. 외형적으로 볼 때 대승경전은 분명 기원전후 무렵에 역사상의 공식 무대에 등장하였지만, 그 내용은 모두 불설에 의거하여 이를 재해석하고, 그 진의를 되살렸다고 하는 자부 내지 자각 하에 탄생하였다는 점이다. 전통부파에 의한 당시까지의 불설 이해에 이의를 제기했다는 의미에서 대승불교는 틀림없이 불교사에 있어 일종의 프로테스탄트 운동이었다.

본 서는 이와 같은 대승불교의 탄생에 초점을 맞추고 근년의 연구 성과에 입각하여 참신한 8가지 관점에서 문제를 다루어보고자 한다.

제1장은 대승불교가 초기불교 유래의 전통설 가운데 어떤 점에 주목하여 재해석 혹은 재표현함으로써 성립했는가를 논한다. 특히 대승불교는 남북의 유력 부파가 공유한 요소(법) 중심주의적인 연기 이해를 배척하고, 도리로서의 연기 이해에 바로 불설의 의도가 있음을 강조한다. 본 장에서는 아함·니카야의 상응부 경전 내의 「연緣」경經을 전형적인 예로 고찰하고, 나아가 동일한 시점에서 나가르쥬나(Nāgārjuna, 龍樹)가 공으로 대표되는 초기 반야경의 설을 어떻게 전통설과 접합시켰

는가 하는 점을 연기, 범천권청, 중도, 무기의 네 가지 시점에서 논한다.

제2장은 대승불교를 종래와는 다른 시점에서 파악한다. 즉, 대승교단이 먼저 생긴 후 대승경전이 탄생했다고 보는 것이 아닌, 기원전후 무렵부터 서사경전으로서의 대승경전이 창출되기 시작하고, 그 후 인도와 동아시아에서 모두 오히려 대승경전이 대승교단을 만들어내게 되었다는 시점이다. 이러한 참신한 시점에서, 전통경전은 기원전후 무렵에는 이미 그 형성 활동을 멈추고 있었으며, 초기 대승경전의 편찬자(=經師)들의 관심은, 이른바 과거의 유물로 변한 전통 경전을 어떻게 부활시키고, 어떻게 하면 그들과의 차이를 강조할 수 있는가에 있었다는 점을 고찰한다.

제3장은 대승불교의 성립 배경에 법멸法滅과 수기授記라는 불가분의 사상이 있었음을 상세히 논한다. 법멸은 붓다 입멸 후 오백 년이 지났을 때 올바른 가르침이 소멸해버린다고 하는, 이른바 불교의 존속을 위태로워하는 표현으로 대승경전 특유의 것이다. 한편, 연등불에 의한 석가보살에의 수기(미래세에 반드시 붓다가 될 것을 예언 내지 보증하는 것) 사상은 복수의 붓다의 존재를 가능하게 하며, 대승불교의 성립을 촉진하였다. 기존에 발생도 전개도 별도로 다루어져온 두 가지 사상이 종종 동일한 문맥에서 설해지고 있는 것에 착목하여, 반야경을 중심으로 하는 초기 대승경전의 구조를 통해 대승불교의 성립과 배경을 고찰한다.

제4장은 '역사가 만든 붓다'로서의 불전佛傳 속에서도, 진지한 불교도가 한층 현실감을 느낀 부분을 발전시킴으로써 대승불교가 성립했다고 하는 참신한 시점에서 고찰한다. 불전에서 대승불교를 생각하는 데 있어 중요한 사건은 붓다의 입멸이었다. 따라서 대승불교 탄생의 중요한 요인 가운데 하나는 '유한한 붓다' 속에 '영원한 붓다'를 발견하려는 시도였다고 보며, 이와 같은 관점에서 반야경으로 대표되는

법 중심의 대승경전과, 법화경이나 무량수경으로 대표되는 붓다 중심의 대승경전이 각각 이신설二身說과 삼신설三身說을 전개하기에 이르게 된 경위를 고증한다.

제5장은 고대·중세의 남아시아의 문맥에서 상좌부와 대승과의 관계를 재고한다. 기존의 연구에서는 종종 근현대의 상좌부불교에 초점을 맞추어 대승을 부정한 상좌부불교라는 도식이 형성되어 있었다. 본 장에서는 이러한 틀 자체를 재검토한다. 스리랑카에서 이미 소멸한 무외산사파無畏山寺派와 기타림사파祇多林寺派에서는 베툴라(=대승)장을 전하고 있었다고 전승되고 있으며, 또한 금속판이나 비문 등의 고고학적 자료에는 반야경 외의 대승 내지 밀교계 경전이 발견되고 있다. 또한 본 장에서는 주석 문헌 등에 산견되는 대승의 학설에 대한 비판적인 언급이나, 7세기부터 9세기에 걸쳐 상좌부에도 대승파와 반反대승파가 병존하다가, 최종적으로 후자인 반대승파가 전자를 압도했던 점, 그리고 스리랑카에서는 그 후에도 관음이나 타라를 비롯하여 대승이나 밀교계의 제 존상이 숭배되고 있었던 점 등에 대해 논한다.

제6장은 부파불교로부터 대승불교가 흥기하는 과정에 초점을 맞추고 있다. 특히 대승불교에 계승된 교의·이론이 특정 부파에 치우치고 있지 않다는 점을 지적한 후, 아비달마 불설과 대승 불설론의 관련을 고찰한다. 나아가 대승불전에 아비달마 불설론의 전통이 발견되는 것을 반야경 및 후대의 중관파 계통의 논서를 통해 검증한다.

제7장은 대승불교의 교리가 명상 체험과 깊이 관련되어 있다는 점에 초점을 맞추고, 초기 대승경전 가운데 하나로 알려진 『반주삼매경』과 초기 베단타학파의 논서인 『아가마 샤스트라』를 비교 고찰한다. 특히 양자에 보이는 '꿈속에서의 경험'

에 관한 취급을 단서로, 모든 현상적 존재를 공으로 보는 인식의 전환을 대승불교의 탄생과 힌두교의 전개를 병렬적으로 보는 시점에서 상세히 논한다.

제8장은 6, 7세기 중세 초기에 불교와 바라문 교학 간에 펼쳐진 논쟁, 특히 언설의 이론을 둘러싼 논쟁을 개관함과 동시에, 그 시대 배경을 고찰한다. 우선 디그나가 Dignāga에 의한 말[語]과 문장[文]의 의미론을 기점으로 그 이후에 전개된 불교와 바라문 이데올로기의 대립에 초점을 맞춘다. 또한 다르마팔라 Dharmapāla나 바비베카 Bhāviveka 외의 논사에 의한 논의에 입각하여 쿠마릴라 Kumārila에 의한 베다의 권위 옹호와 불교 비판, 그리고 다르마키르티 Dharmakīrti에 의한 불교 교리의 재구축과 베다성전 비판이라는 일련의 논쟁과 그 시대 배경을 고찰한다.

본 서에 포함된 원고들은 모두 새로운 시점에서 대승불교의 탄생을 고찰하고 있다. 지금까지의 연구에 입각하여 넓은 시야를 가지고 각각 독자적으로 논제를 다루고 있으며, 앞으로의 연구 전망을 열어주는 귀중한 연구 성과를 제시했다고 생각한다. 집필자 여러분 모두에게 진심으로 감사의 뜻을 표한다.

2011년 11월

사이토 아키라(斉藤 明)

목

차

제4장 변용하는 붓다
—불전(佛傳)의 현실미와 진실미 히라오카 사토시

제5장 상좌부불교와 대승불교 바바 노리히사

제6장 아비달마불교와 대승불교
—불설론을 중심으로 혼조 요시후미

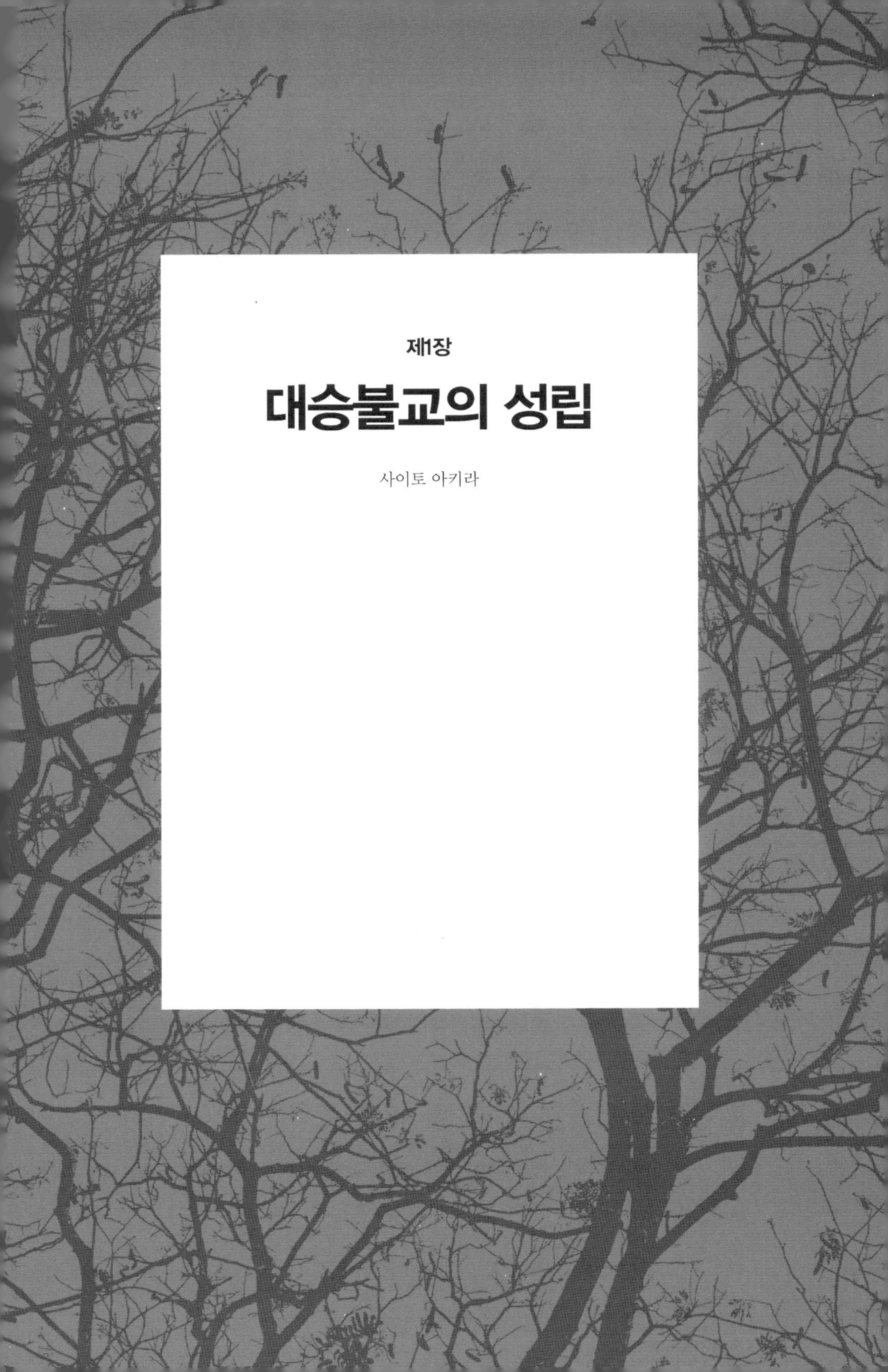

제1장

대승불교의 성립

사이토 아키라

1.
머리말

대승불교는 대략 기원전후 무렵에 성립하였다. 대승, 혹은 이와 관련된 방광(方廣 vaipulya)이나 방등(方等 vaitulya) 등을 자칭하는가 아닌가 하는 문제는 별개로 하고,[1] 최초기의 대승경전이 불교의 공식 무대에 등장한 것은 고타마 붓다의 입멸 후 약 3, 4백 년을 지난 시기이다.[2] 그렇다면 왜 이 시기에 '대승'계의 경전이 성립하고, 점차 그 수를 늘리며, 서서히 이기는 해도 영향력을 늘려간 것일까? 정법이 멸망한다 saddharma-vipralopa는 위기의식이 표면화한 것도 이 시기였다.[3]

기원전 180년경, 마우리야 왕조를 멸망시키고 파탈리푸트라(현재의 파트나)를 수도로 슝가 왕조를 일으킨 푸쉬야미트라는 바라문교를 깊이 신봉하고 불교를 박해하였다고 전해진다. 인도에서 최초의 파불破佛이다.

그 후, 기원전 1세기 말에 대월지 大月氏로부터 독립한 페르시아계의 쿠샨[貴霜] 왕조는 서투르키스탄, 아프가니스탄, 파키스탄 일부를 포함한 북서인도에서 북인도에 걸쳐 세력을 확장하고, 동서 각종의 문화를 받아들여 2세기의 카니시카 왕 통치 시대에는 불교를 특히 보호하였다. 간다라나 마투라를 중심으로 불교 미술이 꽃을 피운 것도 이 왕조 하에서였다.

한편, 데칸 고원을 포함한 남인도에서는 마우리야 왕조의 쇠퇴에 힘입어 기원전 3세기 말 무렵부터 사타바하나(=안드라) 왕조가 위력을 발휘하여 아라비아 해 및 벵갈 만에 임한 항만 도시를 영유하고 동서무역을 통해 번창하였다. 이 왕조는 완전히 인도적인 왕국을 건설하고 바라문교를 국교로 하였지만, 불교도 비호하였다. 크리슈나강 입구 근처의 아말라바티나 상류 쪽으로 약간 거슬러 올라간 곳에 있는 나가르쥬나콘다를 중심으로 안드라불교 미술의 융성을 보게 된다.

이처럼 대승불교가 공식 무대에 등장한 것은 북인도에는 쿠샨 왕조, 남인도에는 사타바하나 왕조가 세력을 확장하고 있던 시기이다. 두 왕조 모두 3세기에는 쇠퇴하지만, 동서 무역을 기초로 적극적인 문화 교류를 진행하여 많은 승원이나 불탑이 건조되었다. 1세기경 간다라 및 마투라에 불상이 처음 등장한 것도 쿠샨 왕조 하에서였다.[4]

북서 및 북인도와 남인도에서 사정이 약간 다르기는 하지만, 대승불교의 등장에는 공통된 시대적인 배경도 엿볼 수 있다. 동서 무역이나 이문화 교류에 적극적인 남북 왕조의 비호를 받았던 점이다. 바라문교의 부흥, 왕권의 신장과 이슈바라(자재신 自在神) 신앙의 확장, 토착의 여러 신앙을 전면에 내세워 시바와 비슈누라는 2대신이 큰 역할을 하게 되는 힌두교의 성립, 「천계경 天啓經」이나 「율법경 律法經」 등의 제사경이나 문법학 등의 베다 보조학의 정비, 고전 상키야설이나 바이셰시카설의 등장 등이다.

대승불교는 어떤 면에서 이와 같은 배경 하에 성립한 교리상의 부흥 운동이었다. 바꾸어 말하자면, 경전과 논서를 중심으로 붓다와 보살에 초점을 맞춘 불설의 재해석, 재평가, 혹은 재표현 운동이라고 할 수 있다. 본 장에서는 교리상의 부흥 운동으로서의 대승불교가 전통적인 아가마(āgama 전승)의 어느 부분에 착목하여 어떤 새로운 해석을 함으로써 성립하였는지 먼저 살펴본 후, 이어 명확한 이름을 가지고 알려진 대승불교계 최초의 논사 나가르쥬나(용수)를 예로 삼아 위와 같은 관점에서 대승불교의 성립에 어떤 역할을 하였다고 볼 수 있는지 고찰해보고자 한다.

2.
대승불교와 초기불교의 교리

주지하는 바와 같이, 초기 대승경전에 등장하는 많은 교리는 초기불전, 특히 불전佛傳이나 자타카(본생담)를 포함한 경전 전승에 연원을 둔다. 연기, 법성, 반야, 공, 진여, 혹은 자비의 강조 등 대승불교의 중심적인 교리는 모두 초기의 경전 전승 가운데 특정 부분에 주목하여, 때로 새로운 해석을 하거나 혹은 새로운 표현을 함으로써 성립하였다. 그런 의미에서도 경전이든 논서든 상관없이 전통 부파에 의한 아가마(āgama 阿含) 해석을 비판하면서 아가마를 재해석하고 재평가하는 측면이 대승불교에 존재한다는 점은 간과할 수 없다. 여기서는 이와 같은 전형적인 예로서 우선 남북 양전에 전해지는 「연緣」경을 다루어보고자 한다.

(1) 남전 (팔리 「연 paccaya」 경)

우선 팔리 『상응부』 경전의 제12 「인연상응」 가운데 제20장 '연'에는 다음과 같은 기술이 나온다(이하의 번역문 가운데 (1), (2) 및 두 종류의 선은 필자가 편의적으로 붙인 것이다).

"[세존은] 사왓티(사위성)에 머무르고 계셨다. '비구들이여, 연기(조건에 의해 발생하는 것)와 조건으로 발생한 제법[緣已生法]에 대해 설하겠노라. 너희들은 그것을 듣고 잘 기억하라. [그러면] 나는 설하겠노라.'
'존사시여, 알겠습니다.'라고 그 비구들은 세존에게 대답하였다.

세존은 다음과 같이 말씀하셨다.

(1) 비구들이여, 연기란 무엇인가? 비구들이여, 태어남[生]을 조건으로 늙음·죽음[老死]이 있다. 여래들이 출현하든 출현하지 않든 이 도리[界]는 정해진 것이며 ṭhitā va sā dhātu, 법의 정립성, 법의 확립성, 차연성(此緣性 idappaccayatā 이[들]의 조건인 것)이다.[5] 여래는 이것을 증득하고, 통찰한다. 증득하고, 통찰한 후, 설하고, 보여주고, 알게 하며, 설정하고, 해명하고, 분석하고, 명확히 하고, 너희들은 보라라고 한다.

비구들이여, 태어남을 조건으로 늙음·죽음이 있다. 생존[有]을 조건으로 태어남이 있다. … (중략) …

비구들이여, 무명을 조건으로 제행 諸行이 있다. 여래들이 출현하든 출현하지 않든, 이 도리는 정해진 것이며, 법의 정립성, 법의 확립성, 차연성이다. 여래는 그것을 증득하고, 통찰한다. 증득하고, 통찰한 후, 설하고, 보여주고, 알게 하며, 설정하고, 해명하고, 분석하고, 명확히 하고, 너희들은 보라라고 한다. 무명을 조건으로 제행이 있다고 하는 것은 비구들이여, 여실성(如實性 진여 tathatā), 불허망성, 불변이성, 차연성으로 비구들이여, 이것이 연기라고 말해진다.

(2) 비구들이여, 조건으로 발생한 제법 諸法이란 무엇인가? 비구들이여, 늙음·죽음은 무상, 형성된 것[有爲], 조건에서 발생한 것, 쇠멸하는 성질의 것, 소실하는 성질의 것, 떠나가는 성질의 것, 소멸하는 성질의 것이다(이하, 태어남, 생존 … 무명의 연기지緣起支에 관해 동일한 설명이 이어진다). 비구들이여, 이들이 조건에서 발생한 제법이라 불린다."[6]

(2) 북전

위에서 소개한 팔리 「연」 경에 대응하는 투르판 출토의 산스크리트어 사본 단편 및 한역 『잡아함경』(설일체유부 소전) 제296경이 있다. 북전에서 동일한 경의 내용을 보여주는 귀중한 자료이다. 이하, 각각의 경을 번역하여 제시하고자 한다.

① 산스크리트본(투르판 출토 사본)

"비구들이여, 연기와 조건에서 발생한 제법[緣已生法]을 보여주겠노라. 이를 듣고 잘 충분히 기억하라. [그러면] 설하겠노라.

(1) 연기란 무엇인가. 즉, 이것이 있을 때 저것이 있다. 이것이 생겨남으로써 저것이 생겨난다. 즉, 무명을 조건으로 제행이 있다. 내지 [고의 덩어리[苦蘊]의] 생기 生起가 있다.

무명을 조건으로 제행이 있다는 이것은 여래가 출현하든 출현하지 않든 정해진 것이고, 법의 성질(法性 dharmatā)이며, 법의 정립에 관한 도리(界 dhātu)이다. 여래는 그것을 스스로 통달하고, 증득한 후, 설하고, 알리고, 설정하고, 분석하고, 해명하고, 명확히 하고, 보여주고, 명시한다. 즉, 무명을 조건으로 제행이 있다. 내지 태어남을 조건으로 늙음·죽음이 있다는 것은 여래가 출현하든 출현하지 않든 정해진 것이며, 법의 성질[法性]이며, 법의 정립에 관한 도리이다. 여래는 그것을 스스로 통달하고, 증득한 후, 설하고, 알리고, 설정하고, 분석하고, 해명하고, 명확히 하고, 보여주고, 명시한다. 즉, 태어남을 조건으로 늙음·죽음이 있다."

이상은 여기에 있어 법의 성질이며, 법의 정립성, 법의 확립성, 법의 여실[성],

불허망성, 불변이성, 현실[성], 진리성, 진실성, 여실[성], 불전도성, 무전도성, 차연성이며, 연기의 순[관]이다. 이것이 연기라 불린다.

(2) 조건으로 생겨난 제법[緣已生法]이란 무엇인가. 무명, 제행, 식, … (중략) …, 생존, 탄생, 늙고 죽음, 이들이 조건으로 생겨난 제법이라 불린다."[7]

② 대응 한역본(『잡아함경』)

"한때 부처님이 왕사성의 가란타죽원에 머무르고 계셨다. 그때 세존은 비구들에게 말씀하셨다. 나는 지금 인연법 및 연생법緣生法에 대해 설하겠노라.

(1) 무엇을 인연법이라 하는가. 말하자면 이것이 있기 때문에 저것이 있다. 말하자면 무명에 의해 행, 행에 의해 식, 내지 이와 같다. 이와 같이 순대고취純大苦聚의 집集이 있다.

(2) 무엇이 연생법인가. 말하자면 무명, 행이다. 혹은 부처님이 이 세상에 출현하시든 혹은 출현하지 않으시든, 이 법은 상주하며 법주法住·법계法界이다. 그 여래가 스스로 깨달아서 안 바, 등정각을 이룬다. 다른 사람을 위해 연설하고, 개시하고, 현발現發한다.

말하자면, 무명을 조건으로 행이 있다. 내지, 태어남을 조건으로 늙음과 죽음이 있다. 혹은 부처님이 이 세상에 출현하시든 혹은 출현하지 않으시든 이 법은 상주하며 법주·법계이다. 그 여래가 스스로 깨달아서 안 바, 등정각을 이룬다. 다른 사람을 위해 연설하고, 개시하고, 현발한다.

말하자면, 태어남을 조건으로 하기 때문에 노병사우비뇌고老病死憂悲惱苦가 있다. 이들 제법은 법주法住, 법정法定,[8] 법여法如, 법이法爾, 법으로서 여如를 떠나지 않고, 법으로서 여와 다르지 않으며, 심제心諦, 진실, 불전도이다. 이와 같은 것이 수순隨順연기이다. 이를 연생법緣生法이라 한다."[9]

남전의 「연(緣 paccaya)」경 및 북전의 「조건으로 해서 pratītya」라는 제목의 경, 그리고 후자에 대응하는 『잡아함경』의 해당 부분은 위와 같다. 이들 세 자료의 비교 검토에 관해서는 사이구사 미츠요시三枝充悳가 하고 있으므로, 여기서는 대승불교의 성립과 관련된 몇 가지 핵심적인 문제에 초점을 맞추고자 한다.

위의 한 문장은 예로부터 연기 및 조건으로 발생하는 제법—『잡아함경』(구나발다라 역)의 번역어에서 말하는 '인연법' 및 '연생법'—을 둘러싼 중요한 규정으로 알려져 있다. 그중에서 우선 (2)안의 조건으로 발생한 제법緣[已]生法이 무명에서 노사까지의 12지분을 가리킨다는 점에 관해서는 남북양전의 이해가 거의 일치하며, 대승불교계의 경전이나 논서도 크게 다른 해석을 제시하지 않는다.

연기=무위법설에 관하여

이에 대해 해석상 단적인 차이를 보이는 것이 '(1)의 연기에 관하여'이다. 특히 여래가 출현하든 출현하지 않든 연기는 도리로 정해져 있다고 말하는 본경은 연기무위설緣起無爲說을 주장하는 화지부나 분별론자 등이 중요시하며,[10] 또한 연기에 무릇 이법理法의 의미를 부여하는 대승불교에서도 매우 중요한 의미를 갖게 된다.

연기무위설의 입장에서 볼 때 앞의 「연」경의 한 문장은 무명에 의해 제행이 발생한다고 하는 도리 그 자체가 불생불멸이자 상주한 무위의 요소(법)에 해당함을 의미한다고 해석된다.

이에 대해 북전을 대표하는 설일체유부는 이와 같은 연기무위설을 비판한다. 그 이유는 요소로서의 법만이 엄밀한 의미에서(=승의적으로) 존재하고, 연기를 제법과는 다른 실체(=무위법)로 이해하는 것을 부정하기 때문이다. 무명을 조건으로 제행이 있다, 혹은 탄생을 조건으로 노사老死가 있다고 할 때 실제로 존재하는 것은 조건(緣 pratyaya), 즉 원인이 되는 무명이나 탄생이며, 또한 그들 조건에 의해 발생하는 제행이나 노사 등의 결과로서의 연기지라고 한다. 이에 대해 '[원인으로서의 조건을] 조건으로 [결과가] 발생한다'고 하는 관계 그 자체는 삼세를 통해 적용되는 도리이기는 하지만, 그와 같은 도리 그 자체는 '거짓 인과의 상속' 혹은 '법가(法仮 dharmasaṃketa)'이며,[11] 원인(=조건)이나 결과로서 실재하는 제법과는 다르며, 승의적인 실체성(자성)을 갖지 않는다는 인식에 서 있기 때문이다.

이와 같은 유부의 연기관은 남방상좌부에서도 거의 공통된다. 위의 「연」경에 대한 붓다고사의 주석에 의하면, 연기란 제 조건(諸緣=원인)에 의해 모든 결과가 발생하는 것이며, 바꾸어 말하자면 차연성 此緣性, 즉 탄생 등이 '이들 [노사 등의 모든 결과]의 모든 조건'임을 의미한다. 따라서 '이 도리는 정해진 것' ṭhitā va sā dhātu 이라는 이해에 관해서도 노사의 조건이 탄생인 것, 즉 탄생은 어떠한 경우에도 노사의 조건(=원인)이라고 하는 본질을 갖는 것을 가리킨다. 또한 붓다고사는 '이들 [노사 등의 모든 결과]의 모든 조건' 그 자체가 차연성이라고 하며, 탄생 등의 모든 조건과는 별도로 도리로서의 차연성이라는 존재를 인정하지 않는다.[12]

이와 같이 설일체유부도 남방상좌부도 연기무위설에 동의하지 않고, 요소(법)주의적인 입장에서 연기를 해석한다. 또한 설일체유부에서는 이러한 해석을 기반으로 연기를 원인으로서의 hetubhūta 연기지 緣起支, 조건으로 발생한 제법[緣已生法]을 결과로서의 phalabhūta 연기지로 자리매김한다. 이와 같은 이해에 근거하여 이 부파는 조건으로 발생하는 제법과 마찬가지로 연기를 '일체의 유위법이다'(『품류족론』 등)[13] 라고 의미를 부여하기도 한다.

대승불교에서 '연기=이법 理法'의 해석

대승불교에서는 남북의 양 전승에 보이는 이러한 연기 해석을 근본적으로 비판하고, 연기는 문자대로 도리(dhātu 界)를 가리킨다고 하며, 또한 제법의 공통 성질(dharmatā 法性)로서 이해하게 된다.[14] 대승불교의 경론은 이 경을 이러한 관점에서 재평가함과 동시에 전통부파와는 다른 내용으로 재해석하게 된 것이다.

무시이래 無始時來의 도리[界]

그 중요한 한 예는, 잘 알려진 바와 같이 『대승아비달마경』의 다음과 같은 게문이다.

> "무시이래의 도리 anādikāliko dhātuḥ는 일체법의 의지처이다. 그것이 있을 때 일체 [윤회의] 향하는 바가 있으며, 또한 열반의 증득도 있다."[15]

이 『대승아비달마경』의 게문은 아상가 無著(395-470년경)의 『섭대승론』과 그 주석, 한역 『성유식론』(護法 등), 스티라마티 安慧(510-570년경)의 『유식삼십송석』, 그리고 『보성론』(Sāramati, 堅慧?, 5세기경) 등에서 인용되는 형태로 전해진다.

위의 게문이 앞의 「연」경을 기초로 하고, 이를 재해석하는 것에 의해 성립하였다는 점에 관해서는 히라카와 아키라 平川彰가 고증하고 있다. 히라카와는 두 경전이 모두 '계(界 dhātu)'를 설하며, 무명이 무시이래인 것은 여러 경전에 규정되어 있고, 12연기가 일체법의 의지(의지처)라는 것, 나아가 게문의 후반부는 12연기의 '유전문' 및 '환멸문'과 관계한다는 점을 근거로 제시한다.

히라카와가 지적한 이러한 논거에 더하여, 여기서는 다음과 같은 세 가지 점을 더 지적할 수 있을 것이다. 첫째, 위의 『대승아비달마경』의 게문에는 "여래들이 출현하든 출현하지 않든"이라는 한 문장은 없지만, '무시이래' anādikālika[16]라는 한 단어가 그 취지를 단적으로 이야기해준다고 생각된다. 다카사키 지키도 高崎直道가 고증한 바와 같이, 이 말은 유가행파의 창작일 가능성이 크며, 연기는 여래에 의해 처음 설정된 것이 아닌 여래가 태어나든 태어나지 않든 본래 있는 도리임을 보여주는 형용구로 채용되었다고 생각된다.

둘째, "무시이래의 도리 anādikāliko dhātuḥ는 일체법의 의지처이다."란 바꾸어 말하자면, 연기라는 도리가 일체법의 의지처가 되는 도리라는 것, 즉 연기는 제법이 의지처로서 공유하는 도리로서의 '법계' dharmadhātu = *dharmāṇāṃ dhātuḥ라는 것을 말해주고 있는 것이 된다.[17] 이런 의미에서의 법계는 18계 중 의식의 대상이 되는 법계와는 다르며, 제법의 공통 성질이라는 의미에서의 법성(法性 dharmatā)에 해당한다. 후대 화엄교학의 용어를 적용한다면, 전자에 대응하는 '사법계 事法界'가 아닌, '이법계 理法界' 개념과 겹치게 된다.

또한 이와 관련하여 셋째, 연기가 일체법의 의지처 samāśraya라는 표현의 문제가 있다. 이 표현 자체는 새롭다. 이것은 앞의 「연」 경에 관한 대승불교 류의 재해석의 한 예로 생각하면 이해하기 쉽다. 붓다고사가 앞의 「연」 경에 대한 주석에서 "조건으로 생겨난 [제법] 緣已生[法]이란, 조건에 의거하여 생겨났다 paccaye nissāya upapannam 고 하는 것이다."[18]라고 해설한 바와 같이, 붓다고사로 대표되는 남방상좌부 전승에서는 조건이 의지처 nissaya이며, 그것을 조건으로 생겨난 제법이 연이생법이라는 관계가 된다.

이에 대해 "무시이래의 도리는 일체법의 의지처이다."라는 『대승아비달마경』의 게문은 조건[緣]으로서의 제법이 아닌, 연기로서의 도리가 일체법의 의지처라는 표명이다. 이것은 남북의 대표 부파에 의한 요소(법)주의적인 해석에 대한 비판을 염두에 두면서, 결과적으로 붓다고사 류의 조건=의지처라는 이해를 배척하고 있다. 조건이 아닌, 유전·환멸의 양면을 지니는 연기의 도리를 일체법의 의지처로서 의미를 부여한 후, 후반게의 "그것이 있을 때 일체 [윤회의] 향하는 바가 있으며, 또한 열반의 증득도 있다."고 하는 한 문장을 도입했다는 경위를 가정해볼 수 있다.

또한 지금까지의 많은 연구가 명확히 보여주듯이, 본경의 '무시이래의 도리'는 유식설의 입장에서는 알라야식(=종자식)을 가리키며, 한편 『보성론』에서는 여래의 본성 tathāgatadhātu이라는 의미에서의 여래장을 가리키는 경증 經證으로 인용된다.[19] 여하튼 무시이래의 도리로서의 연기를 염두에 둔 해석이지만, 각각 알라야식 연기와 여래장연기를 확고히 하는 게문으로 중시하고 있다.

법이도리 法爾道理

다음으로 앞서 언급한 「연」경은 또한 제법의 공통 성질로서의 법성 dharmatā을 설하는 게문으로서 대승불교도의 주목을 받게 된다. 특히 『해심밀경』이나 『여래장경』 등에서는 "여래들이 출현하든 출현하지 않든"이라는 한 문장과 함께 「연」경이 사용된다.

『해심밀경』은 관대도리 觀待道理, 작용 作用도리, 증성 證成도리, 법이 法爾도리(현장 역)라는 4종의 도리 yukti를 설하는데,[20] 이 가운데 법이도리 dharmatāyukti에 관해서는 다음과 같이 간결하게 해설한다.

> "여래들이 출현하든 출현하지 않든, 법의 정립을 위한 법의 공통 성질(법성, 법이), 도리(계), 정립성, 그것이 법이도리이다."[21]

여기에 보이는 4종 도리의 하나로서의 법이(=법성)도리는 『성문지』나 『아비달마집론』에서도 각각 해설되고 있다.

한편, 이 법이도리는 『여래장경』에서도 여래장의 아홉 가지 비유 가운데 첫 번째인 '연꽃 속의 붓다'를 해설하는 부분에서 다음과 같이 나온다.

> "양가의 아들아, 이것은 제법의 공통 성질이다. 여래들이 출현하든 출현하지 않든 항상 이 유정들은 여래의 태아(여래장)이다."[22]

이 경문을 인용한 『보성론』은 인용 직후에 "이 공통 성질(법성, 법이)인 것, 그것이야말로 여기서 그것에 의해 바로 그것이 그대로 있으며, 그 이외에는 있을 수 없는 것과 같은 도리 yukti이며, 규칙 yoga이며, 수단 upāya이다."[23]라고 하여, 여래장이 법의 공통 성질(법성)로서의 도리, 즉 법이도리라고 말하고 있다.

이와 같이 대승불교의 많은 교리는 전통 경전 속의 특정한 경이나 특정한 개념에 착목하여, 불·보살의 본질이나 지혜 혹은 그 수행이나 행동에 중점을 두고 재해석하는 것에 의해 성립하고 있다. 이것은 공,[24] 반야,[25] 혹은 앞서 언급한 「연」경에서도 볼 수 있는 법성, [법]계, 진여 등의 대승불교 류의 '진리' 표현의 예로부터 보아도 분명하다.

3.
나가르쥬나와 전통설

이하 지금까지의 고찰을 고려하면서, 대승불교에서 이름이 알려진 최초의 논사이자 『중론』의 저자인 나가르쥬나(Nāgārjuna 龍樹 150-250년경)[26]를 예로 검토해보고자 한다.

『중론』 및 관련 경전과 논서를 보는 한, 나가르쥬나가 『중론』을 통해 했던 역할은 크게 다음 세 가지 점으로 정리해볼 수 있을 것이다.

첫째, 그의 시대에 성립해 있던 최초기의 반야경전에서 발견되는 '공'이나 '무자성(고유의 본질을 가지지 않는 것)', 혹은 일체법(요소)이 '불생·불멸'인 것 등을 논증하기 위해 노력한 것이다.

둘째, 이와 관련하여 당시 이미 오해가 많았던 '공'에 관해 번뇌의 근원에 깃드는 말의 허구(prapañca 戱論) 그 자체를 끊는 것에 의도가 있는 점, 그리고 모든 사물·사상 事象은 공(고유의 본질이 결핍된 것)이기 때문에 연기하고, 작용하고, 변화할 수 있다는 점을 지적하였다. 나가르쥬나가 설하는 '공'에 관해서는 "만들어지지 않고, 다른 것과 관계하지 않는다(『중론』 제15장·제2게 후반)."라고 규정되는 고유한 본질(자성)의 정의를 매개로 하여[27] 무자성과 유작용이라는 양면을 이해하는 것이 중요하다.

셋째, 이와 관련하여 이러한 의미에서의 공은 앞의 「연」경에도 나타나는 바와 같이, 붓다가 깨달았다고 전승되는 '연기'의 도리를 다른 표현으로 설한 것에 불과하다는 점을 강조한다. 여기서는 특히 세 번째 점에 초점을 맞추고자 한다.

(1) 연기, 범천권청梵天勸請

나가르쥬나가 '불생不生'의 연기를 설한 것은 불생·불멸, 불상不常·부단不斷, 불일不一·불이不異, 불래不來·불거不去의 팔불八不 연기를 설했다고 하여 붓다를 찬탄하는 『중론』 귀경게에 의해 잘 알려져 있다. 불생·불멸은 최초기의 반야경전에서도 강조되는데,[28] 나가르쥬나의 이 게문이 충격적이었던 것은 일견 모순되는 '불생'을 '연기'의 동의어로 삼은 점이다.[29] 이 귀경게에 이어지는 『중론』 제1장 '조건의 고찰'은 불생을 논하는 장이라고도 불린다.[30] 이 장에서는 원인으로서의 조건을 비판적으로 고찰함으로써 "모든 사물은 발생한다."라는 주장을 부정하는, 이른바 '불생'의 증명을 논증하고 있다.

『중론』에는 제26장 '12[연기]지의 고찰'에서 보는 바와 같은 과거·현재·미래의 삼세에 걸친 연기를 설하는 장도 있지만, 앞서 지적한 두 번째 점과 관련하여 중요한 것은 제24장 '성스러운 진리聖諦의 고찰'에서 보는 연기설이다. 이하, 문맥 이해와 더불어 나중에 지적할 범천권청 설화 및 중도설과의 관련에서 총 40게로 이루어진 이 장의 주요 부분을 인용한다.[31]

'공 비판'

"1. 만약 이 모두가 공이라면, 생하는 것도 없고 멸하는 것도 없다. [공을 설하는] 너에게 있어서는 4종의 성스러운 진리(사성제)가 무無인 것이 된다.

2. 네 개의 성스러운 진리가 무이므로 [고를] 아는 것, [고의 원인을] 끊는 것, [고의 소멸로 이끄는 길을] 닦는 것, [고의 소멸인 열반을] 직접 증득하는 것은 있을 수 없다.

3. 그것들이 없으므로 [예류, 일래, 불환, 아라한이라는] 4종의 과보도 또한 없다. 과가 없을 때는 과에 머무는 자도 없고 향하는 자도 없다.

4. 만약 [과에 머무는 자와 향하는 자라고 하는] 이들 8종류의 사람들[八賢聖]이 없다면 승가는 존재하지 않는다. 또한 성스러운 진리가 없으므로 정법 역시 존재하지 않는다.

5, 6. 법과 승가가 없다면 어찌 불佛이 있겠는가. 이처럼 공을 말하는 너는 삼보를 파괴하는 것이다. 또한 과보의 존재성, 선행과 악행 및 모든 세간적인 언어 활동도 파괴한다.

'나가르쥬나의 회답'

7. 이에 대해 우리들은 대답한다. 너는 공일 때의 [모든 것의] 유용성과 공과 공의 의미를 모른다. 그 때문에 이처럼 고민하는 것이다.

8. 제불에 의한 법의 설시는 2종의 진리[二諦]에 의거하고 있다. 세간 세속의 진리와 승의적 진리이다.

9. 이들 2종의 진리를 구별하지 못하는 사람들은 심원한 불설에 있어 진실을 모른다.

10. 언어 습관에 의거하지 않으면 승의는 나타나지 않는다. 승의에 이르지 못한다면 열반은 얻을 수 없다.

11. 잘못 이해한 공은 지혜가 부족한 자를 파멸시킨다. 마치 잘못 잡은 뱀이나 잘못 행해진 주술처럼.

12. 그 때문에 이 법을 [지혜가] 부족한 자들은 이해하기 어렵다고 생각하여 [석가]모니의 마음이 법을 설하는 것에서 후퇴한 것이다.

13. 너는 또한 공에 관해 비난하지만, 우리들에게는 잘못이 부수하는 일은 없으며, 그것(비난)은 공에 관해서는 있을 수 없다.

14. 공이 타당한 자에게는 모든 것이 타당하다. 공이 타당하지 않은 자에게는 모든 것이 타당하지 않다.

15. 따라서 너는 자신의 잘못을 우리에게 전가하고 있는 것이며, 말에 타고 있으면서 바로 그 말을 잊어버리고 있는 것이다.

16. 만약 네가 고유한 본질(자성)에 근거하여 모든 사물이 존재한다고 본다면, 너는 원인과 조건이 없는 모든 사물을 보고 있는 것이다.

17. 너는 결과와 원인, 행위 주체와 행위 수단과 행위, 생과 멸, 과보를 파괴한다.

18. 우리는 연기를 공이라 부른다. 그것은 [질료인을] 취한 가명이며 그것이야말로 중도이다.

19. 연기하지 않는 어떤 것도 존재하지 않는다. 그러므로 공이 아닌 어떠한 법도 존재하지 않는 것이다.

20. 만약 이 모두가 불공 不空이라면 생하는 것도 없고 멸하는 것도 없다. [공을 비판하는] 너에게 4종의 성스러운 진리가 무인 것이 되어버린다.

21. 연기하지 않는 고가 어디에 있을까. 왜냐하면 무상한 것은 고라고 설해지고

있지만, 그 [무상한 것]이 고유의 본질을 가질 때는 없기 때문이다.

(중략)

32. 네게 있어서는, 본질적으로 svabhāvena 붓다가 아닌 자는 보살도에 있어 깨달음을 위해 노력했다 하더라도 깨달음을 얻지 못할 것이다.

(중략)

38. 고유의 본질이 있다면, 세간은 생하는 일도 멸하는 일도 없이 항상 있으며 다양한 상태는 없어지게 될 것이다.

39. 만약 불공 不空이라면 [깨달음에] 도달하지 않은 사람이 도달하는 일도, 고를 종멸시키는 행위도, 모든 번뇌를 끊는 일도 없다.

40. 연기를 보는 자는 이 고·집·멸·도[라는 4종의 성스러운 진리]를 본다."

이상 본 바와 같이, 『중론』 제24장은 제7게가 제시하는 것처럼 공에 관한 세 가지 핵심을 설하는 것을 주안으로 한다.[32] 즉, 서두의 여섯 게가 보여주는 것과 같은 공 비판을 하는 반론자는 다음과 같은 공에 관한 세 가지 핵심을 이해하지 못하고 있다는 것이다.

그 세 가지 핵심이란 다음과 같다. 첫째, 최고의 목적 내지 대상[勝義]으로서의 공 śūnyatā은 붓다의 깨달음과 직결한다는 것이다. 그 때문에 붓다 자신이 범천의 권청을 받으면서도 설법을 망설인 것처럼,[33] 공 그 자체는 언어 표현과 구분되지만, 언어 습관에 의거하지 않으면 보여줄 수 없다는 점에 공=승의의 상반되는 성격이 있다(제8-12게). 여기에는 또한 공이 붓다의 깨달음의 내실로 알려지는 연기에 해당한다는 점이 암시되고 있다.

둘째, 공일 때의 [모든 것의] 유용성이란 사물이 공, 즉 고유·불변의 본질을 가지지 않기 때문에 사물의 인과 관계나 생멸, 행위와 그 결과의 관계 등도 있을 수 있다(제13-17게, 제40게). 이에 대해 사물이 공이 아닐 때, 요컨대 고유한 본질을 가질 때는 불교의 전통 교리나 일상적인 언어활동도 성립하지 않는다고 한다(제20-39게).

셋째로 이와 같이 '공'은 전통적으로 연기라 불리는 도리를 의미할 뿐이다(제18-19게).

이와 같이 『중론』 제24장은 초기의 '팔천송'계의 반야경이 설하는 공을, 붓다가 명확히 하였던 연기와 다름없음을 강조한다. 그 때문에 공, 즉 연기를 바르게 보는 자에게는 불설이나 세간적인 언어 습관 모두가 유용성 prayojana을 가진다고 하는 것이다. 이 점은 같은 장의 논의를 답습하며 나가르쥬나의 『회쟁론(廻諍論 *Vigrahavyāvartanī*)』이 보다 상세히 설명해주고 있다.[34]

(2) 중도

나가르쥬나가 『중론』에서 유일하게 언급하는 경전은 반야경전이 아닌, 「카트야야나 迦栴延 교계[경]」 *Kātyāyanāvavāda*이다. 빨리 대응경전에서는 「캇차야나 족」 *Kaccāyanagotra*이 이에 해당한다. 나가르쥬나의 중도설은 앞서 언급한 제24장 제18게(이른바 三諦偈)에서도 마찬가지인데, 비유비무 非有非無의 중도설이다.

해당 게송은 『중론』 제15장 '고유한 본질[自性]의 고찰' 제7게이다.[35] 문맥을 살펴보기 위해 총 11게로 이루어진 이 장의 서두 7게를 인용해보면 다음과 같다.

"1. 고유한 본질(자성)이 원인과 조건에 의해 발생하는 것은 이치에 맞지 않는다. 원인과 조건에 의해 발생한 고유한 본질은 만들어진 것이 될 것이다.

2. 어찌하여 고유한 본질이 만들어진 것이라고 하는 것이 될까. 고유한 본질은 만들어진 것 외에 달리 관계하는 것이 없기 때문이다.

3. 고유한 본질이 존재하지 않을 때 다른 본질[他性]이 어디 있겠는가. 다른 존재물에게 있어서의 고유한 본질이 다른 본질이라고 말해지기 때문이다.

4. 고유한 본질 svabhāva과 다른 본질 parabhāva을 제외하고 어디에 존재물 bhāva이 있겠는가. 고유한 본질과 다른 본질이 있을 때에 존재물이 성립하는 것이기 때문이다.

5. 만약 존재가 성립하지 않는다면, 비존재 abhāva는 성립하지 않는다. 사람들은 존재가 변이한 것 anyathābhāva을 비존재라고 말하기 때문이다.

6. 고유한 본질과 다른 본질, 존재와 비존재를 보는 자들은 불설에서의 진실을 보지 않는다.

7. 존재와 비존재를 아는 세존은 『카트야야나 迦栴延교계[경]』에서 존재한다는 것과 존재하지 않는다는 것의 양자를 부정한 것이다."

제2게 후반은 앞서 언급한 바와 같이, 나가르쥬나에 의한 '고유의 본질(자성)'의 정의를 보여주는 게송으로 알려져 있다. 원인과 조건에 의해 발생하는 모든 것에 고유한 본질이 없을 때, 이를 전제로 하는 다른 본질도 있을 수 없으며, 또한 이 양자를 제외하고 그것이라고 정할 수 있는 존재물은 없다. 비존재는 원래 존재가 변이한 것이므로 존재 없이 비존재는 없다고 한다.

이상이 『중론』의 저자 나가르쥬나에 의한 비유비무의 논리이다. 그리고 나가르쥬나는 이 중도설의 경증經證을 『카트야야나迦栴延교계[경]』에서 찾은 것이 된다. 이 경의 팔리 대응경은 앞에서도 일부 인용한 『상응부』 경전의 제12 「인연상응」의 다음과 같은 제15장 「캇차야나 족」이다.[36]

"[세존은] 사왓티(사위성)에 머물고 계셨다. 그때 장로 캇차야나는 세존에게 다가갔다. 세존에게 다가가서 인사드린 후 한 쪽에 앉았다. 한 쪽에 앉은 장로 캇차야나는 다음과 같이 말하였다.

존사시여, '올바른 견해正見' '올바른 견해'라고 합니다만, 실제로 어떤 점에서 '올바른 견해'입니까?

[세존은 말씀하셨다.] 캇차야나야, 이 세간은 두 가지 것에 의존하고 있다. 존재와 비존재이다. 캇차야나야, 세간의 생기(生起 lokasamudaya)를 있는 그대로 올바른 지혜에 의해 sammāpaññāya 보는 자에게는 세간에 '비존재'는 없다. 캇차야나야, 세간의 소멸lokanirodha을 있는 그대로 올바른 지혜에 의해 보는 자에게는 세간에 '존재'는 없다.

(중략)

캇차야나야, '모든 것은 존재한다'라는 것은 하나의 극단이다. '모든 것은 존재하지 않는다'라는 것은 두 번째 극단이다. 캇차야나야, 여래는 이들 두 극단에 다가가는 일 없이 중[도]에 의해 법을 교시한다. 무명을 조건으로 제행이 있다. 제행을 조건으로 식이 있다. 이렇게 해서 이 오로지 고의 덩어리에 불과한 것의 생기가 있다. 한편 무명을 남김없이 떠나고 소멸하는 것에 의해 제행의 소멸이 있다. 제행의 소멸에 의해 식의 소멸이 있다. 이렇게 해서 이 오로지 고의 덩어리에 불과한 것의 소멸이 있다."

나가르쥬나는 위의 「캇차야나(=카트야야나)[교계경]」로 대표되는 것과 같은 비유비무의 중[도]설을 높이 평가하고, 거기에서 제법諸法의 모습(=연기)을 나타내는 중요한 의의를 발견하고 있다. 앞서 인용한 『중론』 제24장·제18게가 연기=공=취取한 가명=중도를 설하고, 또한 이 논서가 늦어도 4세기 후반에는 『중론』이라는 호칭을 얻은 것도 팔정도의 필두에 위치하는 '올바른 견해'의 모습을 보여주는, 이 비유비무의 중도설을 높이 평가했기 때문이다.

단, 비유비무의 근거에는 이 경과 『중론』 사이에 미묘한 차이가 있다. 「캇차야나(=카트야야나)[교계경]」는 비유·비무의 논거를 각각 세간의 소멸과 생기, 즉 연기의 환멸문과 유전문을 올바른 지혜로 보는 것에서 찾고 있다. 이에 대해 나가르쥬나는 앞서 서술한 바와 같이 연기하는 것은 고유한 본질(자성)이 없는 것으로 정의되고, 그 때문에 자타로 구별된 존재물은 있을 수 없으며 非有, 존재물이 없으면 그 변이인 비존재도 없다 非無고 하는 논증을 보여준다. '연기'를 근거로 비유비무의 중도를 설하는 점에서 공통되지만, 연기의 의미를 다르게 해석하고 있는 점 역시 주목된다.

(3) 무기

나가르쥬나와 초기불교의 접점으로 간과할 수 없는 교리 가운데 이른바 14무기無記(avyākṛta, Pāli: avyākata '[4종류·14항목의 형이상학적인 질문에 관하여] 회답하지 않는 것') 설이 있다. 나가르쥬나가 무기설을 중시한다는 사실은 『중론』 제22장 '여래의 고찰', 제25장 '열반의 고찰', 제27장 '견해의 고찰'이라는 세 장에서 무기 관련 14개의 선택지를 제시하고, 모든 선택지를 배척하고 있는 점에서도 엿볼 수 있다.

무기설은 남전의 팔리 전승에서는 ①세간은 상주sassata인가 무상인가, ②세간은 유한antavant한가 무한한가, ③정신jīva과 신체sarīra는 동일한가 서로 다른가, ④여래는 사후에param maraṇā 존재하는가, 존재하지 않는가, 존재하기도 하고 존재하지 않기도 하는가, 존재하는 것도 아니고 존재하지 않는 것도 아닌가 라는 4종류·10항목의 선택지로 이루어진다. 무기란 이들 질문에 대해 회답하지 않고 내버려 두었다고 전해지는 붓다의 대응을 가리킨다. 붓다가 대답하지 않은 이유에 관해 많은 불전은 "이들은 무익하며, 법dhamma에 맞지 않고, … 열반으로 이끌지 않기 때문이다."라고 거의 정형적으로 설명한다. 그리고 이들 버려진 물음이나 주장에 대해 "유익하고, 법에 맞으며, … 열반으로 이끌기 때문"이라는 이유에서 붓다에 의해 설해지게 된 교설이 고집멸도의 사성제설 등이다.

북전에서는 일반적으로 세간의 상주·무상 및 유한·무한을 묻는 ①과 ②에도 ④와 마찬가지로 4개의 선택지가 주어져 총 14항목이 된다.

그런데 나가르쥬나가 무기에 대해 설하는 것은 다음과 같은 세 장에서이다. 먼저 제22장 '여래의 고찰'은 5온과 여래의 관계를 아트만(ātman, 我)과 5온에 관한 비판적 고찰과 동일한 논리[五求門破]를 가지고 비판적으로 고찰한 후 다음과 같이 서술한다.

제22장 '여래의 고찰'

"11. [여래는] 공이라고도, 공이 아니라고도, 둘 다라고도, 둘 다 아니라고도 말씀하시지 않는다. 하지만 가설假說을 위해 '공이다, 공이 아니다 등이라고' 말씀하시는 것이다.

12. 이 정밀靜謐(śānta 寂靜)에 있어서 상주śāśvata·무상 등의 네 가지가 어찌 있겠는가. 이 정밀에 있어서 유한(有限, anta)·무한 등의 네 가지도 또한 어찌 있겠는가.

13. 그러나 심후深厚한 집착에 사로잡혀 여래는 존재한다 혹은 존재하지 않는다라고 분별하는 사람은 열반에 들어 있는 [여래]에 대해 [존재한다, 혹은 존재하지 않는다고] 분별한다.

14. 고유한 본질(svabhāva 自性)의 측면에서 공空인 [여래]에 대해, 붓다가 멸후에 존재한다 혹은 존재하지 않는다는 생각은 결코 있을 수 없다.

15. 말의 허구(prapañca 戲論)를 초월한 불멸의 붓다를 말을 가지고 허구화하는 그들은 모두 말의 허구에 의해 손상되어 여래를 보지 않는다.

16. 여래가 본질로 하는 것, 그것을 이 세간jagat은 본질로 하고 있다. 여래는 고유한 본질을 지니지 않고, 이 세간도 고유한 본질을 지니지 않는다."[37]

'상주·무상 등의 넷' '유한·무한 등의 넷'이라고 말하는 것으로 보아 여기서 나가르쥬나 또한 14무기설의 전통에 따르고 있음을 알 수 있다. 또한 이들 선택지로 여래를 생각하고 분별하는 것이 말의 허구이며, 그것은 고유한 본질을 지니지 않는 여래나, 나아가 세간(=세상사람) 일반에 관해서도 본래적으로 타당하지 않음을 지적한다. 또한 제11게가 말하듯이 이들 선택지로 제시된 것과 같은 언명은 [여래 등이 고유한 본질을 지니지 않는 것을] 알리고 자각시키기 위해 마련된 임시적 표현(prajñapti 假說)이라고 한다.

다음으로 이와 관련하여 제25장 '열반의 고찰'의 관련 부분을 보자. 이 장은 앞서 본 제24장에 이어 공과 열반 nirvāṇa의 관계를 고찰한다. 무기에 관해서는 열반의 존재에 관한 4구, 즉 존재, 비존재, 존재하기도 하고 존재하지 않기도 하며, 존재하는 것도 아니고 존재하지 않는 것도 아니라는 언명이 이치에 맞지 않음을 논한 후, 다음과 같은 마지막 8게로 설한다.

第25장 '열반의 고찰'

[세존에 관한 4구와 열반]

"17. 세존은 멸후에 '존재한다'라고도 제시되지 않고, '존재하지 않는다'라고도, '둘 다이다'라고도, '둘 다 아니다'라고도 제시되지 않는다.

18. 세존은 현재 생존하고 있다 해도 '존재한다'라고도 설명될 수 없고, '존재하지 않는다'라고도, '둘 다이다'라고도, '둘 다 아니다'라고도 제시되지 않는다.

[윤회와 열반]

19. 윤회는 열반과 전혀 차이가 없다. 열반은 윤회와 전혀 차이가 없다.

20. 열반의 궁극과 윤회의 궁극, 이들 양자는 전혀 다르지 않다.

[무기 관련의 여러 견해와 열반]

21. [여래의] 멸후[의 존재·비존재 등이나], [세간의] 유한성 등이나, [세간의] 상주성 등의 여러 견해는 열반과 후제 後際와 전제 前際에 의거하고 있다.

22. 모든 다르마가 공일 때 무엇이 무한한가. 무엇이 유한한가. 무엇이 무한하며 유한한가. 또한 무엇이 무한하지도 않고 유한하지도 않는가.

23. 무엇이 동일한가. 무엇이 상주인가. 무엇이 무상인가. 무엇이 무상이고 상주인가. 혹은 또한 무엇이 [무상과 상주의] 양자가 아닌가.

[결론]

24. 모든 지각은 적멸하고, 말의 허구가 적멸하고 길상이다. 어디이든, 누구에 대해서이든 붓다는 어떠한 다르마도 설하고 있지 않다."[38]

여기에는 무기 관련의 14 선택지가 갖추어져 있다. 제23게에서 언급되는 동일 tad eva · 별이(別異 anyat)에 관해서는 어떤 주석도 명확하게 말하지 않지만, 전통적인 무기설에 따른다면 정신 jīva과 신체 śarīra의 같고 다름이 직접적인 주제라고 할 수 있다.

또한 이 중에서 한 가지 주목되는 것은 상주인가 무상인가 등의 네 개의 선택지는 전제(前際 pūrvānta)에 의거하고, 유한한가 무한한가 등의 네 개는 후제(後際 aparānta)에 의거하고 있다고 해설하는 점이다. 이와 같은 의미 해석은 필자가 아는 한 팔리 경전에 종종 등장하는 무기설에 대한 주석 문헌에서도 발견되지 않는다. 나가르쥬나 자신의 무기설 이해의 한 면을 보여주는 것으로서 흥미롭다. 한 가지 덧붙이자면, 찬드라키르티는[39] 전제 혹은 후제에 의거한다는 것은 각각 [세간의] 과거의 생기 pūrvam utpādam 혹은 미래의 생기 anāgatam utpādam를 보는가 보지 않는가에 의거하는 것을 의미한다고 본다. 그리고 나서 과거의 생기를 보는 사람은 세간을 상주라고 생각하고, 미래의 생기를 보는 사람은 세간을 무한하다고 생각한다고 해설한다. 이와 같은 이해는 이하에 인용하는 것과 같은 중론의 마지막 27장에 보이는 나가르쥬나 자신의 말에서도 엿볼 수 있다.

제27장 '견해의 고찰'

"1. 과거세에 나는 존재하였다. 존재하고 있지 않았다. [및] 상주의 세간 등의 여러 견해, 이들은 전제에 의거하고 있다.

2. 다른 미래세에 나는 존재할 것이다. 존재하지 않을 것이다. [및] 유한 등의 여러 견해는 후제에 의거하고 있다."[40]

이와 같이 나가르쥬나는 무기설을 불교의 기본 입장을 표명하는 설로 높이 평가하였다. 다만 여기서 간과할 수 없는 것은 위에 인용한 나가르쥬나의 설은 무기(대답하지 않는 것)라기보다는 그 주어가 여래이든 세간이든, 어떠한 선택지로 제시되는 말일지라도 고유한 본질(자성)을 갖추지 않은 것에는 어울리지 않는다는 입장을 표명하고 있다는 점이다. 이것은 한편, 앞서 언급한 붓다가 대답하지 않은 이유, 특히 '법에 적합하지 않다' na dhammasaṃhitaṃ는 것을 재해석했다고 이해할 수 있을 것이다.

4.
결론

이와 같이 반야경으로 대표되는 초기 대승경전과 논서는 초기불교 유래의 전통적인 교설을 재검증하는 것에 의해 성립하였다. 이때 중심적 시점은 불·보살에게 있었다. 이로 인해 대승은 불승佛乘이나 보살승(붓다 혹은 보살의 수레)과 겹치며, 성문승(제자의 수레)과의 차이를 강조하게 된다.

공이나 불생, 반야나 6바라밀 등의 교리를 설하는 반야경전은 이미 설일체유부로 대표되는 요소(법) 실재론적인 불설 이해에 대한 비판을 염두에 두고 있다. 그 때문에 나가르쥬나를 비롯한 대승불교계의 논사들은 전통부파에 있어서의 아비달마(논)를 비판하면서 초기의 반야경전에서 설해진 공 등의 교리야말로 불설의 의도에 부합한다는 것을 입증할 필요가 있었던 것이다. 이 작업은 대승 교리의 뒷받침이라는 측면과 더불어, 이미 본 연기 해석을 둘러싼 논의로 대표되는 것과 같이 전통교리의 재평가 및 재해석이라는 측면을 아울러 갖고 있었다. 이 점은 앞 절에서 고찰한 『중론』에 있어 연기, 범천권청, 중도, 무기설 등에 관한 나가르쥬나의 논의를 통해서 엿볼 수 있다.

한편, 제2절에서 본 바와 같이 기원 후 4, 5세기에는 유가행유식파 속에서 알라야식[연기]설과 더불어 여래장[연기]설이 등장하게 된다. 모두 초기불교 교리의 재해석이라고 하기보다는 초기불교 유래의 전통 교리를 답습하면서 당시의 종교사상사의 요청에 부응한 측면이 크다. 이와 같은 요청 가운데는 전통적인 아비달마 그 자체의 재평가나 행위 결과를 유지하는 원리, 윤회 주체에 관련된 문제에 대한 관심(종자설, 알라야식설 등), 혹은 아트만의 성격(常·樂·我·淨 등)도 아울러 지니는 여래장(여래의 태아)·불성에의 지향도 있었다.

제2절에서 본 『대승아비달마경』의 서문('무시이래의 도리(界) 운운)은 이러한 배경 하에 알라야식 연기설, 혹은 여래장 연기설을 초기불교 유래의 「연」경을 원용하고, 도리로서의 무시이래의 연기에 알라야식을, 혹은 여래장을 자리매김하기 위해 성립하였다고 해도 과언이 아니다. 이 경우 알라야식 ālaya-vijñāna이나 여래장 tathāgata-garbha이라는 술어는 모두 초기불교에서 사용한 말을 구성 요소로 하여 만든 새로운 합성어로서 대승불교 특유의 키워드가 되고, 그 후의 불교사에서 큰 역할을 하게 되었다.

---

1 前田惠學, 『原始佛教聖典の成立史的硏究』, 山喜房佛書林 (1964), pp.389-428; 堀內俊郞, 『世親の大乘佛說論－『釋軌論』第4章を中心に』, 山喜房佛書林 (2009), pp.39-45를 참조.

2 불멸연대론에 관해서는 H. Bechert ed., *The Dating of the Historical Buddha, Die Datierung des historischen Buddha* (Symposien zur Buddhismusforschung, IV), Drei Teile, Abhandlungen der Akademie der Wissenschaften in Göttingen, Philologisch-historische Klasse, Nr. 189, 194, 222, Göttingen: Vandenhoeck und Ruprecht, 1991, 1992, 1997이 동일한 주제의 심포지움(1988)을 기반으로 근년의 연구 성과를 총괄하고 있다.

3 渡邊章悟, 「大乘佛典における法滅と授記の役割－般若經を中心として」(본 서 제3장)을 참조.

4 대승불교가 탄생한 역사적, 사회적 배경에 관해서는 宮本正尊 편, 『大乘佛敎の成立史的硏究』, 제6장 中村元, 「大乘佛敎誕生の社會的背景」, 三省堂 (1959), pp.335-446 등을, 또한 불상의 기원과 성립 연대에 관해서는 宮治昭, 『インド佛教美術史論』, 제I부 제1장 「佛像の起源に関する近年の硏究状況」, 中央公論美術出版 (2010), pp.30-53을 참조.

5 차연성(此緣性 idappacayatā)의 이해 및 역어를 둘러싼 문제에 관해서는 三枝充悳, 『緣起の思想』, 제10장 「此緣性(イダッぱッチャヤター)」, 法藏館 (2000), pp.213-235를 참조.

6 *Saṃyutta-Nikāya* (SN), PTS, pp.25-26.

7 Ch.Tripāṭhi, *Fünfundzwanzig Sūtras des Nidānasaṃyukta,* Sanskrittexte aus den Turfanfunden VIII, Berlin: Akademie-Verlag (1962), pp.147-149.

8 대정장2, p.84 중 '法空'. 『유가사지론』 「攝事分」에서 이 경의 인용 번역문(30, 833a)을 근거로 '法定'이라고 정정하는 印順 편, 『雜阿含經論會編』 (中), 台北: 正聞出版社印行, 1986, p.36 주2)의 해석에 따른다.

9 『잡아함경』 제296경, 대정장2, p.84중12-24. Cf. Jin-il Chung, *A Survey of the Sanskrit Fragments Corresponding to the Chinese Saṃyuktāgama* (雜阿含經相当梵文斷片一覽), 山喜房佛書林 (2008), pp.105-106.

10 화지부설인 것은 AKVy, p.294, 4에서, 분별론자설인 것은 『대비바사론』(vol.27, 116c5, vol.28, 92b9 毘婆闍婆提 vibhajyavādin)에서 확인된다. 연기를 무위로 생각하는 부파에 관해서는 水野弘元, 「無爲法について」, 『印度學佛教學硏究』 10-1, 1962, pp.1-11을 참조.

11 *Abhidharmakośabhāṣya*, Pradhan 1.ed., pp.129, 468. 『阿毘達磨順正理論』 대정장29, pp.498c-499a.

12 *Sārattha-ppakāsinī* II, PTS, p.40.

13 『아비달마품류족론』 대정장26, p.719a. "因緣云何. 謂一切有爲法." 『아비달마대비바사론』 대정장 27, pp.117b, 118a 등.

14 대승불교에서는 일반적으로 연기를 도리(dhātu [法]界) 내지 제법의 공통 성질(dharmatā 法性)로 파악하지만, 연기무위설과는 분명히 구별하고 있다. 후술하는 바와 같이 나가르쥬나는 윤회와 열반, 繫縛과 해탈(제16장) 등의 대립 항 각각이 고유한 본질을 갖지 않고, 그 때문에 엄밀

하게는 존재, 비존재 등으로 제시될 수 없다고 한다. 한편, 유가행파에서는 제법과 법성은 不一不異의 관계라는 의미를 부여한다(『중변분별론』 제1장, 제13게, 『法法性分別論』, 『유식삼십송』 제22게 등). 또한 바수반두(세친, 400-480년경)는 유가행파의 5事설 전통을 이어받아 「연」경에서 '연기'의 형용구가 된 진여(tathatā)를 무위법의 하나로 헤아린다(『大乘五蘊論』 『大乘百法明門論』 등).

15 anādikāliko dhātuḥ sarvadharmasamāśrayaḥ/tasmin sati gatiḥ sarvā nirvāṇādhigamo 'pi vā*// (*Triṃśikā-bhāṣya*, Lévi ed., p.37 [*vā]; *Ratnagotravibhāga Mahāyānottaratantraśāstra*, Johnnston ed., p.72 [*ca]). 平川彰, 「縁起と界」, 『佛教研究の諸問題』 山喜房佛書林 (1987), pp.7-37 (平川彰著作集 제1권 (『法と縁起』) 春秋社 (1988), pp.559-596에 수록되어 있음)을 참조.

16 高崎直道, 「'無始時來の界' 再考」, 『勝呂信靜博士古稀記念論文集』 山喜房佛書林 (1996), pp.41-59 (高崎直道著作集 제7권 (『如來藏思想, 佛性論 II』) 春秋社 (2010), pp.201-222에 수록되어 있음)를 참조.

17 J. Takasaki, "Dharmatā, Dharmadhātu, Dharmakāya and Buddhadhātu－Structure of the Ultimate Value in Mahāyāna Buddhism", *Journal of Indian and Buddhist Studies* 14-2 (1966), pp.903-919; 齋藤明, 「「四種法界」考」, 『宗教研究』 64-4 (1991), pp.203-204를 참조.

18 *Sārattha-ppakāsinī* II, PTS, p.41.

19 平川彰, 앞의 논문, pp.7-11; 高崎直道, 『如來藏思想の形成』 春秋社 (1974), pp.758-763 (高崎直道著作集 제5권 (『如來藏思想の形成 II』), 春秋社 (2009), pp.461-466에 수록되어 있음)을 참조.

20 吉水千鶴子 「*Saṃdhinirmocanasūtra* X における四種の yukti について」, 『成田山佛教研究所紀要』 19 (1996), pp.123-168을 참조.

21 de bzhin gshegs pa rnams byung yang rung/ ma byung yang rung ste/ chos gnas par bya ba'i phyir chos nyid dbyings gnas pa nyid gang yin pa de ni chos nyid kyi rigs pa yin no//(Lamotte ed., p.158).

22 eṣā kulaputra dharmāṇāṃ dharmatā/ utpādād vā tathāgatānām anutpādād vā sadaivaite sattvās tathāgatagarbhā iti/ (Johnston ed., p.73)＝*Tathāgatagarbha-sūtra* (Tib), Zimmermann ed., p.256.

23 yaiva cāsau dharmatā saivātra yuktir yoga upāyaḥ *yayaivam eva* tat syāt/ anyathā naiva tat syād iti/ (Johnston ed., p.73; *高崎直道, 『寶性論』 (インド古典叢書), 講談社 (1989), p.332의 주를 참조.

24 齋藤明, 「空・唯識・如來藏」, 『根源へ－思索の冒険』 (岩波講座 宗教4), 岩波書店 (2004), pp.77-104를 참조.

25 西義雄, 『原始佛教に於ける般若の研究』, 大倉山文化科學研究所 (1953); 平川彰, 「般若と識」, 『渡邊隆生教授還曆記念論文集/佛教思想文化史論叢』, 永田文昌堂 (1997), pp.3-28 (平川彰著作集 제1권 (『法と縁起』), 春秋社 (1988), pp.387-401에 수록)을 참조.

26 나가르쥬나(용수)에게는 『중론』 및 관련 논서의 저자(2-3세기경) 외, 저자 문제가 남는 『대지도론』이나 『무외론』의 저자(4세기 후반경), 의학자(4-5세기경), 밀교학자(「龍猛」, 7-8세기경), 연금술사(8-9세기경) 등의 복수 인물이 알려져 있다. 齋藤明, 「ナーガールジュナ」, 『岩波佛教思想事典』 등을 참조.

27 akṛtrimaḥ svabhāvo hi nirapekṣaḥ paratra ca// (*Mūlamadhyamakakārikā* (MK) 15.2cd, de Jong ed., p.19).

또한 이하의 『중론』 인용은 J. W. de Jong, *Nāgārjuna: Mūlamadhyamakakārikā,* Madras: The Adyar Library and Research Centre (1977)에 의거한다. 근년의 연구에 의해 그 후 교정된 부분에 관해서는 그때그때 명기한다. 이들 연구 성과를 반영한 MK의 교정본으로 叶少男, 『中論頌－梵藏漢合校/導讀/譯註』, 上海/中西書局 (2011)이 출판되었다.

28 渡邊章悟, 「八不と縁起－「般若經における「八不偈」をめぐって」, 『東洋大學大學院紀要』 23 (1986), pp.37-50을 참조.

29 馬場紀壽, 「上座部佛教と大乘佛教」(본 서 제5장)를 참조.

30 「不生の章」 (skye ba med pa'i rab tu byed pa ＝*anutpāda-prakaraṇa)은 바비베카(D Tsha 243a2) 및 아바로키타브라타(D Za 286a1)의 호칭.

31 MK 24.1-40, de Jong ed., pp.34-37. 제3 및 제4게는 A. Saito, "Textcritical Remarks on the *Mūlamadhyamakakārikā* as Cited in the *Prasannapadā", Journal of Indian and Buddhist Studies* 33-2, pp.842-846의 정정을, 또한 제19게는 A. MacDonald, "Revisiting the Mūlamadhyamakakārikā: Text-Critical Proposals and Problems", *Studies in Indian Philosophy and Buddhism* 14, pp.25-55 (esp.47-48)에 따른다.

32 齋藤明, 「空と言葉－『中論』第24章·第7偈の解釈をめぐって」, 『宗教研究』 72-1 (1998), pp.27-52를 참조.

33 범천권청에 관한 근년의 연구로는 阪本(後藤)純子, 「『梵天勸請』の原型」, 『印度學佛教學研究』 41-1 (1992), pp.469-474; 原實, 「梵天勸請の類型」, 『國際佛教學大學院大學研究紀要』 10 (2006), pp.172-204; 齋藤明, 「觀音(觀自在)と梵天勸請」, 『東方學』 122 (2011), pp.1-11이 있다. 또한 平岡聰, 「変容するブッダー佛傳のアクチュアリティとリアリティ」 (본 서 제4장)를 참조.

34 『廻諍論』 제70게 및 그 주. 丹治昭義, 『實在と認識』 (中觀思想研究 II), 關西大學出版部 (1992), pp.46-80(제1장 제5절 「廻諍論の空」)을 참조.

35 ＝ *Prasannapadā*(明句論) 및 『大乘中觀釋論』(觀性[品]). 『無畏論』, 『佛護注』, 『般若燈論』 및 青目주에서는 「존재와 비존재의 고찰(觀有無)」. 또한 이하의 인용은 MK 15.1-7, Jong ed., p.19에 의한다.

36 또한 同 텍스트의 대응 산스크리트본 및 한역이 각각 Tripāṭhi, op.cit., pp.167-170: "Sūtra19: Kātyāyanaḥ"; 『잡아함경』 제301경, 대정장2, pp.85하-186상에 있다. Cf. Chung, *op.cit.,* p.111.

37 MK 22.11-16, de Jong ed., p.31. 제11게는 MacDonald, *op cit.*, pp.44-45의 정정에 따른다.

38 MK 25.17-24, de Jong ed., pp.39-40. 제22게는 MacDonald, *op cit.*, pp.43-44의 정정에 따른다.

39 *Prasannapadā,* La Vallée Poussin ed., p.536. *Prasannapadā*의 제 사본과 그 연구 상황에 관해서는 A. MacDonald, "Recovering the Prasannapadā", *Critical Review for Buddhist Studies,* Vol.3, pp.9-38을 참조. 근년 米澤嘉康에 의해 *Prasannapadā*에 대한 저자, 제목 불명의 산스크리트어 주석 사본의 존재가 확인되어 Y. Yonezawa, "**Lakṣaṇaṭīkā:* Sanskrit Notes on the *Prasannapadā* (1)-(6)", *Journal of Naritasan Institute for Buddhist Studies* (成田山佛教研究所紀要) 27, 28, 29, 30, 32, 33, 2004-2007, 2009, 2010으로 장 전체가 공간되었다.

40 MK 27.1-2, de Jong ed., p.41. 同章과 관련하여 근년에 다음과 같은 두 개의 학위 논문이 제출되었다. 小澤千品, 「ナーガールジュナにおける見と緣起－『中論』 第27章を中心として」 (大谷大學, 2008); 金澤豊, 「『中論頌』における「見」の硏究」(龍谷大學, 2011).

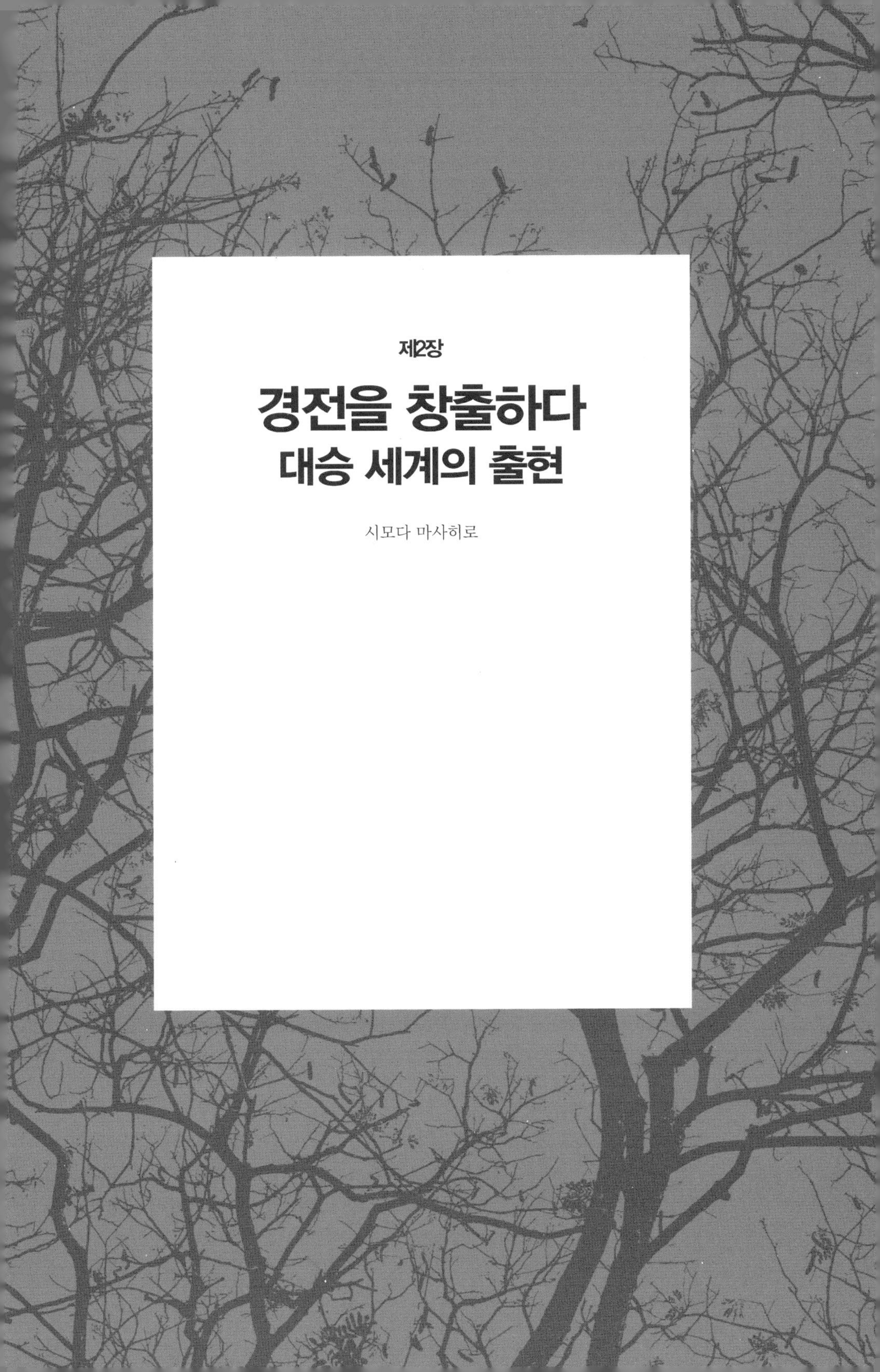

제2장

경전을 창출하다
대승 세계의 출현

시모다 마사히로

1.
인도 대승 연구의 전환

본 장의 취지와 그레고리 쇼펜의 문제 제기

본 시리즈 제1권『대승불교란 무엇인가』, 제2장「경전 연구의 전개에서 본 대승불교」에서 현재 동서양의 연구자들이 초기대승불교의 거의 유일한 특색으로 '계속적 繼續的 경전 제작 활동'을 공통적으로 지지하고 있다는 점을 확인하였다.[1] 본 장은 몇 가지 각도에서 이 이해를 좀 더 깊이 검토하고, 지금까지 아시아에 널리 유포되고 있는 대승불교의 형성과 전개에 대해 교전 教典, 그중에서도 '서사된 경전'이 얼마나 중요한 역할을 해왔는가, 지금까지의 주요한 논의를 돌아보면서 고찰하고자 한다.[2]

본 장의 결론을 미리 요약하면 다음과 같다. 기원전후의 어느 시기에 서사 경전이 연속해서 창출되기 시작하고, 그 활동이 드디어 경전의 외부 세계를 끌어들여 변용시키고, 결과적으로 새로운 불교 세계를 출현시키기에 이르는, 이들 일련의 사건이 초기대승불교 운동의 중심적 사실을 구성한다는 것이다. 학계가 오늘날까지 노력해온 '대승불교의 교단사 해명'이라는 시점에서 다소 대담하게 이 결론을 다시 서술한다면, 대승교단이 대승경전을 생산한 것이 아닌, 대승경전이 대승교단을 생산했다고 하는, 기존 학계의 이해와는 정반대의 결론이 된다. 일견 매우 불합리해 보이는 이 한 문장은 무엇 때문에 고대 인도에서 익명의 작자에 의한 경전 제작 활동이 지속되었는가라는 대승불교를 둘러싼 최대 수수께끼의 해명과 깊이 관련된다. 이 점을 구체적으로 음미하며 대승불교 연구의 새로운 가능성을 제시하는 것이 본 장의 목적이다.

고찰에 앞서 그 전제가 되는 중요한 과제를 약간의 지면을 할애하여 검토해두어야 한다. 이는 근대불교학의 성과를 여러 가지 측면에서 다시 쓰고 있는 그레고리 쇼펜의 대승불교 이해이다. 쇼펜은 기원전후부터 5, 6세기에 걸친 인도불교의 역사를 고찰 대상으로 삼아, 불교학은 물론이거니와 역사학, 고고학, 비문학 등 매우 광범위한 분야의 연구 성과를 조사하여 지금까지와는 다른 대승불교 상像을 주장하였다. 일본어로 번역된 한 권의 저서를 통해 성과의 일부가 일본학계에도 알려져 있지만, 그의 연구가 대승불교 연구에서 지니는 의의는 충분히 이해되고 있다고 보기 어렵다.[3] 본 시리즈에 등장하는 일본학계의 여러 성과의 의의를 적절하게 평가하기 위해서도 쇼펜의 문제 제기의 취지를 다시금 확인해둘 필요가 있다.

2004년, 북미의 연구자들을 중심으로 편집된 『불교백과사전』 「대승」 항목을 쇼펜은 다음과 같이 설명하고 있다.

> 대승불교에 관해 확실하게 말할 수 있는 것은 아주 조금밖에 되지 않는 것 같다. (위대한 혹은 큰 수레를 의미하는—괄호 안 원저자, 이하 특별히 언급하지 않는 한 동일) 대승이라는 말은 기원이라는 점에서 본다면 기원전후에 인도에서 발생하였을 참된 불설이란 무엇인가라는 한결같지는 않지만 면면히 이어져온 논의의 한쪽 편—필시 좀 더 시시한 편 the least significant side—에서만 주장된 논쟁적 단정이었음이 확실하다. 하지만 이 단정이 자기 존재를 의식하고 독립된 종교 운동을 나타내는 것으로 텍스트 밖에서 실제 언제쯤 사용되기 시작했는지는 분명하지 않다. 예를 들어 이 용어는 인도 비문에서 5세기 혹은 6세기에 이르기까지 나타나지 않는다. 또 확실한 것은 이 용어에 깊이 새겨져 있는 논쟁적, 가치적인 주장을 설사 아주 미묘하게밖에 느끼지 못하고 있었다 해도 중국, 한국, 티벳, 그리고 일본의 개인

혹은 집단의 불교도들은 현재와 마찬가지로 과거에 스스로를 대승불교도라고 불러왔다는 점이다.

하지만 중국, 한국, 티벳, 그리고 일본에 깊이 새겨진 불교가 대승불교라는 것을 확실히 말할 수 있다는 사실을 제외하면, 대승불교 자체에 관해 특히 그 초기, 아마도 인도에서의 형성기일 이 시기와 관련하여 달리 무엇을 확실하게 말할 수 있을지 명확하지 않다.[4]

대승불교에 관한 사실 확인은 이처럼 곤란하다. 그렇다면 지금까지 학계에서 공유하고 있던 대승불교 이해는 도대체 무엇이었는가? 쇼펜은 이어 기술한다.

분명 불과 얼마 전까지만 해도 학자들은 대승에 관해 자신만만한 일련의 주장을 하고 있었다. 하지만 이제 명확해진 것은 이들 주장 대부분이 하나하나 중대한 반론을 맞이하고 있다는 점이며, 이제 누구도 대승의 일반적인 성격에 대해 성실하게 자신 있게 말할 수 없다는 점이다. 물론 이것은 한편으로 대승이 결코 하나로 이루어진 것이 아닌, 반대로 많은 것이 완만하게 묶여진 것이라는 점이, 또한—하나의 말에 두 가지 의미를 갖게 하는 방법—말의 두 가지 의미에서의 contradictions(反주장과 모순—下田 주)을, 혹은 적어도 대척적 對蹠的 요소를 포함할 수 있는 거대한 용어였음이 드디어 명확해져왔기 때문이다. 하지만 또 한편으로 오랜 확신의 붕괴는 불교 일반에 관한, 특히 대승에 관한 오래된 '역사적' 자명성 붕괴의 직접적 결과이기도 하다.[5]

이어 쇼펜은 「오래된 직선적 모델과 대승 '기원'의 시기」라는 부분을 마련하여 불교사 이해에 관한 기본적 문제를 제기한다.

일찍이 인도불교의 역사적 발전은 단순하고 곧으며 의심스러울 정도로 직선적인 것으로 제시되고 있었다. 그것은 역사적 붓다에서 시작하여, 가르침은 조직화되고, 전승되고, 초기불교early Buddhism로 언급되는 교설로 다소라도 발전한다. 이 초기불교는 소승('작은' 혹은 '열등한' 수레이기조차 하다), 테라와다(장로들의 가르침), 혹은 단순히 승원僧院불교 monastic Buddhism(이것을 어떻게 불러야 할지는 문제로 남는다)와 동일시된다. 이 모델에 따르면 기원전후 초기불교에서 대승불교가 이어지는데, 이것이 중대한 변화 혹은 근본적 변용으로 간주되었다. 직선적 모델도, 이를 구축하기 위해 사용되는 수사학修辭學도 대승의 출현은 동시에 초기불교 혹은 소승불교의 소실을 의미하며, 실제로는 전자가 후자로 바뀌었다는 것을 의미한다고 하는 두드러진 인상을 남긴다. 만약 정말로 직선적인 발전이었다면 이 외에는 있을 수 없다. 하지만 아쉽게도 적어도 이 모델에 관하여, 이것이 사실이 아니었음을 현재 우리들은 알고 있다. 대승의 출현은 직선적 모델이 허용하는 것보다 훨씬 복잡한 사건이며 '초기'불교 혹은 소승, 혹은 어떤 자들이—단지 적당히—부르는 것처럼 전통불교mainstream Buddhism는 기원후 훨씬 오랫동안 남아 있었을 뿐 아니라 번영하고 있었던 것이다.[6]

역사적 실체로서의 대승

신중한 표현에 의한 쇼펜의 논술에는 대승불교라는 수수께끼를 둘러싼 지금까지의 통설이 안고 있는 근본적인 문제가 사려 깊게 담겨 있다. 대승이라는 존재를 전제로 하지 않고 불교를 생각할 수 없는 동아시아나 티벳의 불교도들은 대승불교 운동을 '시시'하다고 지적당하는 것에 대해 분명 놀라움과 반발을 느낄 것이다. 하지만 이 논술의 배경에는 지금까지 시도된 적 없는 면밀함을 자랑하는 인도불교사에 대한 조사와 고찰이 존재한다.

쇼펜이 제시한 문제는 우선 세 가지이다. 첫째, 지금까지 인도불교의 역사가 직선적 모델에 의해 그려져 대승만이 역사적 실체로서 남겨지는 결과에 이르고 있다는 점이다. 둘째, 하지만 대승불교라는 개념이 지시하는 대상은 5, 6세기 이전의 인도에서는 텍스트 밖에서 확인되지 않으며, 그런 의미에서 대승은 역사적 실체로 인정하기 어렵다는 점이다. 셋째, 이러한 여러 사정과의 관계가 명확하지 않은 채 티벳이나 동아시아에서는 과거부터 현재에 이르기까지 대승불교도가 존재하고 있다는 점이다.

얼핏 보아 다른 과제처럼 보이는 이 세 가지 논점은 서로 밀접하게 연관되어 있다. 여기서는 세 번째 과제, 즉 아시아 여러 지역에 대승불교도가 존재한다는 문제부터 고찰을 시작해보자. 이것이 오늘날까지의 대승불교 연구를 가장 강하게 규정하는 요소가 되고 있기 때문이다.

쇼펜은 연구자들이 후대에 인도 이외의 지역에 유포되어 있던 대승불교 이해에 근거하여, 고대인도의 대승불교를 상정하는 점에 대해 비판을 제기하고 있다. 대승불교를 동아시아불교나 티벳불교의 전통에서 보는 것에 익숙해져 있는 연구자들에게 있어 이것은 알아차릴 수 없는 곤란한 문제이다. 동일한 명칭에 현저하게 다른 내용을 상정하는 것은 용이하지 않으며, 특히 그 명칭이 관찰자의 현재를 강하게 규정하고 있을 경우에는 한층 더 곤란한 일이다.

더하여, 동아시아나 티벳에서는 현실적으로 거의 대승불교 및 그로부터 전개한 밀교만이 남아 있다. 따라서 이들 지역의 내부로부터 대승불교를 이해하고자 할 때, 쇼펜이 말하는 첫 번째 문제, 즉 직선적 모델로 그려진 '소승이 대승으로 바뀌었다는 것'은 매우 신빙성 있는 역사 이해의 도식이 된다.

분명 얼마 전부터 일본에서는 대승의 등장에 의해 '소승'이 사라졌다고까지 확언하는 연구자는 거의 사라졌다. 그 주된 이유는 대승불교의 재가·불탑기원설이 등장하여 '소승'과 대승이 역사상 '동시적으로 공존 가능'해진 것에 의한다. 하지만 이 이해의 등장으로 실은 문제가 하나 더 복잡해지는 직선적 모델이 성립하였다. 즉, 역사는 원시불교→부파불교→대승불교의 세 단계로 전개하고, 이 두 번째 단계와 세 번째 단계에서 부파와 초기 대승 양자가 '다른 공간에서 공존하고 있었다'라는 이해가 성립한 것이다. 여기서도 대승을 궁극으로 하는 직선적 모델 자체는 여전히 건재하고 있다. 대승이 역사적 실체로서 존재하는 세 번째 문제는 실은 고대의 역사를 복원하는 모델 구축의 첫 번째 문제와 연결되고 있는 것이다.[7]

연구 소재를 율장, 비문, 건축, 미술, 고고학적 유품에서 구하고, 이들을 서로 조합하면서 쇼펜이 그려낸 인도불교는 대승 경전이나 논서, 즉 대승 교전에서 추출되어온 불교 상과는 크게 다르다. 고대 인도에서, 특히 초기에 대승불교는 텍스트 이외에서 확인되지 않는다는 점, 이를 기반으로 무리하게라도 그 역사적 실체를 상정해본다면 대승불교는 전통불교의 거점에서 먼 주변 지역에서 일어났다고 생각할 수밖에 없다고 한다. 두 번째 문제점이다.

인도를 아무리 샅샅이 찾아보아도 대승불교의 실체를 파악할 수 없다는 점, 이 과제야 말로 오늘날까지 연구자들을 지속적으로 괴롭혀 온 큰 문제이다. 이것은 현대의 연구자들에게서 시작된 것은 아니다. 지금까지 대승불교의 교단 문제를 논할 때마다 예로 인용되어온 것처럼, 대승을 구하여 멀리 인도에 간 법현, 현장, 의정 등 중국의 역경 삼장들은 일찌감치 이러한 어려움을 체험하고 있다. 이미 대승을 중심으로 한 불교의 체계적 이해가 완성되어 있던 중국에서 불교인들의 관심은 대승불교에 있었다. 그럼에도 불구하고 그들이 인도에서 만난 불교는 외견상으로 '소승'불교와 구별할 수 없었다. 양자의 차이로서 구법승들이 인정한 것, 그것은 독송 경전의 차이였다. 즉, 5세기부터 7세기의 인도에서도 대승은 텍스트 내부에 존재하고 있었다.[8]

한편, 당시의 중국에서 대승불교는 사원이나 제도로서, 즉 실체로서 존재하고 있었다. 그렇기 때문에 구법승들은 대승을 제도에서 더 찾고, 사원으로서 탐색하고, 율에서 추구하려 하였다. 텍스트 외에서 대승의 존재를 지속적으로 탐색하는 두 번째 과제는 동아시아에서는 대승불교가 실체로서 텍스트 밖에 존재하고 있었다는 세 번째 과제와 실은 불가분의 관계에 있다.

쇼펜이 그리는 대승불교 상

쇼펜의 논고는 고찰의 기반이 되는 자료를 섭렵하고, 과거의 연구를 끊임없이 검토하는 왕성함과, 고찰에서 최대한 추측을 배제하고, 교차하는 추론을 최소화하며 논리를 전개해가는 금욕이 선명하게 대조를 이루는 점에 특징이 있다. 대승의 경, 논에 나타나는 기술을 항상 텍스트 외의 자료와 대조하여 확인하고—원래 아함·니카야의 경전은 여기에는 들어가지 않는다—, 양자가 일치하는 것만을 역사적 사실을 복원하는 대상으로 채용한다. 산스크리트어, 티벳어 경, 논을 중심으로 '초기'불교에서 전기 밀교에 이르는 163점의 문헌을 고찰 대상으로 삼고 있으며,

이들과 비교 검토된 고고학적 유문遺文이나 유품의 출토 지점은 인도아대륙 전체에서 스리랑카, 투르판까지 60개 지역에 이른다. 한역 자료에 의존하지 않고 인도의 대승불교사를 재구성함에 있어 일찍이 없었던 망라적인 조사가 이루어지고 있다. 그렇다면 그 성과로 쇼펜은 어떠한 대승불교 상을 제시하고 있는가.

비문이나 예배상 등의 고고학적 자료를 조사해보면, 기원전후부터 5, 6세기에 이르기까지의 이른바 초기대승불교가 교단으로 자립하고 있지 않았음은 명백하다. 문수보살이나 관음보살 등의 대승의 구제적 보살은 이 시기에 이르기까지 인도에서 모습을 보이지 않으며, 대승경전 가운데 가장 영향력이 크다고 생각되어온 「팔천송반야경」은 팔라왕조에 이르러 가까스로 그 존재가 인지되기에 이른다. 대승 관계 비문의 출토 지점으로 보아 대승은 우선 전통불교교단이 번성한 지역 이외의 벵갈을 비롯한 인도 변경의 땅에서 확인된다. 전통적인 불교의 거점 지역에서 발견된 경우, 그곳은 일단 버려졌거나, 쇠퇴한 후에 대승적으로 개변된 흔적이 있다. 어느 곳이나 활동적인 힘이 부파 교단을 능가하여 창설된 거점이라고는 도저히 말하기 어려운 양상을 보인다.[9]

지금까지 일본학계에서는 초기대승불교의 역사적 실태로서 각 경전 형성 활동의 핵이 되는 독자적인 의례를 지닌 집단의 존재를—예를 들면 반야경 교단, 법화경 교단, 아미타불 신앙 교단처럼—상정해왔다. 이는 지금도 변함없다. 하지만 이러한 활동은 텍스트 내부에서는 가상假想할 수 있어도 역사적 실태로서 텍스트 외부에서는 상정할 수 없다. 왜냐하면, 불탑, 불상, 보살상 등을 중심에 둔 의례는 최초기부터 일관되게 전통불교mainstream Buddhism가 본령을 발휘하고 있는 분야이며, 대승불교 발생의 고유한 묘목苗木은 아니기 때문이다.[10]

오히려 사태는 정반대이다. 초기대승불교는 이러한 의례를 부정하고, 혹은 적어도 상대화하고, 경전의 존재와 거기서 설해진 내용을 선양하는 것을 목적으로 성립하고 있다. 대승불교는 의례를 중심 요소로 성립한 것이 아니며, 경전 존재의 의의를 천명하기 위해 대승은 의례를 텍스트 내부에 도입하였다. 『라트나발리』를 비롯한 대승의 제 논서나 제 경전에 빈출하는 비판적 언설의 수사학은 베슬러 A. Wezler나 폰 슈티텐크론 H. von Stietencron이 지적하는 바와 같이, 정통 베다성전이 지배하는 일상 의례를 비판하고, 전통화한 의례를 새로운 이념으로 대체하고자 한 신흥 종교 세력의 수사학에 그대로 대응한다.[11]

이러한 대승불교의 특징은 일상적 의례 수행으로 '타락한' 전통불교에 대해, 석가가 보살이었던 시대의 본래 이상을 대치시키는 엘리트적 보수주의에 있다. 대승불교는 재가자들이 요청하는 공덕과 회향 사상에 사실상의 경제 행위를 개입하여 계속 연관시키는 전통적 승원불교에 대해 출가자의 엄격한 이념을 내세우며 재가자와의 세속적 관계 형성을 거부하고, 붓다 자신이 품었던 이념으로 돌아가 스스로가 붓다가 되는 길을 보살로서 걷고자 하는 금욕적인 길인 것이다.

쇼펜의 이러한 이해는 장 나티에나 다니엘 부쉐를 비롯한 구미 연구자들의 성과와 훌륭하게 조화를 이루는 한편, 재가·불탑기원설을 지지해온 일본학계의 대승불교 이해와는 정면으로 대립한다.[12] 재가·불탑기원설은, 의례에 전념하는 재가자 중심의 대중불교 운동이 승원불교의 전문화된 엄격한 출가주의를 뒤흔들기 시작하여, 결국 재가자 구제를 목적으로 하는 새로운 형태의 불교를 생산한 곳에 초기대승불교가 성립한다고 본다. 이 신불교운동은 시대가 흐름에 따라 다시 출가주의화하고, 불탑 의례에 대해 부정적이 되며, 결국 승원불교의 전문화된 세계로 돌아가

한 시대를 마친다는 줄거리이다. 그런데 방금 본 바와 같이, 업의 이론과 회향 사상에 근거하여 불탑 중심의 의례를 통해 대중 취향의 불교 활동을 하고 있던 것은 실은 전통불교 쪽이며, 초기대승불교 운동은 이 전통불교의 세속성을 비판하며 엄격한 출가주의를 선양하는 입장에 서 있었다.

재가·불탑기원설은 지금까지 비판받아온 바와 같이, 자료에 의거하여 검토해 볼 때 가설에 여러 가지 무리가 있다는 문제뿐 아니라, 대승불교의 불교로서의 특질을 어떻게 판단하면 좋은가라는 매우 중요한 점에서 문제를 안고 있다. 불탑신앙을 출가교단과 분리해서 재가교단에 귀착시키고, 거기에서 대승의 기원을 보는 것은 무엇보다 초기대승불교의 이념과 특질을 재가 중심이었다고 잘못 보게 만든다. 대승불교에 입각하고 있는 일본학계가 특히 재가·불탑기원설의 영향을 크게 받고 있는 것은, 방법론적 문제라기보다 오히려 대승의 특질 이해와 관련된 문제일지도 모른다.[13]

2.
대승불교에서 경전의 의의

대승경전이 교단을 낳다

이상으로 본 장의 주제에 들어갈 전제가 갖추어졌다. 그레고리 쇼펜이 제시한 대승불교의 모습을 소개하는 데 많은 지면을 할애한 것은 본 장에서 논할 대승불교가 쇼펜의 이해로 해결되기 때문이 아니다. 본 장은 정반대로 쇼펜이 제시한 여러 문제를 기반으로 하면서도 그것과는 대극적對極的인 대승불교 상을 향해 간다.

여기서 서두에서 서술한 본 장의 결론을 다시 언급해보자. 첫째, 서사 경전이 연속해서 창출되기 시작한 점, 그 창출 활동이 경전의 외부 세계를 변용시킨 점, 그 결과로 새로운 불교 세계가 출현한 점, 이들 일련의 사건이 대승불교의 출현으로 이해된다는 점을 기술하였다. 그리고 둘째로, 이 결론을 '대승불교의 교단사적 해명'이라는 시점에서 다시 이해하고, 대승교단이 대승경전을 만들어낸 것이 아닌 대승경전이 대승교단을 만들어냈다고 바꾸어 말하였다.

첫 번째 주장은 쇼펜이 거듭 언급하는 대승불교 연구 상의 여러 가지 문제점을 일시에 해소하는 것으로, 그런 의미에서는 인도에서 대승의 출현을 설명하는 유력한 후보 가설일 수 있다. 하지만 필시 연구자는 경전이 바깥 세계를 변용시킨다는 주장에 대해, 경전의 전달자들의 모습이 검토되지 않은 상태이므로 이 문제가 명확해질 때까지 가설이 될 수 없다고 판단할 것이다. 실은 이 첫 번째 주장을 보다 알기 쉽게 서술한 것이 '교단사적 입장'에서 바꾸어 말한 두 번째 주장이다. 하지만 경전이 교단을 만들어내었다는 이 주장을 거의 모든 연구자는 제대로 된 설로 받아들이지 않을 것임에 틀림없다.

'경전이 교단을 만들어낸다'는 것은 역사 연구가 주류를 이루었던 동서양의 학계에서 아마 지금까지 제시된 적 없는 가정이다. 하지만 여기에는 불교, 특히 대승불교에서 경전이 완수해온 의의를 이해하는 중요한 실마리가 있다. 지면의 제약으로 인해 개요를 제시하는 정도에 그칠 수밖에 없지만, 이하 제2절과 제3절에서 이 문제를 풀어가고자 한다.

대승경전에는 작자, 편찬자, 전달자가 존재하며, 이들이 경전을 만들어냈다는 전제 하에 경전의 작자 혹은 편자의 교단을 텍스트 밖에서 확정하려는 시도가 기존의 연구에서 이루어져왔다. 이는 지극히 합리적인 방법으로 보인다. 하지만 이 방법은 아무리 해도 고대인도의 역사적 사실과 잘 부합하지 않으며, 쉽게 해명되지 않고 있다. 확인되는 사태는 오히려 반대이다. 쇼펜이 끊임없이 논해온 것처럼 최초기에는 텍스트의 존재만이 확인되며, 그 영향이 시대를 흘러 비문에 나타나고, 사원 건축에 나타나고, 불교 미술에 나타나며, 교단적 실체를 가시화시키기 시작한다. 이 순서에 따라 순순히 설명한다면, 텍스트가 외부 세계를 변용시켜간 것이다. 외부 세계를 있는 그대로 반영하고 있는 것이 아니다.

서사 경전이 외부 세계를 변용시켜 새로운 세계를 창출한다는 사정은 고찰 범위를 인도에서 동아시아로 넓혔을 때, 매우 명확해진다. 이 점에서 쇼펜과 본고의 시점 차이가 가장 현저하게 드러난다. 새삼 다시 언급할 필요도 없이, 중국이든 한국이든 일본이든 원래 동아시아에서 대승교단은 존재하지 않았다. 그뿐인가, 거기에는 불교도 없었고, 그 출현 배경인 고대인도 세계도 없었다. 즉, 교단적 요소가 전혀 없는 상태에서 사람들에게 도입되어 사람들에 의해 경험된 것, 그것은 서사된 경전이었다. 경전이 한문으로 번역된 중국에서 대승경전은 의심할 여지없이 당초부터 서사경전이다. 그리고 서사경전의 출현이라는 단지 이 한 가지 사건을 통해 동아시아 세계에서 대승교단이 생성되기 시작하였다. 대승경전이 외부 세계에 작용하여 외부 세계를 변용시키고 대승교단을 창출해낸 것이다.

다른 언어, 다른 문화 공간인 중국에서 일어난 이 현상은 인도에서도 똑같이 일어났다고 생각해도 좋다. 다만 주의해야 할 것은 역경 삼장의 기록이나 비문의 출토 시대가 보여주듯이, 대승경전이 대승교단을 생성하는 속도는 인도보다 중국에서 빨랐을 가능성이다. 역경 삼장들이 대승교단의 기초가 되는 대승의 율장을 구하기 위해 인도에 갔던 사실, 하지만 입수할 수 없었기 때문에 중국에서 보살계 불전이 편찬된 사실은 이러한 가능성을 충분히 보여준다.

여기서 주의해야 할 두 가지 점을 추가로 기술해두자. 첫째, 쇼펜이 지적하는 바와 같이 중국의 자료를 가지고 인도의 역사적 사실을 유추하는 것은 때로 위험을 동반한다는 점이다. 종종 연구자는 중국에서 이루어지고 있던 불교 사정을 그대로 인도에서 반세기에서 1세기, 혹은 그 이상을 거슬러 올라가 가정하려고 한다. 하지만, 만약 중국에서 대승경전의 영향에 의한 교단의 생성이 인도보다 빨리 일어났다고 한다면, 이 가정은 완전히 틀리게 된다.[14]

둘째, 대승경전이 역사를 변용시켜 교단을 창출한 그 전체를 대승불교 운동으로 이해한다면, 대승불교의 고찰은 인도 외부의 세계로까지 시야를 확대할 때 비로소 충분히 이루어질 수 있다는 점이다. 고대인도의 불교 자료는 상당히 부족하다. 그 부족함을 스리랑카의 팔리어 자료나 중국의 한문 자료로 보충하면서 인도불교사를 복원하는 일은 쇼펜의 반론에도 불구하고 부당한 방법은 아니다. 이를 허용하지 않는다면, 2차 자료가 있음에도 불구하고, 1차 자료의 부재를 근거로 현상의 부재를 주장하는 극단적인 주장을 하게 된다. 쇼펜이 자료의 결여 때문에 '시시하며' '주변적'이라고 보았던 인도의 대승은 동시에 병행한 중국 역사에서 비견할 수 없을 정도로 '중요'하며 '중심적'인 것이었다. 경전의 창출 운동이 역사를 변용시키는 대승불교는 그 운동이 지속하는 한 계속 추적해야 본질이 해명된다. 실제로 후대에 인도에서도 대승의 교단화는 실현되어 갔다.

그렇다면 대승에서 경전 창출 운동은 어떻게 일어났는가. 전통불교의 경전은 어떻게 해서 대승경전과 구별되기 시작하였는가. 대체 대승경전과 전통경전과의 본질적 차이는 어디에 있는 것일까. 이러한 점을 명확히 하기 위해 다음으로 전통경전의 기본적 특징을 간단히 정리해두자.

전통 경전의 특징

전통불교 경전의 특징을 이해할 때, 전승 속의 세 가지 요소, 즉 '범천권청 설화', '뗏목 비유 경전 kullopama-sutta', '자국어에 의한 sakāya niruttiyā 설법의 권장'에 주목하면 일단 충분할 것이다.[15]

불전 생성의 역사적 기점은 첫 번째 '범천권청 설화'에 있다. 서로 다른 계통의 불전이 일치하여 전하는 기록에 의하면, 붓다는 깨달음에 이른 직후에 연기 이법의 심원함은 사람들에게 말로 전달되지 않는다고 생각하여, 일단 설법을 단념하였다. 그 붓다를 브라흐마신이 설득함으로써 붓다는 드디어 말문을 열 결의를 한다.

이 설화에서 주목되는 것은, 말로는 전달되지 않는 것이라는 존재가 명확히 의식되고 있다는 점이다. 모든 것이 말로 다 되는 것은 아니다. 불전의 말은 존재 모두를 표출하는 전능한 것이 아니며, 특정한 무언가—여기서는 연기의 이치—를 전하기 위해 사용되는 한정적 수단이다.

말에 대한 불교의 이러한 태도는 두 번째 점, 즉 '뗏목 비유 경전'에 그대로 통한다. 붓다는 자신의 가르침의 말을 흐름을 건너가기 위한 뗏목에 비유하고, 다 건넜으면 버리도록 권하였다. 소기의 목적을 달성하기 위해서만 말은 존재하는 것으로, 말 자신이 목적은 아니다. 이 점을 잘못 이해하면, 육지에 올라 뗏목을 짊어지고 가는 자처럼 무익한 짐을 짊어지게 된다.

붓다의 이러한 가르침에 따른다면 교전敎典의 말은 상황의 변화에 따라 적당히 취사선택되어야 하며, 절대적 의미를 지니고, 불변, 부동한 것으로 고정되어 있는 것은 아니다. 그것은 상황에 따라 나타나기도 사라져 버리기도 하는 것이며, 넓은 의미에서 변경되고 갱신되어야 하는 것이다.

이것은 세 번째 점 '자국어로의 설법'이라는 과제와 연결된다. 붓다는 가르침을 각 지방어로 설할 것을 권장하였다. 현대의 공용어로 15개의 언어를 지닌 다언어사회의 전형인 인도에서 지방어 사용을 인정한다면, 가르침은 전파의 확대와 더불어 언어적으로도 급속하게 확산한다. 이는 일반적으로 종교 교단의 정체성 유지에 있어서는 적절하지 않으며, 기피하는 것이 통례이다. 하지만 불교의 교전은 이에 반하여 확산하는 것을 인정하고 있다.[16]

이상의 어느 것을 수용하여도 불교에서 교전의 말은 내용을 전하기 위한 적절한 수단으로서, 그것이 사용되는 문맥이나 상황에 따라 유연하게 변경되어야 한다는 점이 인정되고 있다. 교전의 말은 변용되고 창출되어도 좋은 것이다.

대승 출현의 전제로서의 서사경전

초기대승경전은 텍스트가 고정되지 않고 변용하고 확산한다는, 방금 서술한 전통불교에서의 교전의 특징이 '비약적으로' 추진된 곳에서 출현하였다. 누가 보아도 명확한 것처럼, 내용상의 다양성과 분량상의 다량성 多量性에서 대승경전은 아함·니카야 경전과는 구별된다.

대승에서 경전의 경이적 진화가 가능하였던 것은 전승 과정에 서사書寫가 도입되었기 때문이며, 경이적 진화를 추진한 힘은 바로 쇼펜이 지적하는 바와 같이 '참된 불설이란 무엇인가'라는 물음을 경전 속에서 찾기 시작한 것이다. 서사의 도입이 대승불교 출현의 필요조건에 해당한다면, 그 위에 성립하는 불설의 정통성을 둘러싼 물음의 등장은 대승경전 성립의 충분조건에 해당한다. 우선 본 항에서는 전자에 관하여 확인해보자.

서사의 도입이 불교 역사상 매우 중대한 변화를 초래하였다는 점에 관해서는 필자 자신 지금까지 몇 번이나 논해왔다.[17] 여기서는 본 장의 주제인 '경전 창출 운동과 대승의 출현'이라는 점에 초점을 맞추고 선행 논문과의 중복을 피하면서 고찰해가고자 한다.

전승 방법이 구전에서 서사로 바뀜에 따라 경전에 발생한 여러 가지 변화 가운데 전승이라는 과제와 관련하여 가장 중요한 점을 하나 든다면, 그것은 경전의 계승 존속이 사람에게 의존할 필요가 없어지고 어떤 의미에서 경전이 전승자를 필요로 하지 않는 자립적 존재가 된 것이다. 구두 전승에서는 교설의 내용을 이해하는 매체는 사람이며, 교설 내용의 신빙성의 근거는 매체인 사람의 신빙성에 의존한다. 그런데 서사경전의 경우, 내용을 갖는 매체는 서사경전 자신이며, 경전의 편찬자도 서사자도 문자를 소리화하는 독송자도 아니다. 편찬자는 서사 텍스트의 배후에 숨어 — 정확하게는 '붓다라는 각별한 익명성'을 띠는 것으로 — 모습이 보이지 않으며, 필사자는 문자를 베끼는 수단일 뿐이다. 그리고 독송자, 즉 다르마바나카(법사, dharmabhāṇaka)도 문자를 소리화하는 수단에 그칠 뿐, 서사경전의 권위를 보증하는 근거는 아니다. 오히려 반대로 다르마바나카의 신빙성이 서사 경전의 신빙성에 의해 최종적으로 보증 받게 된다.[18]

경전의 존재 형태가 사람에서 사본으로 이행하면서, 불교교단에서 경전의 정통성을 둘러싼 논의는 '사람' 대 '텍스트'라는 대립 구도로 경쟁을 시작하여, 드디어 움직이기 어려운 귀결로서 '텍스트'가 승리하게 된다. 이 단계에서 편찬자나 필사자나 독송자 모두를 포함하여 경전에서 사람이 완전히 모습을 감추어 버린다는 점이 중요하다. 서사경전이라는 텍스트의 의의를 보증하는 것은 그 어떤 제3자도 아닌, 바로 서사경전일 수밖에 없는 것이다.[19]

경전의 정통성을 둘러싼 '사람' 대 '텍스트'라는 대립 구도는 대승뿐만 아니라 서사를 도입한 아함·니카야 경전에서도 발생하였다. 이는 '4대 교설 cattāro mahāpadesā', 즉 불설의 판정 근거를 붓다, 승가, 불설의 보유자, 유력한 출가자라는 '사람'의 말로부터 경, 율이라는 '교전'으로 이행하는 논의와, '사의(四依 catvāri pratiśaraṇāni)', 즉 사람에게 의존하지 말고 법에 의존하라, 미요의경 未了義經에 의존하지 말고 요의경에 의존하라, 문자에 의존하지 말고 의미에 의존하라, 지식에 의존하지 말고 지혜에 의존하라는 논의에서 확인된다. 전자는 오래된 문헌 가운데서는 『열반경』이나 율을 중심으로 나타나며, 그 내용으로 보아 본래 아함·니카야라는 개개의 서사경전의 정통성을 묻는 것이 아닌, 결집 전설의 신빙성을 둘러싼 논의로 일어난 것이 드디어 논서로 계승될 정도로 일반화한 것으로 생각된다. 한편, 후자는 '사람'을 떠난 서사경전의 존재를 전제로 하면서, 그 경전의 정통성에 대한 의문이 이루어지고 있다. 출현하는 문헌도 북전에 한정된다는 점에서 대승과 완전히 동일한 문맥에서 개개 경전의 정통성의 근거를 묻기 시작한 논의라고 보아도 좋다.

그런데 이렇게 해서 전통불교에서도 경전 전승에 서사가 도입되고 대승과 동일한 문제가 발생하였음에도 불구하고, 전통불교 경전과 대승 경전 사이에는 큰 차이가 발생하고, 드디어 양자는 마치 별개의 것으로 보이는 불교로 전개해갔다. 대승경전에서는 경전 자체가 계속 확대되고 있다. 이에 비해 전통불교에서는 어떤 시기에 경전의 편찬 작업은 멈추고, 그 후에는 논이나 주석서가 계속해서 누가累加되어 간다.

전통불교 교전의 특징은 그것이 필사된 것인가 아닌가의 차이에 상관없이, 논 혹은 주석서의 해석 쪽이 경전보다 존중된다는 점에 있다. 거기서 논과 불설과의 관계는 논의 주제가 될 수는 있어도, 경전에서의 불설의 정통성에 관해서는 전혀 문제가 되지 않는다. 아함·니카야 경전을 전승하는 집단에서는 경전의 생성은 이미 과거에 끝나 활동이 멈추고, 참된 의미에서 활동이 이루어지고 있는 것은 그 후에 부가된 주석서를 비롯한 논장 장르에 속하는 텍스트뿐이다.

'참된 불설'이라는 물음의 탄생과 초기대승경전의 탄생

이상 서술한 전통 불교경전과 비교하였을 때, 초기대승경전의 두드러지는 특징은 경전 내부에서 '참된 불설이란 무엇인가'라는 물음이 나타나기 시작하고, 이 과제를 둘러싸고 지속적 경전 생성 활동이 시작되었다는 점이다. 『반야경』이든 『법화경』이든 『대아미타경』이든 주요한 대승경전을 보면, 거기에는 항상 '참된 불설'을 둘러싼 강한 과제 의식이 존재하고 있으며, 특히 전통경전과 대조해볼 때 그 의식의 특이성은 역력하다.

이러한 '참된 불설에 대한 물음'은 무엇보다 구전 세계에서는 일어날 수 없다. 베다성전의 진위성에 의문을 제시하는 것이 성전을 기억·유지하는 전승자 바라문의 존재 의의 부정과 직결되는 것처럼, '들은 불설'의 신빙성에 대해 질문하는 것은 '설한 사람'의 신뢰성을 의문시하는 것과 다름없다. 이런 환경에서는 질문 자체가 전통의 파괴나 단절을 일으킬 수밖에 없으며, 물음은 지속적으로 성립할 수 없다.

구두 전승에 있어 사람과 텍스트의 중복이 해소되고, 서사경전이 사람으로부터 자립하는 시점에 이르렀을 때, 비로소 참된 불설에 대한 의문이 성립하게 된다. 그리고 사람으로부터 분리된 서사경전이 정통성을 확보하고자 한다면, 항상 경전 내부에서 참된 불설을 둘러싼 물음을 제시해가야 한다. 그리고 이 물음이 제시되는 한, 서사 경전의 정통성은 쇄신을 거듭하며, 사람에 따라 전승되는 경전의 정통성을 능가할 수 있게 된다.

서사 경전의 정통성을 보증하는 것, 그것은 앞 항에서 서술한 바와 같이 경전의 필사자가 아닌 것은 말할 것도 없거니와, 다르마바나카도 아니며, 경전의 저자나 편찬자도 아닌, 바로 서사경전 외에는 없다. 공적으로 나타나는 다르마바나카는 서사 경전의 문자를 목소리화하는 독송자일 뿐이며, 경의 편찬자는 항상 '붓다라는 익명'을 띠고 계속 숨어 있기 때문에 모두 정통성의 보증인이 될 수 없다. 대승불교에서 정통성의 논쟁은 일관되게 텍스트 속에서 이루어지며, 대승경전의 정통성의 확보는 동일한 이름을 단 경이든, 다른 이름을 지닌 경이든 다음 경의 제작에 의해 이루어진다. 이렇게 해서 서사경전의 정통성의 수립을 둘러싸고 텍스트가 텍스트를 창출하는 세계가 나타난다.

여기서 종래의 학계에서 오해해온 한 가지 중요한 문제에 주의를 기울여야 한다. 그것은 신랄한 성문 비판을 하는 대승경전이 교단 내에서 출현했다고 한다면, 교단의 분열이나 전통의 분단을 일으키는 원인이 되었을 것이라는 가정에 관해서이다. 이야말로 대승불교의 재가·불탑교단기원설을 지탱하는 중요한 지점이 되었다. 그 후, 사사키 시즈카의 교단 분열의 정의를 둘러싼 연구가 출현하면서, 대승과 부파의 공주共住 가능성이 확보되고 재가·불탑 교단의 설정은 불필요해졌다.[20] 하지만, 대승경전에서의 성문 비판을 구두 전승에서의 전통 부정 행위와 동등하게 이해하는 점에 대해서는 주의할 필요가 있다.

대승경전을 출현시킨 '참된 불설에 대한 물음'은 이에 부수되는 엄격한 타자他者 비판의 모습과는 달리, 항상 서사경전 내부에서 서사경전의 정통성을 확보하기 위해서만 제시되고 있는 것으로, 외부의 변혁을 향해 발신되고 있는 것은 아니다. 대승경전이 내포하는 언어의 힘은 현실 승가의 정통성을 의문시하고 교단의 변혁으로 향하려는 것이 아닌, 보다 면밀하게 구상을 다듬은 다음 경전의 창출로 지속적으로 향하게 된다. 이와 같이 항상 서사 텍스트로서 지속적으로 나타나는 대승경전은 필시 교단 내에서 오랫동안 이설異說로조차 존재하지 않았을 것이다. 대등한 관계에 있는 사람과 사람 사이에서 논쟁이 교차할 때 그 한쪽은 이설이 될 수 있지만, 대승경전은 서사 텍스트로만 나타나기 때문이다.

이설의 출현이 법륜을 파괴하고cakrabheda, 나아가 의례를 파괴하게karmabheda 되는 것은 경전과 사람이 겹치는 구두 전승의 단계이든가, 혹은 서사경전의 내용을 그대로 외화外化하려는 원리주의적 불교운동이 출현했을 경우에 한정된다. 그런데 대승경전의 출현은 서사 텍스트의 출현을 전제로 하고 있기 때문에 전자는 있을 수 없으며, 또한 고대 인도에서 후자와 같은 근현대적 교단 개혁 운동이 발발한 흔적도 없다. 대승경전이 이설로 의식되기 시작한 것은 논사들 사이에 대승비불설론에 대한 항변이 나타나는 5세기경을 기다려야 하며, 그 동안의 대승경전을 둘러싼 교단의 역사적 사정은 텍스트 안에서의 혼란과는 대조적으로 항상 너무나도 지속적으로 조용하였다. 대승경전은 기성 승가 속에서 조용히 존재하고 있었던 것이다. 그렇다면 대승과 부파의 공주 불가능성이라는 히라카와 아키라의 물음은 애초 제시될 필요가 없었던 것이며, 따라서 사사키 시즈카에 의해 굳이 극복될 필요도 없었던 것이 된다. 하지만, 그것은 정말일까?

대승경전의 특색과 탄생의 기원

서사 텍스트로 출현한 초기대승경전은 경전의 존재 의의에 관해 깊은 자각을 가지고 있다. 이 의식은 아함·니카야의 경전에는 존재하지 않는다. 그것은 당연하다. 전항에서 서술한 바와 같이, 전통 경전은 이미 형성 활동을 멈추고 있으며, 전승은 기계적으로 기억에 의해 이루어지든가, 사본으로 기록되어 손대지 않은 채 보존되는 단계에 있었기 때문이다. 전통 경전의 내용에 참된 불설을 묻는 물음이 거의 나타나지 않는 것은, 일면 그것이 정통임을 표현하는 것이기도 하지만, 무엇보다 분명한 것은 전승하는 경전에 대해 전승자가 어떤 자각적 물음도 지니고 있지 않은 것이다.

이 점에 관해 초기대승경전이 일견 모두 아함·니카야 경전을 모범으로 삼으면서, 실은 그들과의 차이점을 선명한 형태로 부가하고, 새로운 경전 출현의 무대 설정과 교설의 독자성 주장에 힘을 쏟고 있다는 점을 다시 상기할 필요가 있다. 대승경전의 편찬자에게 있어 전통 경전을 통째로 모방하여 경전을 작성하는 것은 어떤 어려움도 없다. 하지만 그들은 거기에 전혀 흥미를 보이지 않는다. 편찬자의 주요한 관심은 완전히 반대로, 이미 제작을 멈춘 지적 활동에서 이탈하여 이른바 과거의 유물로 변한 전통경전을 어떻게 부활시켜 그들과의 차이를 어떻게 하면 설득력 있게 강조할 수 있는가 하는 점에 있었다.

대승경전에 있어 '참된 불설이란 무엇인가'라는 물음의 끊임없는 제기와, 이에 대한 새로운 회답은 정통성의 끊임없는 갱신, 즉 연속하는 텍스트 생성 운동으로 이어져 대승경전은 항상 생성되게 된다. 이에 이르면, 무엇 때문에 고대 인도에서 경전이라는, 익명의 작자에 의한 텍스트 형성 운동이 지속되었는지, 그 이유가 명확해 진다. 설사 완전히 똑같은 사상 내용을 갖고 있었다 해도 기명으로 텍스트가 형성되는 '논'과, 붓다라는 '두드러진 익명'에 의해 장르가 성립하는 '경'은 텍스트의 존재 의의 자체가 각각 다르다. 이들 두 가지는 내용의 동이同異 여하에 관계없이 서로 교체 가능한 관계일 수는 없으며, 지속적인 '논'의 제작에 호응하면서 논에 대항할 수 있는 내용을 지닌 '경'이 논과는 독립해서 지속적으로 창출되지 않으면 안 된다.

여기까지 고찰을 진행시키면, 대승경전의 기원에 관해, 그렇게 말해도 좋다면 '교단사적 기원'에 관해 매우 대충이기는 해도 하나의 전망을 얻을 수 있다. 전통불교의 경장 편찬 활동이 멈추고 그 내용이 고정됨과 동시에 불설을 둘러싼 사상적 행위는 분석적 사고력과 체계적 구성력을 지닌 논장의 담당자들에게로 집약되어 불설의 용어에 대한 상세한 분석, 상호 관계의 정리, 그 체계화로 관심이 옮겨져갔다. 이러한 와중에 대부분 형성 활동이 멈춘 경장을 담당하는 자들 가운데 일부가 붓다의 말이 서사경전 속에 존재하는 것에 중대한 의의를 꿰뚫어보고, 참된 불설에 대한 물음과 경전의 존재 의의를 함께 전달하는 자들이 출현하였다. 즉, 대승경전 출현의 기원은 전통 경전의 전달자들, 즉 경사經師들에게 있었다.

율장, 경장, 논장의 삼장이라는 장르가 건재하고, 서로 영향을 주면서 각 전문가를 통해 텍스트가 계승되어 갈 때, 율과 논이 역사의 진전과 더불어 지속적으로 생성되어 가듯이 경도 생성되어갈 수 있다. 이 경우, 논과는 달리, 하지만 율과 마찬가지로 '붓다라는 두드러진 익명'에 의해 장르의 존재 의의를 확보해둘 필요가 있다. 이것은 율의 지속적 제작을 생각한다면 어떤 특이한 사태도 아니다. 왜냐하면, 율 속에 담긴 기술의 대부분이 붓다 입멸 후에 제작된 것이며, 거기에는 붓다 재세 중이 아닌, 그 기술이 제작된 당시의 시대가 반영되어 있다. 쇼펜을 비롯한 율 연구자들이 당연히 인정하는 이 사태가 경에서 일어나도 아무런 문제가 없기 때문이다. 그리고 경장의 전승자, 즉 경사들로부터 대승경전이 탄생했다면, 그것이 교단 분열이나 파괴를 지향한 것이라고는 생각되지 않는다. 히라카와가 염려한 문제는 역시 존재하지 않았다고 보아야 한다.

그런데 익명에 의한 텍스트 정통성의 확보라는 점에서 완전히 똑같은 제약을 안고 있던 율장과 경장의 편찬자들은 완전히 다른 텍스트 편찬의 방법에 이르렀다. 그것은 쇼펜이 불교 해명의 소재로 삼은 『근본설일체유부율』과 '가장 시시한 측'이 편찬한 대승경전, 예를 들어 『법화경』의 각각에 기록된 내용을 비교하면 명확하다. 율장의 경우, 훨씬 후대의 사회에서 일어난 승원의 일상생활 상의 매우 '시시한' — 적어도 불교의 이상이나 불설의 의의 해명과는 아마 무관한 — 사항을 수정하기 위해 대부분 전후의 맥락 없이 붓다를 계속 불러내고 있으며, 그 문답을 붓다의 말로서 '면면히' 텍스트에 누가해 간다. 그런데 『법화경』을 구성한 편찬 방법은 과거부터 현대에 이르기까지 동아시아 각지에서 반복하여 불교 운동을 일으키는 텍스트를 제공했을 뿐만 아니라, 그 형성 과정을 둘러싸고 뵈르노프 이래 오늘날에 이르기까지 동서양 학계에 방대한 연구를 불러일으킬 정도로 치밀한 내용으로 구성되어 있다.[21]

대승경전에서 발견되는 이 텍스트 편찬의 의식적 방법은 대승경전의 주인공이 지니는 '보살 의식'과 깊이 관련되어 있다. 이미 형성 활동을 멈춘 경전에 대한 주석가인 전통불교의 논사들은 붓다의 말씀을 해석하는 자들로서 경전 외부에 지속적으로 머문다. 이에 대해 대승경전의 편찬자들은 '참된 불설이란 무엇인가'라는 물음을 안고 경 내부에 들어가 새로운 회답을 덧붙여 쓰며 경 밖으로 나오게 된다. 그는 경의 말, 즉 붓다의 말씀을 통하여 붓다와 대화를 하는 주체가 되어 있다. 그것은 스스로 그 시대에 보살로서 붓다와 직접 진의를 주고받는 모습을 보여준다. 과거로부터 이어진 붓다의 말씀을 명심하고 '참된 불설'을 설해가려는 확신과 사명감은 몇 세대를 넘어 연등불의 수기의 말을 지속적으로 짊어진 보살 시대의 석가의 의식과 겹치는 바가 있다.[22]

3.
교전을 다시 본다 – 결론을 대신하여

경전 편찬의 계승 활동

이상의 논의를 정리하여, 본 장에서 제기한 문제와 앞으로의 가능성에 관해 확인해두자. 삼장의 전승 과정에서 어떤 시기—근년에 발견된 인도어 제 사본의 추정 연대, 한역 연대, 팔리어 전승을 고려한다면 아마도 기원전후—에 서사가 도입되고, 이를 계기로 아함·니카야에 담긴 각 경전의 제작이 멈춤과 동시에 전승자 가운데 일부에게 불설의 정통성을 물으면서 불설과 대면하는 보살 의식을 가지고 경으로서의 불설을 계승하는 자들이 출현한다. 이들의 경전 계승 활동은 기성 불전의 정리 분류 작업이 아닌, 서사 경전 하나하나의 연속적 생성으로 나타난다.

경전을 계승한다는 행위가 때로 경전 내용의 일부 개편이거나 창작인 것은 4니카야에 담긴 제 경전의 다양성을 보는 것만으로도 이해할 수 있다. 이들 개편은 편찬 작업에 있어 불가결하며, 이와 관련된 경사들 자신은 현실의 다양성에 대응하면서 적절하게 불설을 열어가는 의식을 가지고 종사했을 것이다. 이 태도는 범천권청, 뗏목의 비유, 자국어에 의한 설법을 권하는 붓다의 가르침에 따른 것이다. 대승경전의 창출 활동은 경장 전승 속에 이미 존재하고 있던 편찬시의 이러한 관여 방법이 서사의 도입에 의해 비약적으로 높아진 결과 생겨난 것이다. 이는 경장의 계승 활동의 일환으로서 전통적 행위 그 자체이자 출가교단에게 위화감 없이 수용되는 것이었다.

현재 남겨진 여러 언어에 의한 삼장의 내용으로 판단컨대, 이른바 부파불교 시대에 불전의 제작 활동에 종사하고 있던 것은 논의 제작에 관여한 자들, 율의 제작에 관여한 자들, 그리고 대승경전의 제작에 관여한 자들로 특정된다. 이 시점에서 전통불교의 경장 제작 활동은 거의 정지되고, 닫힌 경전의 집성이 되어 있었을 것이다. 논사들의 경전에 대한 관심은 이미 고정된 모든 경의 단편적 기술을 논에 편입하는 것에 기울어져 있으며, 하나하나의 경의 내용 해석에는 흥미를 보이지 않는다.

이러한 속에서 니카야의 각 경전에 일일이 주를 단 5세기의 붓다고사는 유일한 예외이다. 그러나 그의 활약 무대가 굳이 스리랑카였던 것은 필시 인도아대륙에는 이미 그러한 주석 방법을 평가할 환경이 없었음을 보여주는 것이리라. 붓다고사가 했던, 경전에서 의미를 추출하는 방법은 대부분 의사적擬似的 어원 해석과 평속적平俗的 일화의 삽입을 기초로 한다. 이는 주도면밀한 언어 전략으로 기성 경전의 의미의 탈구축脫構築을 도모하는 대승경전이나, 유부 아비달마에 근거하여 치밀하게 사상적 논의를 전개하는 대승 논서와 비교해볼 때 정교한 느낌은 없다. 어쨌든 그의 주석을 보면, 그 시대에 전통 경전의 제작은 이미 멈추고 있었음이 분명하며, 경장의 전통에 있어 지적 활동의 중심은 이미 대승경전의 생성으로 이행하고 있었을 것이다.

경전 창출 운동으로 시작한 대승불교는 드디어 외부 세계에도 영향을 미쳐 외계를 변용시키기 시작한다. 아상가나 바수반두를 비롯한 논사들의 텍스트에 대승경전이 존재를 드러내고, 기진 비문에 대승의 신봉자들이 이름을 올리고, 관음을 비롯한 예배상이 출현하는 기원 5, 6세기에 이는 현재화顯在化하게 된다. 경장을 담당한 자들 중 일부에서 일어난 순수한 텍스트 제작 운동으로서의 대승은 시대를 거쳐 외화外化된다. 이 사태를 대승불교의 교단사적 해명이라는 관점에서 파악한다면, 대승교단이 대승경전을 만들어낸 것이 아닌, 대승경전이 대승교단을 만들어낸 것이 된다.

교단사 연구의 한계

그렇다면 대승경전 제작에 관여한 자들의 소재는 도대체 어디였을까. 율장과 논장이 인도 불교승원의 어떤 땅에서, 어떻게 형성되어 있었는가에 관한 정보가 부족한 것과 마찬가지로, 전통 경전이 더구나 그 확장인 대승경전이 어떤 장소에서 어떻게 형성되었는가에 관해서도 전혀 정보가 없다. 하지만, 율장의 규칙이 환경의 변화에 의해 개변되고, 논쟁의 전개에 의해 논장에 새로운 텍스트가 더해질 때, 그러한 텍스트 제작 활동이 승원 밖에서 이루어졌다고 굳이 생각할 필요가 없다면,

전통경전의 편찬과 대승경전의 제작도 마찬가지이다.

적어도 대승비불설론에 명시적으로 항변했던 아상가, 바수반두, 바비베카 등의 제 논사들이 전통불교의 경전과 대승불교의 경전 둘 다 참조 가능한 장소에 있었음은 틀림없다. 법현이나 현장, 의정 등의 역경 삼장들의 보고에 의하면, 인도아대륙의 광대한 지역에 대승경전을 독송하는 승원이 있으며, 전통경전과 대승경전을 병행하여 독송하는 승원이 있었다. 아발로키타브라타의 기술에 의하면 그의 시대에 대중부의 동산주부, 서산주부는 반야경 등의 대승경전을 실제로 독송하고 있었다.[23] 문헌 자료를 보아도 현지 조사 기록을 보아도 대승불교는 경전의 형태로 승원 안에 존재하고 있었다.

대승경전의 제작 현장을 문제 삼을 때, 무슨 이유인지 지금까지의 연구자들은 이러한 기술을 모두 배척하고 승원과는 분리하여 항상 다른 장소를 상정하든가, 특별한 승원을 가상해왔다. 히라카와 아키라나 시즈타니 마사오 静谷正雄는 역경 삼장의 기록에 남은 내용을 후대의 이차적인 사태로 간주하고, 원초 형태로서 재가·불탑 교단을 제시하였다. 이 상정을 무의미하다고 배척하고 승원 이외의 근거를 인정하지 않는 그레고리 쇼펜은 인도아대륙 변경의 땅에 있는 승원에 대승을 자리매김하려 하였다. 근년, 다니엘 부쉐나 가라시마 세이시 辛嶋静志는 대승경전 제작 장소로 승원과는 다른 아란야 阿蘭若라는 장소를 다시 조명하고 있다.[24] 남겨진 역사 기록에 맞서 대승 경전의 기원을 승원에서 분리하거나, 혹은 변경의 승원에 가두어버리려는 고집은 무언가에 홀린 듯 강고하다.

이들 여러 설의 의의와 문제점은 각각 개별적으로 존재하지만, 모두에게 공통되는 중요한 과제가 있다. 그것은 대승경전에 설해진 내용을 기초로 하면서 '교단사적 해명'이라는 입장을 취하는 연구 방법이다. 분명 대승경전에는 신랄한 성문 비판이나 안일한 승원생활과 대비되는 매우 혹독한 아란야 수행을 칭찬하는 기술이 두드러지게 나타난다. 그들은 사치스러운 문화를 기피하여 소박한 생활을 존중하고, 문화의 중심을 벗어나 주변에서 가치의 재구축을 지향하는 것으로 보인다. 대승경전 속의 이러한 기술을 개별적으로 다루며, 이를 외계의 소박한 반영으로 파악한다면, 대승경전은 승원과는 다른 교단이나, 아란야처나, 승원 중에서도 변경의 땅에서 작성된 것이라는 가정을 할 수도 있을 것이다. 하지만 다른 한편에서 이러한 경전은 이상이 실현된 불국토를 광휘光輝로 가득 찬 금은보석에 의한 장엄에 비유하여 표현하기도 하고, 완전한 지배로 질서가 완성된 이상적인 왕성王城으로 표현하기도 한다. 대승경전의 내용은 항상 가치적, 이념적, 규범적인 문맥을 구성하고, 주도면밀하게 준비된 구도 속에 담겨져 있다. 이를 고려하지 않은 채 단편적인 기술을 교단사 복원의 소재로 삼아버린다면, 현실적으로 있을 수 없는 환상의 역사를 만들어낼 수밖에 없다.

한 예로서 아란야주住와 촌락주村落住의 문제를 언급해두겠다. 이는 불교의 역사에서 몇 가지 변주를 동반하면서 항상 출현하는 '유형'이다. 이들은 각각 한 쪽의 이념에 일의적一義的으로 대응하는 사회적 실체가 예상되어야 할 것이 아닌, 항상 양자가 한 쌍으로 기능하는 가치 대립의 이념형으로, 각각의 극이 실체로서는 정반대의 내용을 지니는 일도 종종 있다. 고고한 명상의 실천을 원하여 아란야주를 실천하기 시작했지만, 경계 영역에 갖가지 종교인이 난입하여 싸움이 끊이지 않자, 조용한 공간이 유지되는 승원으로 돌아온 수행자 이야기는 종교인류학에서 잘 알려져 있다. 아시아에서 이른바 삼림주가 역사상 처음으로 확인되는 곳은 스리랑카인데,

paṃsukūlika이든 āraññika이든 모두 국왕에게서 극진한 보호를 받으며 의식주를 보장받고 있다. '이념형'의 의미를 이해하지 않고 '교단사 연구'로 가져가려는 위험한 상황은 재가·불탑기원설이 부정된 지금도 변하지 않고 있다.[25]

애초에 고대 인도의 베다 전통에서 '아란야 기원'을 의미하는 아란냐카 성전이 선행하는 전통 성전 브라흐마나에 대해 어떠한 역할을 했는지 생각한다면, 전통 경전에 대해 대승경전이 지니는 의미도 명확해질 것이다. 의례 집행을 업으로 삼는 전통적 종교 세력에 대해 일찍이 없었던 의미가 아란냐카에서 창성 발신된다는 것은 인도에서는 진부하다. 아란냐카, 우파니샤드가 베다 전통에서 벗어난 곳에서 생겨난 것이 아닌, 베다 전통의 한 가운데서 생겨났다는 근년의 연구 방향은 브라흐마나 전통 경전에 대한 아란냐카로서의 대승경전 출현의 기원을 생각하는 데 있어 중요한 시사가 된다.[26]

'교전 教典이 된 불교'의 의의

대승불교 연구에서 주목해야 할 것은 경전의, 혹은 넓게 교전의 의의이다. 말할 것도 없이 교전이 생산된 사회 배경은 존재한다. 그러나 그 사회 배경이 교전을 생산해낸 것은 아니다. 반대로 교전은 자신의 사회 배경을 변용하기조차 한다. 교단이 교전을 만들 뿐만 아니라, 교전이 교단을 만드는 것. 일반화하면 텍스트가 세계로부터 영향을 받을 뿐만 아니라, 텍스트가 세계에 영향을 주어 세계를 변용하는 것. 불교뿐만 아니라 종교에서, 나아가 텍스트 연구에서 널리 알려진 이 방향을 시야에 넣은 연구가 오늘날까지 등한시되고, 교단이 교전을 만드는 방향만 주목받게 된 것은 대승불교뿐만 아니라 불교의 연구 자체를 왜곡된 것으로 만들고 있다.

예를 들어 호넨法然이 선도善導의 저작인『관경소觀經疏』「산선의散善義」의 한 문장을 접하고 회심하여 드디어 요시미즈吉水에 교단을 형성하고, 신란親鸞을 비롯한 제자들을 육성한 것은 당나라 초기의 교전이 가마쿠라鎌倉 초기 교단 형성의 핵심이 된 사례이다. 시공을 멀리 초월해서 일어난 이 사건을 교단사적 입장에서 설명하는 것은 곤란하기 짝이 없다.

말이 지니는 힘은 대승경전의 중심 주제이다. 대승경전이 서사되고, 교전=스크립쳐scripture로 자립한 것은 불교사에 '중대사변重大事變, 혹은 근본적 변용'을 초래하였다. 교전의 자립은 언어, 문화, 정치, 경제 체제 등 이른바 제도의 차이를 넘어 불교가 전파하기 위한 중요한 요소이다. '근본설일체유부율'에 제시된 바와 같은 고대 인도의 정치·경제·문화제도 속에 파묻힌 채로의 불교라면, 당시 적어도 인도와 동등하든가 혹은 그보다 발전된 제도를 가지고 있던 중국에 불교가 전파되는 일 같은 것은 있을 수 없었을 것이다. 이러한 제도적 요소를 초월한 말의 힘을 지니는 '교전이 된 불교'가 존재했기 때문에 중국에 불교가 침투하고, 중국 세계가 불교에 의해 변용되기 시작한 것이다.[27]

대승불교가 대승경전이나 대승논서라는, 제도로부터 자립한 교전으로 존재할 때 교전 밖에 있는 여러 활동은 그 교전에 적당하게 조합되어 시정되어야 할 것으로 변하고, 동시에 교전은 그 활동들의 의의를 반영하는 존재로 성장한다. 대승교전은 제도적 제약을 넘어 불교의 여러 활동을 자유롭게 집약하는 장소가 되고, 교전 내외의 불교의 여러 요소들을 잇는 네트워크의 이음매가 된다. 일찍이 역사가인 코젤렉Reinhart Koselleck은 개념과 말을 구별하고, 말은 개개의 것을 구체적으로 지시하고, 정의를 통해 그 내용을 단적으로 결정할 수 있는 데 비해, 개념은 정치적, 사회적 의미의 복합체를 포섭하고, 스스로의 의미를 확장하면서 지속적으로 창출한다고 설명하였다.[28] 대승불교라는 용어는 이 개념에 해당한다. 이것은 고대 인도의 개별 불교의 상황을 가리키는 데 멈추지 않고, 전파처의 여러 가지 문화적 요소들을 변용시켜 의미를 산출하는 개념이다. 이러한 특징을 지닌 대승불교를 기성의 제도적 요소로만 설명하려는 것은 방법적으로 맞지 않다. 발견기능적 heuristic인 가설적 개념으로서 다시 다루지 않으면 안 되는 이유이다.[29]

---

1 下田正弘,「經典研究の展開に見る大乗佛教」 桂紹隆, 斎藤明, 下田正弘, 末木文美士 편,『大乗佛教とは何か』(シリーズ大乗佛教 1) 春秋社 (2011), pp.37-71.

2 본 장에서는 경전이라는 말을 삼장 가운데 한 범주인 經藏 및 그 범주에 속하는 개개의 텍스트라는 두 가지 의미를 지니는 술어로 사용한다. 경장 이외의 율, 논 및 삼장 외의 전적을 포함한 불교 전적 전체를 가리킬 경우에는 佛典 혹은 教典이라고 기술한다. 불전이나 교전은 전통적 술어인 śāsana에 해당한다. 교전이라는 말은 모든 종교에서 聖典, 正典 등 복수의 의미를 포함하는 용어로 사용되며, 세속 사회에서 수용되는 전적 일반과도 명료히 구별할 수 있다. 이 용어에 관해서는 土屋博,『教典になった宗教』北海道大學圖書刊行會 (2002), pp.1-11을 참조.

3 일본어 역은 グレゴリーショペン著, 小谷信千代 역『大乗佛教興起時代 インドの僧院生活』春秋社 (2000). 쇼펜의 대승 이해의 전체상은 다음 논집을 참조할 필요가 있다. G. Schopen, *Figments and Fragments of Mahāyāna Buddhism in India: More Collected Papers,* Honolulu: University of Hawai'i Press (2005).

4 G. Schopen, "Mahāyāna," R. Buswell (ed.) *Encyclopedia of Buddhism,* Macmillan Reference USA (2004), p.492a.

5 G. Schopen, *ibid.,* p.492a

6 G. Schopen, *ibid.,* p.492a-b. mainstream Buddhism은 '本流불교' 혹은 '主流불교'라고 번역해야 할 말이며, traditional Buddhism과 구별할 필요가 있다. 하지만 '주류'도 '본류'도 현재 일본의 연구 문맥에서는 매우 부자연스럽다. 고대인도불교의 역사를 논할 때, 현재 구미학계에서 가치

적 의미를 갖는 traditional Buddhism이라는 말이 사용되는 일은 거의 없다는 점, 한편 일본어에서 전통적이라는 말과 본류라는 말이 의미상 거의 겹친다는 점을 고려하여, 자연스러운 울림을 우선하여 잠정적으로 '전통불교'라고 번역하였다.

7 사사키 시즈카(佐々木閑)의 근년의 제언(「部派佛教の概念に関するいささか奇妙な提言」, 『櫻部建博士喜壽記念論集 初期佛教からアビダルマへ』 平樂社書店, 2002, pp.311-333)은 제2단계와 제3단계의 구별을 해소하고, 부파와 대승 양자가 '동시에 발생하고' '동일 공간에서 共住 가능해지는' 시스템을 고안함으로써 종래의 직선적 모델을 뛰어 넘은 주목할 만한 것이다. 하지만 이 가정을 받아들인다면 대승과 부파는 동등하게 역사적 실태에 반영되어도 좋을 것이다. 하지만 대승의 교단적 실태는 실제로는 보이지 않으며, 부파만이 顯在化하고 있다. 이 점의 설명이 도리어 곤란해진다.

8 이 역경 삼장의 자료를 다루며 대승 기원 문제를 상세히 검토한 선구적 업적으로 平川彰, 『初期大乘佛教の硏究』 (春秋社, 1968, pp.699-721)를 잊을 수 없다. 동서학계의 연구를 기반으로 한 최 근년의 주목할 만한 업적으로는 M. Deeg, *Das Gaoseng-Faxian-Zhuan als religionsgeschichtliche Quelle: Der älteste Bericht eines chinesischen buddhistischen Pilgermönchs über seine Reise nach Indien mit Übersetzung des Textes,* Wiesbaden 2005 (Studies in Oriental Religions 52)가 있다.

9 G. Schopen, "The Mahāyāna and the Middla Period in Indian Buddhism: Through a Chinese Looking-Glass," *Figments and Fragments of Mahāyāna Buddhism in India,* pp.3-24; "The Bones of a Buddha and the Business of a Monk: Conservative Monastic Values in an Early Mahāyāna Polemical Tract," *ibid.,* pp.63-107; "On Sending the Monks Back to Their Books: Cult and Conservatism in Early Mahāyāna Buddhism,' *ibid.,* pp.108-153. 여기 기술된 내용은 위에서 언급한 일본어 역 『インドの僧院生活』 「序章」 (pp.3-30)에서도 일부 논의되고 있다.

10 쇼펜은 인도불교사에서 짧은 한 시기의 단 하나의 예외로 아미타불상을 둘러싼 신앙 집단이 존재한 문제를 다룬다. 아미타불의 정토는 선택된 보살도를 행하는 자가 태어나는 세계이며, 거기에 재가자를 중심으로 하는 신앙 집단을 상정하는 것은 곤란하다고 본다. G. Schopen, "Sukhāvatī as a Generalized Religious Goal in Sanskrit Mahāyāna Sūtra Literature," *ibid.,* pp.*154-189*; "The Inscription of the Kuṣān Image of Amitābha and the Character of the Early Mahāyāna in India," *ibid.,* pp.247-277.

11 G. Schopen, "On Sending the Monks Back to Their Books," *ibid.*, pp.108-153, esp.126.

12 J. Nattier, *A Few Good Men: The Bodhisattva Path according to The Inquiry of Ugra,* Honolulu: University of Hawai'i Press, 2003; D. Boucher, *Bodhisattvas of the Forest and the Formation of the Mahāyāna: A Study and Translation of the Rāṣṭrapālaparipṛcchā-sūtra,* Honolulu: University of Hawai'i Press (2003).

13 쇼펜이나 나티에가 문제 삼는 것은 초기대승불교의 재가적 성격이라는 이해이다. 이 설이 일본에서만 지지되는 배경에는 재가불교 교단 운동이 전통 출가불교를 능가한다는 일본의 戰後 사회의 특이한 상황이 존재한다(下田正弘, 「菩薩の佛教ージャン・ナティエ著 『ア・フュー・グッド

メン』に寄せて」,『法華文化研究』30, 2004, pp.1-18). 또한 袴谷憲昭, 『佛教教團史論』(大藏出版社, 2002)이 대승의 기원을 출가 교단에 두고, 그 배경에 '사상과 습관'의 대립을 상정한 점은 본고의 취지와 미묘하게 겹치는 바가 있다.

14 グレゴリー・ショペン著, 『大乘佛教興起時代 インドの僧院生活』, pp.5-9.

15 sakāya niruttiyā에 대한 최신 연구로 D. S. Ruegg, "On the Expressions *chandaso āropema, āyataka gītassara, sarabhañña* and *ārṣa* as Applied to the Buddha's Word," R. Tsuchida and A. Wezler (eds.) *Harānandalaharī,* Reinbek: Dr. Inge Wezler, Verlag für Orientalische Fachpublikationen (2000), pp.283-306을 참조. 이 세부적인 논의를 고려한다면 '자국어'라는 번역은 적당하지 않지만, 본 문맥에서는 오해를 불러일으키지 않을 거라는 판단 하에 기존의 이해를 답습하였다.

16 말에 대한 불교의 이러한 태도는 인도 문화권 내부에서도, 인도 밖의 종교와 비교해도 특이하다. 고대인도 종교에는 브라흐마나(바라문)와 슈라마나(사문)라는 두 계보가 있는데, 이 중 슈라마나는 말을 배척하고 신체에 의식을 집중하여 고행에 힘쓰고자 한다. 이것은 붓다가 '범천권청'에서 극복한 자세이며, 이 점에서 불교는 다른 슈라마나와 명료하게 다르다. 한편 브라흐마나는 베다 성전을 전승할 때 말을 철저히 존중하고, 매체가 되는 성전어의 전환도 내용의 삭제나 置換도 인정하지 않는다. 이 점, 불교는 브라흐마나와도 완전히 다르다. 인도 밖의 일신교로 시점을 옮겼을 때, 教典의 개변을 금지하고 正典性을 엄격하게 확보하는『신약성서』나『코란』에 나타나는 성전관은 베다성전과 유사한 면을 보이는 한편, 佛典과는 완전히 다르다. 말을 전하는 것이 신의 말의 예언자가 되는 종교에서는 '범천권청'도 '뗏목의 비유'도 있을 수 없다.

17 下田正弘, 「口頭傳承から見たインド佛教聖典研究についての覺え書き」, 『印度哲學佛教學』17 (2002), pp.30-45; 同, 「聖なる書物のかなたに」, 『言語と身體－聖なるものの場と媒體』岩波書店 (2004), pp.25-52; 同, 「媒體の展開としての佛教史－教典研究と人文學の一將來像」市川裕, 松村一男, 渡邊和子 編, 『宗教史とは何か·下』リトン (2009), pp.451-476.

18 서사경전의 내용을 목소리에 의해 다시금 '사람化'하는 다르마바나카는 서사경전과 관련하여 존재하는 자들 중 경전의 보증인에 가장 가까운 위치에 있다. 경전 자신이 다르마바나카를 경의 존재 의의와 겹치는 것처럼 다루는 일도 종종 볼 수 있다. 이 문제는 이후 원고를 달리하여 다룰 계획이다. 하지만 이것은 이차적 모습이다. 다르마바나카의 정통성은 경전의 독송 중에 나타나는 것에 불과하며, 항상 존재하는 서사 교전의 의의를 능가하는 일은 있을 수 없다. 대승경전 연구에서 다르마바나카의 극단적인 존중은 대승경전이 口傳을 前史로 지닌다는 가정도 포함하여 다시 검토해볼 필요가 있다.

19 아주 초기부터 말을 寫本化한 기독교에서는 편찬자라는 존재가, 신의 말이 筆寫 텍스트로서 출현한 이슬람에서는 필사자인 무함마드라는 존재가 각각 매우 중요하였다. 본고에서 더 상세히 논할 수는 없지만, 이 점에서 긴 구전 시대를 거쳐 教典이 서사된 불교의 경우에는 사정이 완전히 다르다.

20 佐々木閑, 『インド佛教變移論－なぜ佛教は多様化したのか』, 大藏出版 (2000).

21 伊藤瑞叡, 『法華經成立史論－法華經成立史の基礎的研究』, 平樂寺書店 (2007)에서 전체를 망라하여 논하고 있다. 대승 경전의 구체적 편찬 태도에 관해서는 본 시리즈 제4권 『智慧/世界/ことば』에서 개별 경전을 다루며, 이 문제를 정면에서 다룬 중요한 연구 A. Cole, *Text as Father: Paternal Seductions in Early Mahāyāna Buddhist Liternature,* Berkeley: University of California Press (2005)에 입각하여 새롭게 논하고자 한다.

22 이전에 언급한 대승경전의 제 특징(下田正弘, 「經典研究の展開に見る大乘佛教」, p.61)은 불설의 진의 모색과 共振하면서 고찰이 진행되는 주제이기도 하며, 다시 논할 필요가 있다.

23 Peking No. 5259, Vol.97, *Shes rab sgron ma'i rgya cher 'grel pa,* dBu ma, Za 321a3-4.

24 辛嶋靜志, 「初期大乘佛典は誰が作ったか－阿蘭若住比丘と村住比丘の對立」, 『佛教大學總合研究所紀要別冊/佛教と自然』 (2005), pp.45-70. D. Boucher, *ibid*.

25 S. J. Tambiah, *The Buddhist Saints of the Forest and the Cult of Amulets: A Study in Charisma, Hagiography, Sectarianism, and Millennial Buddhism,* Cambridge: Cambridge University Press (1984), pp.53-77, esp. 54-61. 또한 아란야에 관한 佐々木閑의 지적(S. Sasaki, "*Araṇya* Dwellers in Buddhism", 『佛教研究』 32호, 2004, pp.1-13 등 참조)은 중요하다.

26 P. Olivelle, *The Āśrama System: The History and Hermeneutics of a Religious Institution,* Oxford University Press (1993).

27 한편 전통 경전만을 남긴 스리랑카의 경우, 경전은 팔리어 그대로 도입되었다. 정치적, 문화적 제도가 인도적으로 정리된 후에 불교가 도입된 것이다. 출가자 사이에서 확인되는 카스트 제도가 그 대표적 잔재이다.

28 Koselleck, R., "Einleitung," *Geschichtliche Grundbegriffe, historisches Lexikon zur politisch-sozialen Sprache in Deutschland,* vol.1, ed. Otto Brunner, Werner Conze and Reinhart Koselleck, xii-xxvii Stuttgart: Ernst Klett Verlag (1972).

29 '연구 가설 개념으로서의 대승'에 관해서는 下田正弘, 「經典研究の展開に見る大乘佛教」, 앞의 책, pp.62-65. 또한 종교 일반에서 교전의 중요한 기능에 관해서는 下田正弘, 「教典」, 『宗教學事典』, 丸善 (2010), pp.22-25를 참조.

제3장

대승불전에서 법멸과 수기의 역할
반야경을 중심으로

와타나베 쇼고

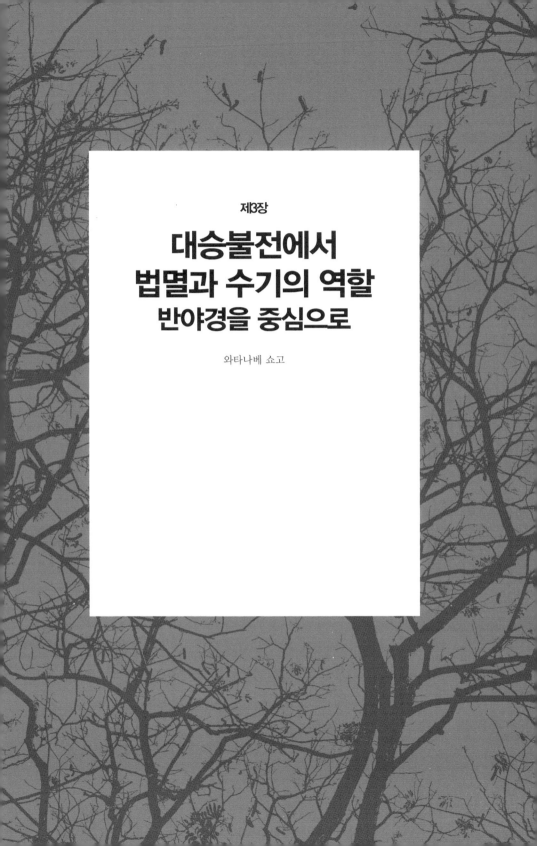

1.
머리말 – 법멸과 수기의 관계

대승의 법멸 사상은 법멸구法滅句로 표현되는 경우가 많다. 여기서 말하는 법멸구란 대승경전에서 종종 설해지는 "如來滅後後五百歲, 正法欲滅時"라든가 "佛滅後, 後五百歲" anāgate 'dhvani paścime kāle paścime samaye paścimāyāṃ pañca-śatyāṃ saddharma-vipralopa-kāle vartamāne로 대승경전의 성립과 깊이 관련된 글귀이다. 즉, 이 표현은 붓다가 입멸한 후 오백년이 지나 그 가르침(올바른 가르침)이 소멸해버린다고 하는 불교의 존속을 걱정하는 표현임과 동시에, 그 시기가 바로 대승경전이 성립하는 시대임을 시사하고 있다.[1]

이는 이 정형구에 이어지는 대승경전의 성립에 관한 기술과, 무엇보다 이 표현이 대승경전 특유의 것이라는 사실에서 명확하다고 생각된다.

한편, 수기란 "과거세에 과거불이 수행자에게 '미래세에 반드시 붓다가 될 것'을 예언하고 보증하는 것"이다. 발단이 된 것은 많은 불전에서 설하는 연등불 수기이며, 이 연등불에 의한 석가보살의 수기작불授記作佛이라는 사상이 복수의 붓다를 가능하게 하고, 대승불교의 성립을 가능하게 했다고 한다.

종래 이 두 가지 사상은 발생도 전개도 별도로 논의되고 있었던 것 같은데, 초기대승경전에서는 종종 동일한 문맥에서 설해지고 있으며, 하나의 의도를 가지고 있다고 생각된다. 따라서 본 장에서는 이 두 사상이 대승불교의 성립과 불가분의 관계를 지니며, 그 성립에 있어 가장 유효한 수단이 되고 있음을 반야경을 중심으로 한 초기대승경전의 구조로부터 밝히고자 한다. 단, 이를 분석하기 위해 먼저 초기불교에서의 법멸 사상을 개관해보고자 한다.

2.
초기불교에서 법멸 사상

초기불교에서 법멸 사상의 전형적인 용례는 아함경阿含經류에 있는 '정법의 쇠퇴' saddhamma-parihāna 혹은 '상법(像法 saddhamma-paṭirūpaka)의 발생과 정법의 은몰 saddhammassa antaradhāna'에 관한 기술이다. 단 이것은 '정법의 멸滅'과 관련된 가르침이지만, 다가올 장래에 정법이 소멸한다는 예언은 아니다. 분명히 상법은 정법과 대조를 이루지만, 어떤 시기부터 출현이 확정되어 있다는 사상과는 전혀 다르다. 그 상황은 붓다의 다음과 같은 발언에서 알 수 있다.

> "[존자] 캇사파야, 상법이 세상에 발생하지 않는 한, 정법의 은몰은 일어나지 않는다. 그러나 캇사파야, 상법이 세상에 나타나면 정법의 은몰이 있는 것이다. 예를 들어 캇사파야, 가짜 금이 세간에 나돌지 않는 한, 금의 은몰은 일어나지 않는다. 하지만 캇사파야, 가짜 금이 세간에 출현하면 금의 은몰이 있는 것이다. 캇사파야, 이와 마찬가지로 상법이 세상에 발생하지 않는 한 정법의 은몰은 없다. 하지만 실로 캇사파야, 상법이 세상에 발생하면 정법의 은몰이 있는 것이다. 캇사파야, 지·수·화·풍의 4계界가 정법을 은몰시키지 않는데, 그들 어리석은 자가 나타나면 이 정법을 은몰시키는 것이다. 캇사파야, 예를 들면 배가 처음부터 [서서히] 가라앉듯이 그처럼 정법의 은몰이 있는 것은 아니다."[2]

이와 같이 말한 후 이어 정법이 혼란하고 소멸하는 이유로 비구 등의 4중衆이 (1)스승, (2)가르침, (3)교단, (4)학문, (5)선정의 다섯 가지를 존중하지 않고, 따르지 않기 때문이라고 기술한다. 또한 반대로 이들 다섯 가지를 존중하고, 이들에 따르면 정법은 확립하고, 혼란하지 않으며, 은몰하는 일 없이 '방일이 정법의 혼란과 은몰 pamādo saddhammassa sammosaṃ antaradhānaṃ을 초래하고, 불방일이 정법의 존속과 은몰하지 않음을 초래한다'라고 한다.

즉, 이들 구절은 정법의 존속과 쇠퇴의 이유가 불교의 진지한 실천에 있음과, 스승, 가르침, 교단, 학문, 선정을 존중하고, 그것에 따르는가 아닌가에 의한다는 것을 설하고 있음에 불과하다.

이 예에서 볼 수 있는 바와 같이, 초기불교에는 헤브라이즘의 종말 사상과 같은 시작이 있고 종말이 있다고 하는 직선적인 역사관은 없었다. 법멸 사상이란 정법의 은몰이야말로 상법의 발생이라는 사고방식으로, 방일이라는 반불교적인 생활 방식을 깨우쳐 주기 위한 교훈에 불과하다. 말하자면 '이것인가 저것인가'라는 식으로 항상 현재의 생활 방식을 문제시하는 실존적인 사상인 것이다.[3]

이에 비해 대승의 법멸 사상은 불멸후에 대한 관찰이나 그 후의 수행자의 생활 방식을 묻는다는 점에서는 공통되지만, 정법이 의미하는 것과 시대 규정을 동반한다는 점에서 분명 다르다.

3.
법멸구의 자리 매김

법멸구를 대승불교의 성립과 관련시키는 근거를 서술해보면, (1)아함경에서는 발견되지 않는다, (2)대승경전에 이르러 정형화된다, (3)[기존의 연구에 의하면] 초기대승경전의 성립은 대략 불멸후 오백 년경이다라는 세 가지 이유 때문이다.

원래 초기 불전인 아함경 류에는 법멸구는 없다. 하지만 아함경 류는 역사상으로는 어찌되었건 간에 형식적으로는 붓다 직설 경전이므로 '불멸후 운운'이라는 정형적인 표현은 당연히 있을 수 없다. 만약 '불멸후 오백세'가 역사적 사실을 배경으로 한 것이라면, 이를 포함하는 것은 불멸후 오백 년 이상 경과한 대승경전 이후일 수밖에 없기 때문이다.

게다가 대승은 형식상으로는 불설이지만, 사실은 후대의 성립이므로 '불멸후 오백 년'이라는 표현은 반드시 붓다의 예언 형식을 취한다.

이 정형구가 발견되는 것은 여러 「반야경」류, 『법화경』, 『사익범천소문경 思益梵天所問經』, 『지세경 持世經』, 『부증불감경 不增不減經』 등의 대승경전인데, 동일 경전의 번역이라도 오래된 번역에는 '후오백세'라는 말이 나타나지 않는 경우가 많다. 따라서 처음부터 이 말이 대승경전에 존재하였다고 보기보다는, 도중에 이 말이 삽입되었다고 보는 편이 타당하다.

이것을 법멸구 자체의 전개에서 정리해보면, 붓다의 열반 후에 올바른 가르침이 쇠퇴하고, 그때 대승의 가르침이 홍통弘通한다, 즉 '불멸후 → 정법의 소멸 = 대승의 광선廣宣'이라는 초기 형태에서 '불멸후 오백 년에 정법이 소멸하고 대승이 광선된다'고 하는 식으로 '후後'라는 의미가 변화하고 '오백 년'이라는 기록이 삽입되어 갔다고 할 수 있다. 즉, 불멸후 오백 년이라는 연한年限은 그 경전 자체의 성립연대를 시사해주는 것이기는 하지만, 역사적 사실을 반영한 것은 아니다. 그러나 바로 이 변경 과정에 중요한 시대 의식이 존재한다는 점은 인정할 필요가 있다.

본 장에서는 이 점을 명확히 하기 위해 초기대승의 대표적 경전 가운데 하나로 전형적인 법멸구를 서술하는 『금강반야경』을 다루어보고자 한다.

4.
반야 경전의 법멸 사상

(1) 『금강반야』의 법멸구

반야경의 법멸 사상은 위의 법멸구를 통해 볼 수 있다. 그중에서 초기대승을 대표하는 『금강반야경』(*Vajracchedikā Prajñāpāramitā*. 이하 VC)[4]에서 전형적인 용법을 볼 수 있다.[5]

『금강반야경』에는 전부 네 가지 예(제6절, 제14절, 제16절, 제21절에 포함되는 6건)의 법멸구를 볼 수 있는데, 이하 언급하는 것은 최초의 제6절의 예이다.

이 예문은 붓다와 수부티의 대화인데, 법멸구가 세 번 반복하여 서술되기 때문에 이를 I–III이라는 로마 숫자로 구별하였다. I은 장로 수부티의 붓다에 대한 질문, II와 III은 붓다의 대답으로, 특히 II는 I의 법멸구를 그대로 반복한 것이다. 또한 밑줄 친 부분은 법멸구의 정형적 어구이며, 의미상 (1)부터 (4)의 넷으로 구분하고 있다. 밑줄 친 부분 (1)-(3)은 좁은 의미에서의 법멸구에 해당하며, 점선 (4)는 광의의 법멸구에 포함된다.

Ⅰ. 이와 같이 말씀하시자 장로 수부티는 다음과 같이 세존에게 물었다. "세존이시여, (1)장래, 최후의 세상, 최후의 시대, (2)최후의 오백 년 동안에, (3)올바른 가르침이 소멸해갈 때, (4)이들 경전의 말이 이와 같이 설해진다 한들 [그것에 대해] 진실이라는 생각을 일으키는 사람들이 누군가 있을런지요? (anāgate 'dhvani paścime kāle paścime samaye paścimāyāṃ pañca-śatyāṃ saddharma-vipralopa- kāle vartamāme, ya imeṣv evaṃrūpeṣu sūtrānta-padeṣu bhāṣyamāṇeṣu bhūta-saṃjñām utpādayiṣyanti?)"

Ⅱ. 세존은 대답하셨다. "수부티야, 너는 '(1)장래, 최후의 세상, 최후의 시대, (2)최후의 오백 년 동안에, (3)올바른 가르침이 소멸해갈 때, (4)이들 경전의 말이 이와 같이 설해진다 한들 [그것에 대해] 진실이라는 생각을 일으키는 사람들이 누군가 있을런지요?'라고 말해서는 안 된다."

Ⅲ. "수부티야, 그런 것이 아니라, (1)장래, 최후의 세상, 최후의 시대, (2)최후의 오백 년 동안에, (3)올바른 가르침이 멸해갈 때, (4)덕을 갖추고, 계율을 지키고, 지혜가 뛰어난 보살 마하살들이 나타날 것이다. 그들은 이들 경전의 말이 이렇게 설해질 때 [그것에 대해] 진실이라는 생각을 일으킬 것이다." (VC, Conze ed., pp.30-31).

여기서 인용한 법멸구는 다음과 같은 네 구성 요소로 이루어져 있음을 알 수 있다.

(1) 장래, 최후의 세상, 최후의 시대

(2) 최후의 오백 년 동안에

(3) 올바른 가르침이 멸해갈 때

(4) 이들 경전의 말이 이렇게 설해질 때, 덕을 갖추고, 계율을 지키고, 지혜가 뛰어난 보살 마하살들이 나타나, 그것에 대해 진실이라는 생각을 일으킨다.

이들 네 구성 요소 가운데 (1)과 (2)는 시대 규정이며, (3)은 정법이 멸진할 때라는 시대 설정을 말한 것이며, (4)는 그 때의 불교도의 태도, 교단의 상황을 가리키고 있다. 따라서 이른바 법멸구란 처음 세 구절에 해당하는 것이다.

이 가운데 (1)은 (a)장래, (b)최후의 세상, (c)최후의 시대의 세 항목인데, 대부분 (a)만으로 '[내] 열반 후', '불멸후', 혹은 간략하게 '멸후滅後'나 '당래세当來世' 등으로 표현하는 경전도 있다. 이 (1)과 (2)는 (3)의 '올바른 가르침'이 '멸할 때'에 걸리는 시대 규정이다. 단, (2)'최후의 오백 년 동안에'라는 어구를 구비하지 않는 용례도 많이 있다.

다음으로 법멸구 (1)-(3)의 설법 형식인데, 여기서는 붓다가 수부티에게 미래의 [오백 년 후의] 시기에 관하여 예언한다는 설정이다. 물론 이것은 문자 그대로의 역사적 사실을 서술한 것이 아닌, 실제로는 이 어구가 서술하는 법멸의 시대야말로 이 법멸구 자체가 성립한 시대라고 생각해야 한다. 즉, 이 정형구의 성립을 축으로 삼아 역으로 설해지기 시작한 시대를 추측하는 것이다. 그 경우, 여기서 말하는 '장래, 미래(오백 년 후)'란, 즉 법멸구가 성립한 '현재'를 말한다. 따라서 이 구절은 '오백 년 전'의 예언인 것이 된다. 그리고 이것이 기원전후라는 대승불교의 성립과 연대적으로 겹친다고 추정되는 것이다.

그러나 이 경의 정형구의 성립에 관여하였던 사람들이 이와 같은 역사적 의의를 지니고 있었는지 아닌지는 명확하지 않다.

(3)의 '올바른 가르침'이란 말할 필요도 없이 석존 전래의 교설인데, 이 경우에는 (4)에서 언급된 교설과 대치한다. 한편 [불멸후의 오백 년 동안에] 멸해가고 있는 불교의 가르침에 위기감을 지니고 그 시대를 살면서도 덕이 높은 지혜를 가진 보살이 있으며, 그들에 의해 받아들여지는 진실한 가르침, 즉 이 대승의 가르침이 있다고 한다. 그런 의미에서 정형구의 구성 요소로 최후의 (4)를 제외하고는 생각할 수 없는 것이다.

또한 위에서 기술한 예문에 이어 다음과 같은 교설이 언급되고 있다.

> "그들은 이들 경전의 어구가 이와 같은 형태로 설해질 때, 그것이 진실하다는 생각을 일으킬 것이다. 또한 수부티야, 그들 보살마하살은 한 명의 붓다만을 섬기는 것이 아니다. 단지 한 명의 붓다 밑에서 선근을 심지는 않을 것이다. 그게 아니라 수부티야, 그들 보살마하살은 백천百千의 많은 붓다를 섬기고, 백천이라는 많은 붓다의 밑에서 선근을 심게 될 것이다.
> 그들은 이들 경전의 어구가 이와 같은 형태로 설해질 때, 하나의 청정한 마음을 획득할 것이다. 수부티야, 그들은 여래의 불안佛眼에 의해 보호받고 있으며, 여래에 의해 각지覺知되고 있다." (VC, Conze ed., p.31, *ll*. 5-12)

여기서 설하는 것은 수기작불은 아니지만, 미래형으로 붓다의 예언 형태로 서술되고 있다는 점에 주목해야 한다. 이 대승의 가르침을 수용하는 보살은 장래 많은 붓다에게 귀의하고, 선근을 심고, 그 공덕에 의해 본경에 대한 청정한 신앙을 얻을 수 있다고 한다. 이어서 그와 같은 보살은 여래의 불안佛眼에 의해 보호받고 있다고 한다. 따라서 이 정법멸진의 정형구는 이 가르침(금강반야경)을 신봉하는 보살이 장래에 제불을 편력하여 선근을 심는, 그 계기가 되는 것을 보증하는 문맥이 된다. 이것은 업보 사상에 근거하여 경전 수용의 과보를 설하는 것이라고 할 수 있을 것이다.

(2) 『팔천송반야』의 법멸구

법멸과 대승의 성립에 관해서는 초기대승의 중심인 반야경에도 설해져 있다. 이하, 그 대표적인 예를 산스크리트본 『팔천송반야』(*Aṣṭasāhasrikā Prajñāpāramitā* 이하 AS)에서 인용해두고자 한다.[6] 정형적인 법멸구는 아니지만, 오히려 초기의 형식으로서 주목할 필요가 있다.

반야경이 남인도에서 성립하여, 동쪽 혹은 서쪽으로 퍼지고, 나아가 북쪽에 이르렀다는 견해는 경의 표현에서 확인할 수 있다. 그 교설에는 반야경이 어떤 시대에 출현했는가를 명시하는 어구가 포함되어 있다. 그것이 법멸 사상과 관련을 지닌다. 이하에 인용하는 세 구절이 대표적인 예이다.

첫 번째 예는 장문이므로 내용을 편의상 A, B, C의 셋으로 구분해두었다. 이 중 A는 위의 『금강반야』의 법멸구 (1)과 (3)에 해당한다. 단, A와 B는 산스크리트본에 의해 이와 같이 구분했지만, 『도행반야』 등의 한역에 의하면 양자는 명확하게 구분할 수 없다. 또한 C는 대론對論으로 되어 있기 때문에 화자話者에 따라 【 】의 숫자로 구별하였다.

◇ 첫 번째 예 『팔천송반야경』 제10장 '[반야바라밀을] 간직하는 공덕의 칭찬품'[7]

A. "또한 사리푸트라야, 육바라밀에 상응하는 이들 경전은 여래의 멸에 의해 tathāgatasyātyayena, 올바른 가르침이 숨는 때가 되어 가르침과 율이 신선한 제호醍醐처럼 [존중]된다면 nava-maṇḍa-prāpte dharma-vinaye saddharmasyāntardhāna-kāla-samaye, 남쪽에 유포할 것이다. 남쪽에서 또한 동쪽으로 유포할 것이다. 동에서 또한 북쪽으로 유포할 것이다."

B. "그때 선남자와 선여인들은 이 반야바라밀을 이해하고, 기억하고, 암송하고, 선포하고, [… 중략 …] 독송하고, 오로지 서사하고, 책의 형태만이라도 갖추어 보존한다면, 사리푸트라야, 그들은 여래에 의해 호념護念되고 있는 것이다. 사리푸트라야, 그들은 여래에 의해 알려져 있는 것이다. 사리푸트라야, 그들은 여래의 가호를 받고 있는 것이다. 사리푸트라야, 그들은 여래로부터 보호받고 있는 것이다. 사리푸트라야, 그들은 여래인 붓다의 눈으로 관찰되고 있는 것이다."

C. 【1】 사리푸트라는 여쭈었다. "세존이시여, 또한 이와 같은 심원한 반야바라밀은 나중에, 훗날에 북쪽에서, 북쪽 지역에서 널리 퍼질는지요?"

【2】 세존은 대답하셨다. "사리푸트라야, 그 북쪽에서, 북쪽 지역에서 이 심원한 반야바라밀을 듣고, 이 반야바라밀을 수습하는 자들이 퍼뜨릴 것이다. 사리푸트라야, 이 반야바라밀을 듣고, 서사하고, 이해하고, … 독송하고, 진실성을 학수學修하고, 진실성을 수행하고, 진실성을 수습할 자들, 그들이 '오랫동안 [대]승에 진입한 보살마하살이다 cirayāna-samprasthitās te … bodhisattvā mahāsattvāḥ'라고 알아야 한다."

【3】 사리푸트라는 여쭈었다. "세존이시여, 이 심원한 반야바라밀을 듣고, 서사하고, 이해하고, … 독송하고, 진실성을 학수學修하고, 진실성을 수행하고, 진실성을 수습할 보살·마하살들은 북쪽에서, 북쪽 지역에 도대체 어느 정도 있을는지요? 많을까요, 아니면 적을까요?"

【4】 세존은 대답하셨다. "사리푸트라야, 북쪽에서, 북쪽 지역에 보살마하살들은 많을 것이다. 매우 많을 것이다. 사리푸트라야, 설사 그들이 많아도 그 많은 가운데 적은 보살·마하살들만이 이 심원한 반야바라밀을 듣고, 서사하고, 이해하고, … 독송하고, 진실성을 학수學修하고, 진실성을 수행하고, 진실성을 수습하고, 그리고 반야바라밀이 설해지고 있을 때에 두려워하지 않고, 겁내지 않고, 실망하지 않으며, 절망하지 않고, 그 마음이 낙담하지 않고, 의기소침하지 않으며, 떨지 않고, 놀라지 않고, 공포에 빠지지 않을 것이다. 그들이 '오랫동안 대승에 진입한 보살·마하살들이다'라고 알아야 한다."

이 부분은 붓다가 사리푸트라에게 반야경 유포에 관해 설한 것으로, 중심 주제는 '반야경의 유포가 언제 어디서 누구에 의해 이루어지는가'를 구체적으로 제시하는 점에 있다. 이 기술 전체는 개략하면 ABC의 셋으로 구분할 수 있다. 이하, 이 『팔천송반야』의 인용을 위의 『금강반야경』의 용례와 비교해보자.

A 법멸구

① 법멸의 시기와 조건

『금강반야경』은 "(1)장래, 최후의 세상, 최후의 시대, (2)최후의 오백 년 동안에,

(3)[올바른 가르침이 멸해가고 있을 때] saddharma-vipralopakāle vartamāne"라고 하는 데 비해, 『팔천송반야』는"여래의 멸에 의해, 올바른 가르침이 숨는 때가 되어 법과 율이 신선한 제호처럼 [존중]된다면 nava-maṇḍa-prāpte dharma vinaye sad-dharmasya-antardhāna-kāle-samaye"이라고 하여 다르다. 분명히 『금강반야경』의 법멸구 쪽이 상세하며, 『팔천송반야』에는 『금강반야경』의 (2)'최후의 오백 년 동안에'라는 조건이 보이지 않는다.

반대로 『팔천송반야』에는 『금강반야경』에서 볼 수 없었던 줄 친 부분의 조건이 부여되고 있다. 이것은 한역의 상황으로 보아 범문 『팔천송반야』의 새로운 부가라고 보아야 할 것이다.

② 경전의 설정

『금강반야경』은 '이들 경전'이라고 하는 데 비해, 『팔천송반야』는 '육바라밀에 상응하는 이들 경전'이라고 한다. 단, 한역 제본에서는 '반야바라밀(다)'라고 하기 때문에 현존 『팔천송반야』 전승의 특이성, 아마도 그 새로움을 엿볼 수 있다.[8]

③ 경전의 유통 경로와 장소

『금강반야경』에는 성행하는 장소에 관한 언급은 없지만, 『팔천송반야』는 "남쪽으로부터 북쪽으로 퍼진다."라고 한다.[9]

B '붓다의 보호를 받고 있다'는 표현

『금강반야경』은 "그들은 여래의 불지 佛知에 의해 알려져 있고 jñātās, 여래의 불안 佛眼에 의해 보호받고 있으며 dṛṣṭās, 여래에 의해 각지되고 있다 buddhās"는 세 개의 표현으로 붓다의 보호를 받고 있음을 설한다. 한편, 『팔천송반야』는 “여래는 그들을 호념하고 있다 samanvāhṛtās te … tathāgatena. 여래는 그들을 알고 있으며 jñātās, [그들은] 여래의 가호를 받고 있으며 adhiṣṭhitās, 여래에 의해 보호받고 있으며 dṛṣṭās, 여래의 불안 佛眼에 의해 관찰되고 있다 vyavalokitās.”라고 다섯 가지 표현으로 붓다의 보호를 받고 있음을 설한다.

C 본경 本經을 수용하는 보살

『금강반야경』은 수에 관해 언급하지 않고 업의 과보를 설한다(III. (4)이하, 본 장의 pp.82-83)을 참조). 『팔천송반야』는 ‘소수의 보살’이라고 하며, ‘오랫동안 [대]승에 진입한 보살’ 혹은 ‘오랫동안 [대]승에 진입한 선근이 성숙한 보살’ cirayāna-samprasthitaḥ paripakva-kuśalamūlaḥ … bodhisattvo이며, ‘본경을 청문하여 위축됨이 없는 보살’이라고도 한다. 나아가 ‘그는 머지않아 무상 無上의 바른 깨달음에 이른다는 수기를 얻을 것이다’(W ed., p.467, *ll*.14-20)라고 기술하고 있는 것에도 주목해둘 필요가 있다.

이상과 같이, 이 첫 번째 예 전체에 관하여 『금강반야경』과 『팔천송반야』는 잘 대응하지만, 그 차이도 분명하게 알 수 있다. 가장 중요한 것은 법멸구 A인데, 잘 대응하는 것은 B이다. 우선 이 전반의 A ‘법멸구’를 보면, 『금강반야』에서는 가장 잘 발달한 법멸구인 “장래, 최후의 세상, 최후의 시대, 최후의 오백 년 동안에 올바른 가르침이 소멸해갈 때”라고 되어 있다.[10] 이에 비해 『팔천송반야』는 “여래의 멸에 의해 정법이 은몰하지만 [바로 그때 새로운] 법과 율이라는 가르침의 핵심이 신선한 제호처럼 [존중]된다면”이라는 상황을 서술하고 있다. 이것은 법멸의 시기를 기술한 것이지만, 동시에 새로운 가르침인 대승 성립의 조건을 서술한 것이라고 해도 좋다.

B와 C는 그 가르침을 신봉하는 자에 관해 기술하는 부분이다. B에서 『금강반야』와 『팔천송반야』는 잘 대응하고 있다. 분명 앞서 인용한 범문에서는 붓다가 "알고 있다. 보호하고 있다. 각지하고 있다."라는 세 가지 표현(『금강반야』)과, "호념하고 있다. 알고 있다. 가호하고 있다. 보호하고 있다. 관찰하고 있다."로 이루어지는 다섯 가지 표현(『팔천송반야』)이라는 차이는 있지만, 『금강반야』의 오래된 간다라 사본이나 한역 제본(7역)에서는 현장 역(如來悉已知彼, 如來悉已見彼, 如來悉已覺彼)을 제외하고, 제3항 "그들은 여래에 의해 각지되고 있다."(buddhās te … tathāgatena 如來悉已覺彼)에 해당하는 어구가 없다.[11] 또한 『팔천송반야』에서도 『불모출생반야 佛母出生般若』나 현장 역 『대반야경·제4회』라는 신역 이외에는 제3항이 없으며, 그 사정은 『금강반야』와 마찬가지이다(본고의 주 7)을 참조).

이 A와 B의 구조는 가장 오래된 내용이라고 볼 수 있는 한역 『도행 道行』과 『대명도 大明度』를 보면, "[불멸후] 가르침이 단멸하고 있는 [포교가 곤란한] 시기에 반야경을 수지하는 자를 붓다는 잘 알고 계십니다."라고 격려하는 간결한 내용에 불과하다.[12]

◇ 두 번째 예 『팔천송반야』 제3장 '탑품'

"올바른 가르침을 오랫동안 존속시키기 위해 saddharma-cira-sthiti-hetor, '붓다의 인도자가 단절되지 않도록, 올바른 가르침이 숨지 않도록 mā buddha-netrī-samucchedo bhūn mā saddharmāntardhānaṃ, 또한 붓다의 인도자가 결손하지 않음으로써 보살마하살들에게 도움을 주게 되도록'이라고 생각하여 [이 반야바라밀을] 오로지 책의 형태만이라도 갖추어 보존하고 안치하도록 하자."[13]

이 예는 '올바른 가르침을 오랫동안 존속시킨다'와 '올바른 가르침이 숨는다'(saddharma-antardhāna 正法滅盡)라는 전형적인 표현을 포함하고 있다. 다른 문헌의 용법과 비교해보면 표현은 다르지만, 『팔천송』에서는 이와 비슷한 예가 15회(W ed., p.217, *l*.26 etc.)나 나올 정도로 정형문이다.

여기서 주목할 점은 '올바른 가르침', 즉 경전을 '붓다의 인도자'(붓다의 눈 buddha-netrī)로 바꾸어 말하고 있는 것이다. '올바른 가르침'을 공양해야 한다고 하는 경전 두루마리 숭배가 여기서 주안점이 되고 있다.

또한 여기서 말하는 '붓다의 올바른 가르침'을 전통적인 아함 등이 아닌, 반야경으로 간주하고 있는 점도 중요하다. 정법이 멸진할 때, 이러한 정법(대승)이 대신하게 된다고 하는 것이다. 이 관계를 보다 명확히 보여주는 것은 다음 용례이다.

◇ 세 번째 예 『팔천송반야』 제3장 '탑품'

"공양 받을 만한, 완전히 깨달은 여래가 사라졌기 때문에 올바른 가르침이 숨었을 때는 tathāgatasyārhataḥ samyaksambuddhasyātyayena saddharmasyāntardhāne, 공양 받을 만한, 완전히 깨달은 여래는 세간에 없기 때문에, 어떤 법에 적합한 행위 dharmacaryā, [자타] 평등의 행위 samacaryā, 탁월한 행위 asamacaryā, 선한 행위 kuśalacaryā가 세간에 알려지고 번영한다면, 그것은 모두 보살로부터 생겨나고, 보살에 의해 번영되어, 보살의 정교한 방도로부터 일어난 것이다. 그리고 그 보살들의 정교한 방도는 반야바라밀로부터 발생하고 있는 것이라고 알아야 한다."[14]

이와 같이 불멸후에는 정법의 멸진이 발생한다. 여기서 말하는 정법이란 전통적 붓다의 가르침이라는 의미이다. 이미 거기에는 붓다는 존재하지 않는다. 그러나 그 시대에도 법에 적합한, 선한 행위는 남는다. 거기서 현재 행해지는 그러한 행위는 모두 보살 혹은 보살의 선교방편에서 일어난 것이라고 하며, 불멸후 시대의 보살의 역할을 평가한다. 그리고 그 보살의 선교방편이 유래하는 근본적 원인이 반야바라밀, 즉 '반야경'이라는 것이다.

결국 여기서는 붓다로부터 이어받은 법 그 자체를 중시하고, 정법의 범위를 의도적으로 넘어 반야경과 연결시킨다. 신앙의 의지처를 붓다라는 사람에게서 가르침의 전승으로 바꾼 것이다. 이것을 『이만오천송반야』(PV)에서는 '불사佛事를 한다' buddha-kṛtyaṃ kariṣyati라고 바꾸어 말하고 있다.[15] 이것이 새로운 불교 운동인 대승불교의 성립 근거가 되어 간다. 정법이 멸하려는 시대에는 반야바라밀이 붓다 대신이 될 수 있다. 그 반야바라밀을 기초로 하는 정당성을 이 경은 명언하고 있는 것이다.

이상과 같이, 정법멸진(법멸)의 문맥에는 대승불교가 성립하기 위한 정법의 해석, 즉 정법의 멸진과 연관시킨 새로운 가르침(정법)의 재흥이라는 구조가 갖추어져 있음을 알 수 있다.

5.
수기와 그 형태

그런데 법멸의 정형구에는 종종 수기 vyākaraṇa가 서술되는 경우가 있다. 거기서 수기와 법멸이 어떻게 연관되고 있는가, 그 의미를 고찰해보고자 한다.

수기란 구분교九分教, 혹은 십이분교十二分教 가운데 하나로 브야크리 vy-ā-√kṛ 라는 어원에서도 알 수 있듯이, 그 원의는 '구분하다, 나누다'에 있다. 그로부터 구분, 분별, 해석, 설명(distinction, discrimination, explation)이라는 뜻이 나오며, 이로부터 문법학(grammar, grammatical analysis)이나 예언 prediction, prophecy이라는 의미도 발생한다. 물론 대승에서는 최후의 수기작불 사상이 발달하고, 본경에서도 이런 의미로 사용되고 있지만, 주목하고 싶은 것은 그 설법 형식이다.

기본적으로 브야카라나 vyākaraṇa는 '문답체'로 설명된다. 이는 초기불교에서부터 일관된 것이다.[16] 예를 들어 문답체에 의한 기별記別[수기]을 서술하는 대표적인 문장이 장아함의 『대반열반경』(DN II, 16, pp.93, *Mahāparinibbānasuttanta*)에 있다. 이를 보아도 불제자가 죽을 때, 아난다의 질문에 붓다가 대답하는 문답 형식으로 이루어져 있다. 본경을 개략하면 다음과 같다.

> 아난다는 "○○는 나디카에서 죽었습니다만, 그 사후의 세계는 어디이며, 그 상태는 어떠한지요? ○○는 불환과不還果에, ○○는 일래과一來果에, ○○는 예류과預流果에 들어가 반드시 깨달음을 달성하는지요?" 등의 질문을 하였다. 이에 대해 붓다는 다음과 같이 대답한다.
> "아난다야, 인간이 죽는다는 것은 불가사의한 일은 아니지만, 만약 사람이 죽었을 때 여래에게 다가가 그 사람의 사후의 운명을 일일이 묻는다면, 여래에게는 번거로운 일이다. 그 때문에 나는 '법경法鏡'이라는 이름의 법문을 설하겠노라."

이와 같이 말씀하신 후, 붓다는 『법경경法鏡經』을 설한다. 즉, 여기서 이 기별(예언)에 관해 붓다는 개개인의 사후에 관해 질문 받는 번거로움을 피하기 위해 '법경' 이라는 이름의 법문을 설하셨다고 하는 것이다.[17] 중요한 것은 그 수기(기별)의 조건이다.

이 교설에 의하면 '법의 거울이란 성스러운 제자가 흔들림 없는 신앙을 획득하는 것이다'.[18] 그리고 네 개의 법을 갖춤으로써 불제자는 자신의 운명을 명확히 정할 수 있게 된다고도 한다.

즉, 자신의 장래에 관한 기별 自記은 '붓다·다르마·상가, 이 셋에 대한 청정한 신앙과, [성자가 사랑하는 오염되지 않는 삼매로 이끄는] 계 戒에 의해' 초래되는 것이다. 그리고 이들 네 개의 법과 기별의 연결은 이 외에도 몇몇 아함경전 속에서 발견되므로 적어도 부파 전통에서는 일정한 전승이 확립해 있었음을 엿볼 수 있다.[19] 또한 앞서 인용한 『금강반야경』 제6절의 용례(특히 II와 III)도 이 형태를 계승하고 있는 것일지 모른다. 단, 삼보에 대한 믿음과 계를 지니는 것에 의해 스스로 기별할 수 있다는 사고방식은 그다지 특별한 것은 아닐지 모르지만, 문제는 불멸후 삼보의 내용이 변화할 수밖에 없었다는 점이다.

분명 대승경전에 설해지는 수기도 기본적으로는 이 '법의 거울' dhammādāsa = dharma-ādarśa과 같으며, 붓다와 제자에 의한 문답체 dialogue로 구성되고, 각각의 경전에 대한 확고하고 청정한 신앙과, 이를 수용하는 자의 자격(계를 갖추는 것)에 관해 설하고, 그 신앙을 지닌 자에 대해서만 붓다가 수기를 한다, 혹은 스스로 기별한다는 것이므로, 형식상으로는 일치하고 있다. 단, 대승은 이미 선행하는 삼보 형태, 즉 붓다와 그 가르침과 교단에 관해 똑같은 신앙을 요구하고 있는 것은 아니다.

대승 경전이 작성된 시대에는 붓다는 이미 세상에 없으므로 붓다 그 자체를 믿는 것이 아니라, 일찍이 많은 붓다 밑에서 수행한 그 성과(선근)야말로 현재 신앙의 의지처가 된다고 서술한다. 그리고 거기서 심은 선근과 계율을 구족하고 있는 보살이야말로 가까운 장래, 무상의 올바른 깨달음을 얻는 것을 예언하는 것이다.[20] 이것도 법의 전승이라고 말할 수 있을 것이다.

6.
대승 경전에 영향을 준 연등불 수기

이 수기 사상은 대승불교 기원의 큰 요인이 되었다. 그중에서도 연등불 수기 이야기는 처음에 석가보살에게 성불의 예언을 주는 수기를 서술하는 경전으로서 주목된다.

과거불로서의 연등불은 오랜 전통에 있던 과거육불과는 무관하게 새롭게 성립한 붓다이다. 특히 이 연등(dīpaṅkara 錠光, 燈光, 燃燈), 즉 디파(dīpa 燈)를 켜는 kara 붓다라는 이름은 석가보살인 청년 수메다(Pāli: Sumedha; Sumati 善意; megha 雲, 彌却, 雲雷)에게 불교의 등불을 붙였다고 해석된다.

이 연등불 수기에는 두 가지 흐름이 있으며, 상좌부 계에서는 업보 수기, 대중부 계에서는 서원 수기라는 형태가 있다. 전자는 『디브야 아바다나』 Divyāvadāna 및 『육도집경』이 대표적이며, 후자는 『증일아함』 및 『대사 大事』가 대표적이다. 그리고 이 양자는 『불본행집경』에서 융합되어 대승의 보살 사상의 성립에 큰 영향을 주었다고 한다.[21]

연등불 수기 이야기에는 산화散華, 포발布髮, 수기가 있으며, 후에 서원이 추가된다. 이 이야기는 이와 같은 네 가지 요소로 구성되는데, 어디까지나 중심은 수기에 있다.

이 연등불 수기에 의하면, 먼 과거세에 바라문 청년이었던 석존은 어느 때 연등불Dīpaṅkara-buddha을 보고 보리심을 일으켜 다섯 송이의 꽃을 붓다에게 산화하고, 붓다를 위해 진흙땅에 자신의 머리를 깔아 공양하며 '반드시 붓다가 될 것이다'라고 발원하였다. 이에 대해 연등불은 '너는 장래 석가모니라는 이름의 붓다가 될 것이다'라는 기별을 준 것이다.

수기를 얻은 후의 석존은 이미 성불이 확정되어 있으면서 자각적으로 보리를 깨달아 노력한다. 그와 같은 위치에 있는 자를 다른 수행자와 구별하여 '깨달음을 구하는 사람', 즉 '보살' bodhisattva이라고 부르게 되었다는 것이다.

그리고 전생의 석가보살을 성불이 확정되어 있는 존재로서 조정하면, 필연적으로 그 보살에게 법을 설하고 깨달음을 보증하는 붓다가 요청된다. 연등불의 수기는 이와 같은 요청의 결과, 성립한 것이다. 이 구조가 성립함으로써, 나아가 그 이전의 보살과 붓다도 요구되며 현재세에 있어서의 타방국토의 붓다와 보살도 요구된다. 이리하여 불보살의 복수화가 실현된 것이다.

따라서 수기라는 보증이 없으면 성불의 확인도 불가능하며, 그 후의 복수의 보살이라는 사상도 생겨나지 않았을 것이다. 서원도 수기가 있을 때 비로소 의미를 갖는다 해도 좋다. 이런 의미에서 수기야말로 대승이 성립하는 핵심이었다고 말할 수 있는 것이다.

7.
『팔천송반야』의 연등불 수기

연등불 수기는 많은 대승경전에 반영된다. 최초의 예는 후한後漢의 지루가참 역『아촉불국경』[대정 No.313]이나『도행반야경』[대정 No.224, 179년 역]에서 볼 수 있는데, 여기서는 산스크리트 원전이 현존하는 초기대승의 대표적 경전인『팔천송반야』와『금강반야경』의 용례를 검토해두자.[22]

『팔천송반야』에는 제2장 '샤크라(제석)'의 말미와, 제19장 '강가데비 천녀'의 말미에 연등불 수기가 서술되어 있다.

첫 번째 용례(제2장)에서는 석존이 인드라신, 브라흐마신, 프라자파티신, 선인을 비롯한 중회衆會에게 다음과 같이 말한다.

> "나(세존)는 일찍이 디팡카라불 밑에서 디파바티라는 왕성王城의 상점가에서 이 반야바라밀을 버리지 않고 있었다. 그때 나는 디팡카라불에 의해 '젊은이야, 너는 무수한 겁을 거친 미래에 석가모니라는 이름의 여래가 될 것이다'라는 예언을 받았다. 그때 신들은 세존에게 다음과 같이 고하였다. '세존이시여, 훌륭합니다. 선서시여, 실로 훌륭합니다. 이 반야바라밀이 보살마하살들에게 일체지성一切智性을 초래하고 도움을 줄 수 있는 것일 줄이야'라고." (W ed., pp.182-185)

여기서는 전통적인 연등불 수기에 대해 언급하며, 일찍이 세존이 반야바라밀에 근거한 생활에 의해 깨달음의 지혜를 획득한 것을 서술한다. 연등불 수기의 원형에

반야바라밀의 수지를 연결시키고 있다. 그러나 이 이외는 대승다운 이야기의 전개를 볼 수 없다.

또 하나는 붓다가 강가데비 천녀 Gaṅgadevī에게 수기를 주는 제19장이다. 강가데비란 연등불 수기의 원형에서는 석존의 비가 되는 전생의 이름이며, 석존이 연등불에게 모발로 공양할 때 다섯 송이 연꽃을 석존에게 양보하고, 후세에 석존의 비가 될 것을 발원한 사람이다. 그러나 본경에서는 이에 관한 언급은 없다. 본경에서의 이야기를 개략하면 다음과 같다.

> "[수메다(석가보살)가] 디팡카라불에게 다섯 송이 연꽃을 산화하고, 무생법인 無生法忍을 얻었을 때 디팡카라불이 세존에게 '젊은이야, 너는 미래세에 석가모니라는 이름의 여래가 되어 지식과 행위가 완전한 선서, 세간해, 정등각자, 불세존이 될 것이다'라고 예언하였다. 이 수기를 들은 어떤 여성이 '나도 똑 같은 예언을 듣고 싶다'라고 발심하였다. 이 여성(강가데비 천녀)은 그때 디팡카라불 밑에서 최초의 발심을 일으킨다는 선근을 심고 준비를 마쳤다. 목적을 달성한 후 실제로 수기를 받은 것이다." (W ed., p.743, *l*.16-p.748, *l*.18)

이 수기의 내용은 그녀가 타라코파마(Tārakopama 星喩劫)라는 이름의 미래세에 남성의 신체로 그 세상에서 죽은 후 아촉여래의 아비라티 Abhirati 세계에 태어나 아촉여래 밑에서 수행을 쌓고 전생 轉生을 반복한 후, 드디어 수바르나푸슈파(Suvarṇapuṣpa 金花)여래가 된다는 것이다. 이 이야기는 아촉불 신앙을 전제로 하고 있을 것이다.

이 이야기에서도 어떤 여성(강가데비 천녀)의 예배, 세존의 미소와 방광 放光, 강가데비 천녀의 산화, 아난다의 문신 問訊, 강가데비 천녀에 대한 수기, 많은 붓다 밑에

서의 수행, 최종적으로 수기의 실현이 있다고 이어지는데, 발단은 연등불에 대한 수기이다.[23]

이 점에서만 본다면, 부파불교 이래의 수기 이야기와 두 가지 용례는 전혀 다를 바 없다. 다만 전자는 '세존이 반야바라밀을 버리지 않았다', 후자는 '세존이 무생법인을 얻었을 때'라고 하여 각각 한군데가 서로 다르다. 무생법인도 '불퇴의 보살' 단계에서 얻는다고 설하는 대승 독자의 개념이며, 바로 본경의 독창이다. 이상과 같이 이들 시점과 수기는 세존의 깨달음을 반야경과 연관시키기 위한 필수적인 장치였다.

8.
『금강반야경』의 연등불 수기

다음으로 『팔천송반야』의 연등불 수기를 계승하고 있는 『금강반야경』의 용례를 보자. 『금강반야경』에는 세 군데(제10a절, 제16b절, 제17b절)에서 연등불(디팡카라) 수기 이야기를 인용한다. 그중 두 군데서 "세존이 연등 여래 밑에서 받은 가르침이 무엇인가 있을까, 세존이 연등 여래 밑에서 실제로 깨달은 가르침 같은 것은 아무것도 없다."[24]라고 반복하는 것은, 연등불 수기 전승이 있을 때 비로소 성립한다.

또한 『금강반야경』의 "젊은이야, 너는 미래세에 석가모니라는 이름의 여래·아라한·정등각자가 될 것이다."[25]라는 한 문장이 『팔천송반야』[26]의 그것과 어순도 내용도 일치한다는 점에서도 알 수 있듯이, 이 수기는 이미 정형구로 사용되고 있었던 것이다. 설출세부의 불전인 『마하바스투』에서도 "젊은이야, 너는 미래세에 무량, 무수, 무변의 겁에 aparimitāsaṃkhyeyāprameyehi kalpehi 석가모니라는 이름의 여래·아라한·정등각자가 될 것이다."[27] 라고 한다. 약간 상세히 되어 있지만, 어순도 용어도 기본적으로 같다는 점에서 두 경의 상호 영향 관계를 지적할 수 있다.

『금강반야경』의 연등불 수기 이야기는 제16절의 인용이 가장 상세하므로, 이하 이를 인용해두고자 한다.

> "그러나 수부티야, 셀 수 없는 과거세에, 또한 셀 수 없는 과거의 겁에 디팡카라 여래가 계셨던 것을 나는 기억한다. 그보다 이전, 훨씬 이전에 백 천 코티·나유타의 84배나 되는 무수한 제불諸佛이 계셨다. 나는 이들 [제불]을 만족시켰다. 만족시켰고 위배하는 일은 없었다.
> 또한 수부티야, 나는 이들 [제불]을 만족시켰다. 만족시켰고 위배하는 일은 없었다. 한편, 후세에, 후대에, 후의 오백 년대에 올바른 가르침이 멸해가고 있을 때 어떤 사람이 이와 같은 경전을 다루어, 기억하고, 독송하고, 학수學修하고, 다른 자를 위해 상세히 설하여 들려준다고 하자. 실로 수부티야, 전자의 복덕의 집적은 후자의 복덕의 집적에 비해 백분의 일에도 미치지 못한다. 천분의 일에도, 백만분의 일에도 [… 중략 …] 비유적으로도 유사하게도 견딜 수 있는 것이 아니다."[28]

이와 같이 『금강반야경』에서는 연등불 수기를 전제로 하면서도 단지 부파불교에서 설해지고 있던 이야기를 그대로 인용하고 있는 것은 아니다. 이는 (1)연등불을 넘어 더 이전의 제불을 상정하고 있는 것, (2)그들 제불에게 공양해온 공덕보다 이 반야 경전을 널리 선양하는 공덕이 훨씬 크다고 판단하는 것, 이른바 새로운 법의 전승을 강조하는 것, 그리고 (3)이 경전이 유포할 때를 '후세, 후대, 후의 오백 년대에 올바른 가르침이 멸해가고 있을 때'라고 하여 '법멸의 시대'로 규정하는 것 등이 특필된다.

이것을 정리해보면, (1)복수의 제불의 숭배, (2)붓다의 전승으로부터 법의 전승 강조, (3)법멸 사상을 배경으로 한다, 이와 같은 사상이야말로 대승의 성립에 사용된 장치이다.

9.
결어

(1) 대승을 청문하는 보살의 준별화 峻別化

이상 보아온 바와 같이, 『팔천송반야』나 『금강반야경』에서는 반야경을 배울 것을 강력히 권장하는데, 반야경을 수학하는 이러한 보살을 '불퇴전의 [깨달음이] 예언된 보살·마하살'이라든가, '오랫동안 [대]승에 진입한 기근이 성숙한 보살'이라 말하며, 반야경에 근거하여 살아가는 보살을 엄격히 구별해 간다. 그러나 이와 같은 보살은 실은 과거에도 많은 붓다 밑에서 선근을 쌓았으며, 그 과보로 정법(본론에서는 반야경)을 청문할 수 있다고 한다.

(2) 정법 계승의 재해석

과거의 선업(제불의 공양)이라는 이러한 원인이 '수기'라는 결과를 초래하였다는 점은 전통적인 업보 수기의 교설과 다를 바 없다. 단, 그 과거의 선행이 대승(반야경)을 청문하게 된 원인이라는 점, 대승을 배우는 자야말로 보살이라고 하는 점이 다른 것이다. 이에 '정법이란 대승이다'라는 재해석이 이루어지고, 정법의 계승이 의식된다. 여기서 정법(붓다의 가르침)의 청문은 대승(반야경)의 청문이며, 양자는 완전히 동일한 의의를 지니는 것이 된다.

(3) 정법멸진의 의식

게다가 그 환경은 바로 올바른 가르침이 소멸해가고 있는 시대이다. 삼보에 대한 숭배도 계도 사라져가고 있다. 바로 그 때문에 삼보에 대한 신앙과 청정한 계를 지닐 것이 요구된다. 불멸후의 정법멸진의 시대에서야말로 대승을 청문하는 지혜가 뛰어난 보살이 나타난다. 그것은 대승(반야경)에 전심하는 선남자·선여인이다. 이미 수기되고 있는 바와 같이, 이들은 붓다의 위신력에 의해 수호되고, 보호받고 있다고 한다. 이 말이 또한 청중에게 용기를 주고 그들의 종교 행위를 보증하는 것이다.

(4) 수기의 실현과 대승의 청문

이상을 부파불교 이래의 연등불 수기와 비교해보면, 대승의 문맥은 '새로운 가르침의 청문'에 초점이 맞추어져 있음을 알 수 있다. 과거의 청문(선업)이 현재의 청문과 결합되고, 드디어 장래의 무상정등각에 대한 예언(보증)이 되어 결실을 맺는다. 법의 전승을 중심으로 일직선으로 늘어선 구조이다. 이 연속 가운데에서 대승경전을 청문하는 자는 수기라는 예언이 실현되고 있는 청문의 기회에 조우하고 있다. 이 필연성을 강력하게 어필하고 있는 것이다. 이와 같은 일련의 구조는 바로 법멸과 수기에 의해 나타나고 있는 것이며, 이 시점이야말로 대승불교 성립의 중요한 기축이 되고 있었던 것이다.

---

1 이 주제에 관해서는 平川彰, 『初期大乘佛教の研究 I』(平川彰著作集 제3권), 春秋社 (1989), 특히 pp.157-162나, Jan Nattier, *Once Upon A Future Time, Study in a Buddhist Prophecy of Decline,* Asian Humanities Press: Berkeley, CAL (1991)이 있다. 또한 졸고, 『金剛般若經の研究』, 山喜房佛書林 (2009), pp.51-54, 211-232 및 「インド佛教の法滅思想 I－『金剛般若』の法滅句をめぐって」, 『東洋學研究』 37 (2000), pp.79-102를 참조 바람.

2 *Saṃyutta Nikāya,* vol.2, pp.223-224, *ibid.* vol.5, pp.172-173; *Aṅguttara Nikāya,* vol.1, pp.17-19 등. 또한 『잡아함』(대정2, 177-180)에는 불멸후 천 년 경 4명의 惡王에 의한 破佛과, 失師迦와 須羅他라는 아라한에 의해 발생하는 법멸에 관한 묘사가 있다. 이 원천 자료가 후대의 『바사론』에 있는 것은 赤沼智善(『佛教教理之研究』 破塵閣書房, 1939, p.559)이 명확히 하고 있다. 이들 아함경에 설해지는 법멸관에 관해서는 別稿,(渡邊章悟 「インド佛教の法滅思想 II－初期佛教資料をめぐって」, 『東洋學論叢』 26호, 東洋大學文學部紀要/インド哲學科編, 2001, pp.115-130)을 참조 바람.

3 유대 기독교적 종말관에서 볼 수 있는 것과 같은, 모든 존재가 종말을 향해 방향이 정해지고, 기울어지고, 움직인다는 사고방식은 없지만, 종말이야말로 신의 세계가 실현되는 희망의 때이자, 역사적 구제의 희망의 논리라는 견해에 있어서는 유사하다. 역사적 구제론에 관해서는 大木英夫, 『終末論』, 紀伊國屋書店 (1994), pp.14, 61-62를 참조.

4 Conze[1974].

5 본고의 주 1)에서 언급한 졸고 논문을 참조. 단, 『금강반야경』은 중층적인 구조를 가진 경전이며, 반드시 모든 자료에서 이 법멸구가 발견되는 것은 아니다. 예를 들면, 羅什이 한역한 오래된 텍스트에서는 법멸의 成句가 보이지 않던가, 충분히 발달하고 있지 않다. 그리고 현재 표준적으로 사용되는 Conze 교정의 『금강반야경』은 상당히 후대의 형태를 가지고 있다고 추정되고 있다. 이것은 중앙아시아의 사본이나 길기트, 간다라의 사본과 비교해보면 한층 선명해진다. 이 문제는 졸고, 「金剛般若の重層性」(『金剛般若の思想的研究』, 春秋社, 1999, pp.59-91)에서 지적해두었다. 또한 간다라 출토의 『금강반야경』 사본을 교정 출판한 논문의 序分에서도 기술해두었다. Cf. P. Harrison and Sh. Watanabe, Vajracchedikā Prajñāpāramitā, *Buddhist Manuscripts, Volume 3, Manuscript in the Schøyen Collection,* Jens Braarvig, editor-in-chief, Oslo (2006), pp.89-132.

6 AS(『팔천송반야』)에는 주로 다음과 같은 두 가지 종류의 간본이 있다. P. L. Vaidya ed., *Aṣṭasāhasrikā Prajñāpāramitā with Haribhadra's Commentary Called Āloka, Buddhist Sanskrit Texts* No.4, Darbhanga (1960). U. Wogihara ed, *Abhisamayālaṃkārālokā Prajñāpāramitāvyākhyā, The Work of Haribhadra,* Sankibo Busshorin Publishing Co., Ltd.: Tokyo (1973) (1st Pub., The Toyo Bunko: Tokyo, 1932). 이 가운데 본 장에서는 Wogihara[1973](이하 W로 약칭한다)본을 사용하였다.

7 Wogihara[1973: 487-489], Chap. 10 Dhāraṇa-guṇa-parikīrtana-parivarta; Vaidya ed., p.112, 1-28. 또한 이하에 대응하는 현존 4종의 한역본을 역출 연대순으로 기술해둔다.

[1]『도행반야』'持品' 제8

A 如是舍利弗. 怛薩阿竭去後. 是般若波羅蜜当在南天竺. 其有學已. 從南天竺当轉至西天竺. 其有學已. 当從西天竺轉至到北天竺. 其有學者当(聖: +復)學之.

B (1) 佛語舍利弗. 却後經法且欲斷絶時. 我悉知地般若波羅蜜者.

(2) 若最後有書者(聖: ×) 佛悉豫見其人稱譽說之.

C (1) 舍利弗問佛. 最後世時是般若波羅蜜. 当到北天竺耶(宮: 那).

(2) 佛言. 当到北天竺. 其在彼者当聞般若波羅蜜復行問之. 当知是菩薩摩訶薩作衍已來大久遠. 以故復受般若波羅蜜.

(3) 舍利弗言. 北天竺当有幾所菩薩摩訶薩學般若波羅蜜者.

(4) 佛語舍利弗. 北天竺亦甚多菩薩摩訶薩. 少有學般若波羅蜜者. (대정8, 446a28-b12)

[2]『大明度經』'悉持品' 제8

A 如來去後是法当在釋氏國. 彼賢學已轉至會多尼國. 在中學已復到鬱單曰國. 在中學已却後戒經但欲斷時. 我斯知已.

B 爾時持是明度最後有書者. 佛悉豫見其人已. 佛所稱譽也.

C (3) 秋露子問佛. *鬱單曰國当有幾闓士大士學斯定.

(4) 佛言. 少耳. (대정8, 490a24-b1)

[3]『소품반야』'불가사의품' 제10

A 舍利弗. 如來滅後般若波羅蜜. 当流布南方. 從南方流布西方. 從西方流布北方. 舍利弗. 我法盛時無有滅相. 北方若有乃至書寫受持供養般若波羅蜜者.

B 是人亦爲佛眼所見所知所念.

C (1) 舍利弗白佛言. 世尊. 後五百歲時. 般若波羅蜜当廣流布北方耶.

(2) 舍利弗. 後五百歲当廣流布北方. 其中善男子善女人. 聞般若波羅蜜. 受持讀誦修習. 当知(宋元明: +是)久發阿耨多羅三藐三菩提心.

(3) 世尊. 北方当有幾所菩薩能受持讀誦修習般若波羅蜜.

(4) 舍利弗. 北方雖多有菩薩能讀(元明: +誦)聽受般若波羅蜜. 少能誦利修習行者. (대정8, 555a27-b9)

[4]『佛母出生般若』'讃持品' 제6

A 復次舍利子. 此般若波羅蜜多相應法門. 如來應供正等正覺以威神力加持護念. 後末世中先於南方廣大流布. 從是南方流布西方. 復從西方流布北方. 如是展轉流布諸方. 舍利子. 佛涅盤(宋元明: 槃)後法欲滅時.

B 爲欲令諸善男子善女人於此般若波羅蜜多法門. 受持讀誦記念思惟. 轉爲他人解釋其義. 乃至書寫供養獲. 大利益是故如來加持護念使令流布.

又舍利子. 若善男子善女人有能受持此正法者. 当知是人得諸如來神力加持. 是諸如来所知所念. 爲諸如来共所觀察.

C (1) 舍利子白佛言. 世尊. 此般若波羅蜜多法門最上甚深. 於後末世云何北方亦流布耶.

(2) 佛言. 舍利子. 後末世中此法亦当流布北方. 而彼方處有修菩薩行者諸善男子善女人. 聞此甚深般若波羅蜜多法門. 而能受持讀誦記念思惟書寫供養.

(3) 舍利者白佛言. 世尊. 而彼北方有幾所人. 当能受持此甚深般若波羅蜜多法門. 有幾所人能讀誦通利. 如所說學如所說行如理相應.

(4) 佛言. 舍利子. 而彼北方雖多有諸修菩薩行者善男子善女人. 能受持此甚深般若波羅蜜多法門. 少能於中讀誦通利如所說學如所說行如理相應者 (대정8, 623b2-25)

8 한역에서는 반야바라밀(道行), 법(大明度), 반야바라밀(소품), 반야바라밀다상응법문(佛母)이라 하며, 육바라밀이라고는 하지 않는다. 『대반야바라밀경』「第四會」(대정7, 808b22) 등에서도 '甚深般若波羅蜜多相應經典'이라고 하여 마찬가지이다.

또한 티벳어역(P. ed., Vol.18, No.731, Thi 32b8-33b4; Vol.89, No.5188, Na 221a1-b1)과 현장 역『대반야경』「第四會」(대정7, 808b21-809a)는 너무나도 방대하고 번잡하므로 생략하였다.

9 도행 계통에서 불멸후 반야바라밀경의 유통을 정리해보면 다음과 같다.

(1)『도행』은 '如是舍利弗, 怛薩阿竭去後, …', 경전의 전승 경로는 '남 → 서 → 북'

(2)『대명도』는 '如是去後, …', 경전의 전승 경로는 '남 → 동 → 북'

(3)『소품』은 '如來滅後, …', 경전의 전승 경로는 '남 → 서 → 북'

(4)『불모』는 '後末世中, 先於南方廣大流布', 경전의 전승 경로는 '남 → 서 → 북'

(5)『현장 역』(제42회)은 '我涅槃後, …', 경전의 전승 경로는 '동남 → 남 → 서남 → 서북 → 북 → 동북'의 육방으로 오른쪽 방향으로 돌며 인도 전체에 빈틈없이 퍼질 것을 예언한다(「제3회」(대정7, 593c-595a)「제2회」(대정7, 212b-214c)도 동일).

이에 비해 방광계는 어떠한가 하면, 우선『방광』은 '如來去後'이며, 경전의 전승 경로는 '남 → 북'의 두 방향이다.『대품』은 '佛般涅槃後'이며, 경전의 전승 경로는 '남 → 서 → 북'의 세 방향이다.

10 단, 여기는『금강반야』제본 사이에서도 큰 차이가 있다. 스코엔 사본 등에서는 간결하며, 한역에서도 구마라집 역 '如來滅後, 後五百歲'(no.235, 749a28)이나 보리류지 역 '於未來世末世'(no.236-1, 753a24), 진제 역 '於今現時及未來世'(no.237, 762b24)라고 하여 오래된 역에서는 간결하며, 笈多 역 '当有未來世, 後時後長時, 後分五十[五百], 正法破壞時中, 轉時中'(no.238, 767b7)이나 현장 역 '於当來世後時後分, 後五百歲, 正法將滅時分轉時'(no.220, 980c3), 티벳어 역(P ed., no.739, 163a7)과 같은 비교적 새로운 번역에서는 산스크리트 간본에 가까운 표현을 보여준다. 이들은『금강반야』의 발달을 생각하는 데 있어 크게 참고가 된다.

11 졸고,『金剛般若經の梵語資料集成』, 山喜房佛書林 (2009), p.41 및 졸고,『金剛般若經の研究』,

山喜房佛書林 (2009), pp.450-451을 참조.

12 본고의 주 7) C (2)를 참조. 또한 전반부만을 보면, 『도행』 '却後經法且欲斷絶時', 『대명도』 '却後我經但欲斷時', 『불모』 '佛涅槃後法欲斷滅時'의 세 역은 대략 '(부처님이 열반하신) 후에 가르침이 단멸해가고 있을 때'로 하지만, 현장 역 「제4회」는 '부처님이 얻으신 법, 비나야는 무상정법으로 滅沒相이 있는 것이 아니다. 제불이 얻으신 법, 비나야는 무상정등(법?)으로, 즉 이것은 반야바라밀다(상응하는 경전)이다'(非佛所得法毘那耶無上正法有滅沒相. 諸佛所得法毘那耶無上正等即是般若波羅蜜多相應經典. 대정7, 808c)라고 하여 크게 증광되어 있다. 또한 『불모』도 『도행』도 『대명도』의 표현을 답습하여 '佛涅槃後法欲滅時'라 하고, 경전 수지의 공덕에 의해 여래가 加持하기 위해 유포한다고 하며, 이어 여래가 본경을 수지하는 자를 보증한다는 구조로 이루어져 있다.

13 antaśaḥ pustaka-gatām api kṛtvā dhārayet sthāpayet saddharma-cira-sthiti-hetor mā buddha-netrī-samucchedo bhūn ma saddharmāntardhānaṃ bodhisattvānāṃ mahāsattvānāṃ cānugrahopasaṃhāraḥ kṛto bhaviṣyati netry-avaikalyeneti // Wogihara[1973: 217, 24-28].

14 Wogihara[1973: 237].

15 T. Kimura ed., *Pañcaviṃśatisāhasrikā Prajñāpāramitā* (이만오천송반야) IV, Sankibo Busshorin Publishing Co., Ltd.: Tokyo (1990), p.28, 17.

16 초기불교 성전에는 veyyākaraṇa와 vedalla의 두 가지 문답 형식이 보인다. vedalla는 특수한 문답체의 일종이며, veyyākaraṇa의 발전 형태라고 한다. 이는 '아랫사람이 윗사람(佛, 대제자)에게 하는 중층적 환희 發問에 의한 교리 문답'이라고 한다. 前田惠學, 『原始佛教聖典の成立史研究』, 山喜房佛書林 (1964), pp.281-319. 특히 pp.282-293, 296, 306-307을 참조.

17 이 법문에 의해 자신의 운명을 꿰뚫어 볼 수 있게 되는 것을 자신의 모습을 비추어내는 거울에 비유하고 있다. 『有部律雜事』나 『有部律藥事』에도 들어 있다.

18 中村元, 『ブッダ最後の旅』, 岩波文庫, pp.46-51. 『現代語譯 「阿含經典」 – 長阿含經』 제1권, 平河出版 (1995), p.221

19 그 용례로서는 "āriyakantehi sīlehi samannāgato hoti, ākhaṇḍehi acchiddehi asabalehi akammāsehi bhujissehi viññūppa satthehi aparāmaṭṭhehi samādhisaṃvattatikehi" SN. 55.4(V, pp.346-347); 55.13(V, pp.326-364); 55.27(V, pp.285-387, esp.387); 55.39(V, pp.396-397); 55.53(V, pp.406-408); AN.5.179(III, p.211-214); 9.27-28(IV, pp.405-408) 등이 있다. 前田惠學, 앞의 책, p.317을 참조.

20 『법화경』 제10장 「法師品」(Dharmabhāṇaka-parivarta)에서도 동일하게 서술되어 있다.

21 田賀龍彦, 『授記思想の源流と展開』, 平樂寺書店 (1974), pp.168-169. 이 이야기의 출전은 『六度集經』 86, 『太子瑞應經』 권상, 『사분율』 권31, 『증일아함』 20-3, *Mahāvastu*, vol.1, pp.1-62, p.231 등. 『불본행집경』 권1-4, *Divyāvadāna*(p.247), 『대지도론』 권16, 30, 35 등. 『수행본기경』 권상, 『撰集百緣經』 11-20화, *Jātaka PTS*(『팔리본생경서문』 *Jātakanidānakathā*), p.2, *Buddhavaṃsa* 등에서도 볼 수 있다. 팔리 자료가 전하는 연등불 수기는 거의 일정하다. 남전의 팔리 문헌 중에서는 게송에 의한 부분과 산문 부분에 의해 형성되어 있는데, 이 이야기는 일관되게 수메다 카타(Sumedha-kathā)로 알려져 있다. 그 수메다 카타의 저본은 『佛種姓經』(Buddhavaṃsa)의

계문에 의한 이야기라고 한다. 『佛種姓經註』와 『자타카』의 니다나 카타 부분은 松村淳子, 「『佛種姓經註』のスメーダ·カター」(『神戸國際大學紀要』 제72호, pp.15-32)가 대조 연구하고 있다. 이 논문에 의하면, 양자는 서로 참조하면서 영향을 주고받아 새로운 텍스트를 형성해왔음이 분명하다. 설일체유부 계통의 『카르마샤타카』(Karmaśataka) 제25화(제2장, 제12화)에 포함되는 연등불 수기 이야기가 『아바다나 샤타카』(Avadānaśataka)나 『근본설일체유부율비나야파승사』(Mūlasarvāstivāda-vinaya, saṅghabhedavastu), 『디브야 아바다나』(Divyāvadāna) 제18장이라는 근본설일체유부계의 전승과 거의 일치하는 것에 관해서는 飯渕純子, 「Karmaśatakaにおける授記ー成辟支佛授記を中心に」(『文化』 제60권, 제3/4호, 1997년 3월, pp.407-387), 同 「Karmaśatakaにおける燃燈佛授記物語」(『日本西藏學會報』 제43호, 1997, pp.23-30)에서 지적되고 있다. 또한, 대중부 계에서 분파한 설출세부의 Mahāvastu에서는 디팡카라불의 수기는 '디팡카라 바스투'(Dīpaṅkara-vastu)로서 서술된다. 이 연구에 관해서는 藤村隆淳, 『マハーヴァスツの菩薩思想』(山喜房佛書林, 2002), 특히 p.69 이하가 있다.

22 초기대승경전에서 연등불 수기의 자료에 관해서는 田賀龍彦, 『授記思想の源流と展開』, 平樂寺書店 (1974), 앞의 책, pp.170-226에서 상세히 다루고 있다.

23 이 수기의 정형구가 *Mahāvastu*의 연등불 기술과 일치하는 점이나, 그 유사성이 소품계 반야에서 *Mahāvastu*에 미친 영향일 가능성을 지적한 논문으로 平岡聰, 「Mahāvastuの成立に関する一考察」(『印度學佛教學研究』 47-2, 1999, pp.161-166) 및 「有部系説話文獻に見られる授記の定型句」, 『佛教學淨土學研究』(香川孝雄博士古稀記念論集, 香川孝雄先生古稀記念會, 永田文昌堂, 2001, pp. 145-156(L))이 있다.

24 Conze[1974: *p*.35, 15-17; p.47, 15-18].

25 Conze[1974: p.48, 3-5].

26 Wogihara[1973: p.747, 23-24].

27 evaṃ vyākṛtaḥ/ bhaviṣyasi tvaṃ māṇavakānāgate 'dhvani aparimitāsaṃkhyeyāprameyehi kalpehi śākyamunir nāma tathāgato 'rhaṃ saṃyaksaṃbuddha iti/ vistareṇodīrayiṣyaṃ dīpaṃkaravastuni meghamāṇavavyākaranaṃ. (*Mahāvastu-Avadāna*, vol.1, p.1, 14-p. 2, 1) ed., by É. Senart, Paris, 1882-1897.

28 Conze[1974: p.45, 7-p.46, 6].

약호

Conze

1974 Edward Conze, *Vajracchedikā Prajñāpāramitā*, 2nd ed. Serie Orientale Roma 13, IsMEO: Roma, 1974 (1st ed. 1957)

Wogihara

1973 Unrai Wogihara, *Abhisamayālaṃkārālokā Prajñāpāramitāvyākhyā, The Work of Haribhadra*, Sankibo Busshorin Publishing Co., Ltd.: Tokyo, 1973 (1st Pub., The Toyo Bunko: Tokyo, 1932)

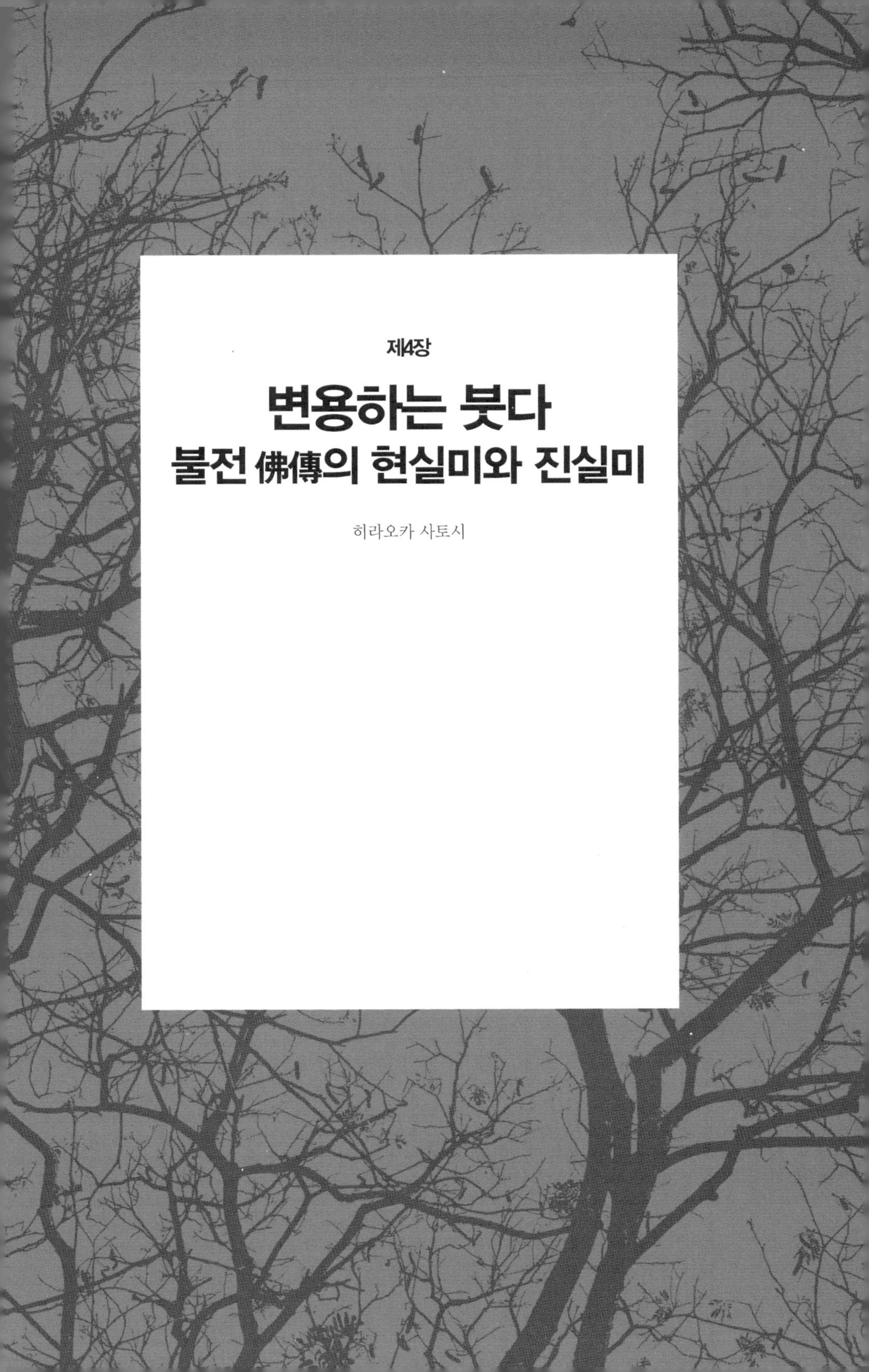

제4장

변용하는 붓다

불전 佛傳의 현실미와 진실미

히라오카 사토시

1.
머리말

사실적 寫實的인 그림보다 추상적인 그림에 감동할 때가 있다. 현실에서 발생한 사건보다 허구인 이야기나 영화의 인물에 공감할 때가 있다. 그렇다면 문제는 그것이 현실인가 아닌가가 아닌, 진실인가 아닌가, 다시 말해 거기에서 진실미를 느끼는가 아닌가에 있다고 할 수 있을 것이다. 비현실 속에도 진실은 있고, 진실이 없는 현실도 있다. 즉, 현실이든 현실이 아니든 우리들의 마음을 움직이는 것은 '진실'이다.

그렇다면, 이러한 관점에서 불교의 개조인 고타마 붓다를 바라볼 때 붓다는 어떻게 보일까? 본고에서는 당시 불교도들이 가지고 있던 붓다의 현실미와 진실미를 의식하며 불전이라는 창을 통해 대승경전을 조망해보고자 한다. 불교의 인과론을 들먹일 것도 없이, 어떤 결과에는 갖가지 인연이 복잡하게 교차하고 있으므로 단일한 원인만을 가지고 결과를 단순하게 논할 수는 없지만, 대승불교를 포괄적으로 이해함에 있어 불전이라는 관점 역시 빠뜨릴 수 없는 중요한 정보를 제공해줄 것이다.

2.
붓다의 역사성

불교를 학문적으로 연구할 경우, 다른 학문과 마찬가지로 객관성이나 실증성이 요구된다. 예를 들어, 교조 붓다의 생애(불전)를 연구 대상으로 삼을 경우, 붓다가 언제 어디서 태어나 무엇을 하고 무엇을 말했으며, 결과적으로 어떤 생애를 보냈는가를 '역사적으로' 연구해야 하는데, 이것은 상당히 위험한 작업이다. 왜냐하면, 불전의 윤곽을 밝히기 위해서는 고고학적 성과에 더하여 대부분 경전을 위주로 한 문헌 자료에 의지할 수밖에 없는데, 이 문헌 취급이 골치 아프기 때문이다.

애초에 경전은 불멸후 붓다가 설했다는 교설을 남겨진 제자들이 모여 편찬하고, 처음에는 구어로, 또한 나중에는 문어로 전승해갔다. 그러나 그 과정에는 '잘못 말하기', '잘못 알아듣기', '잘못 쓰기'에 더하여 의도적 혹은 무의식적 윤색이 더해져 도저히 불제자들이 붓다의 '역사성'을 배려하여 경전을 편찬했다고 생각할 수 없다. 학문적 수법을 구사하여 문헌을 비교 연구하고, 객관적이면서 실증적으로 불전을 고찰하면, 어느 정도의 신고층新古層을 발견하는 것은 가능하지만, 이는 단지 '상당히 새로운 전승'에서 '비교적 오래된 전승'을 분류하는 것일 뿐, '오래된 전승'과 '역사적 붓다'를 즉시 동일시할 수는 없는 것이다.

또한 고고학적 성과도 '붓다의 역사성'을 백 퍼센트 보증하지 않는다. 예를 들어 '아무개 왕이 모 장소에 붓다의 유골을 모셨다'라는 경전이나 비문의 기술에 근거하여 그곳을 파고, 유골 항아리에 담은 유골이 거기서 나왔다 하더라도 이 사실로부터 그 유골이 곧 '붓다의 유골'이라고 단언할 수는 없다. 타임머신으로 붓다를 방문하고, 머리카락이나 발톱(손톱)을 받아 현세로 돌아와, DNA감정 결과 양자의 DNA가 일치한다면 이야기는 다르겠지만 말이다. 다시 말해, 무언가를 동일한 것으로 결정하는 작업은 어떤 신원불명의 자가 이미 신원이 명확해진 자와 일치함으로써 비로소 성립하는 것이다.

지금까지 일본에서도 불전에 관한 수많은 연구가 발표되고, 경전의 기술에 근거하여 '이것은 역사적 사실이라고 보아도 틀림없다'라든가 '이것은 역사적으로 보아 사실이었다고 생각된다'라는 논조로 불전이 말해지고, 심한 경우에는 '이것은 역사적 사실로 보고 싶다'라고 하기도 한다. 경전의 기술에 역사적 붓다의 언동이 포함되어 있을 가능성(이것도 어디까지나 가능성)은 있지만, 그 속에서 어느 것이 진짜 역사적 붓다의 언동인가를 추출해낼 수는 없으며, 따라서 '역사적 붓다의 생애'를 명확히 하는 것은 거의 불가능에 가까운 작업이다. 그렇다면 어떻게 해야 할까. 본고에서는 붓다를 '역사를 만든 붓다'와 '역사가 만든 붓다'의 둘로 나누고, '역사를 만든 붓다'는 일단 괄호 안에 넣어 두기로 한다. 그리고 '역사가 만든 붓다'로서의 불전을 고찰 대상으로 삼는다.[1] '역사가 만든 붓다'라면 접근 가능하기 때문이다.

'역사가 만든 붓다'를 고찰함에 있어 키워드는 'actuality(현실미)'와 'reality(진실미)'이다.[2] 붓다의 역사성을 생각하는 데 있어 문제가 되는 것은 경전에 보이는 비현실적인 기술이다. 예를 들어 붓다는 마야부인의 오른쪽 옆구리에서 태어나, 탄생 후 곧바로 일곱 걸음을 걸었다는 기술이 있는데, 근대 이후에 눈뜬 로고스(이성)는 이 기술을 허위로 간주하고 가치 없다는 낙인을 찍을 것이다. 그러나 이런 기술을 간단히 잘라 내버려서는 안 된다. 불교도 종교 현상의 하나이며, 거기에는 파토스(pathos 情念)가 깊이 관여하고 있다. 붓다의 오른 쪽 옆구리로부터의 탄생이나 즉행칠보(卽行七步)는 진지하게 붓다를 추구하는 불교도의 '주관적 사실'이며, 다른 사람에게는 현실미 없는 이야기라도 그들에게 있어서는 진실미 있는 이야기이기 때문에, 바로 거기서 진실미를 느끼거나, 오랫동안 구전되며 독자적인 에토스(ethos 氣風)를 형성해온 것이다. 즉, '역사가 만든 붓다'로서의 불전은 진지한 불교도가 '역사를 만든 붓다'에게서 느낀 진실미의 총체인 것이다.

그리고 나아가 대승불교는 '역사가 만든 붓다'로서의 불전 속에서도 한층 더 진실미를 느낀 부분을 발전 전개시켜갔다고 볼 수 있는 것이다. 그렇다면 불필요한 해석을 생략하고, 먼저 대승불교 이전의, 혹은 대승적 요소가 가미되지 않은 불전을 개관해보자.

3.
'역사가 만든 붓다'로서의 불전

석존 강탄 降誕

히말라야 산기슭에 공화제에 근거한 소국을 형성하고 카필라바스투를 수도로 한 사카(석가)족의 왕 숫도다나왕과, 그 동쪽 인근의 콜리야족에서 시집온 마야와의 사이에서 붓다는 탄생하였다. 지금으로부터 대략 2,500년 전의 일이다. 생모 마야는 흰 코끼리가 하늘에서 내려와 자신의 태 안으로 들어가는 꿈을 꾸고 회임하였다. 산달이 다가오자 마야는 고향 콜리야를 향해 나섰다. 도중에 룸비니원에서 휴식을 취하던 중, 그곳에 피어 있던 아소카 나무의 가지 하나를 꺾으려고 오른쪽 손을 뻗은 순간에 산기를 느끼며 오른쪽 옆구리로부터 붓다를 출산하였다. 그리고 태어나자마자 붓다는 사방으로 일곱 걸음을 걷고 '천상천하유아독존'이라 선언하였다.

탄생 후 왕국으로 데려온 붓다를 보고 기뻐한 부왕은 바라문들을 불러들여 왕자의 장래를 점치게 하였다. 그중 아시타 선인은 붓다가 서른 두 개의 위인상을 갖추고 있는 것을 보고 '왕가에 머물면 무기를 사용하지 않고 법을 사용하여 세계를 정복하는 전륜왕이 될 것이며, 출가한다면 유정을 구제하는 붓다가 될 것이다'라고 예언하였다. 이 점상 후, 붓다에게는 '싯다르타(목적을 성취한 자)'라는 이름이 지어졌다. 한편, 생모 마야는 붓다를 낳은 지 1주일 후에 죽고, 그 후에는 마야의 동생인 마하파자파티가 양모로서 붓다를 길렀다.

청년 시대

왕자로 태어난 붓다는 유복한 의식주 생활을 하였다. 비단 옷을 몸에 걸치고, 겨울·여름·우기에는 각각 적합한 세 개의 궁전에서 지냈으며, 백미와 고기 식사를 즐겼다. 외견상으로는 무엇 하나 부족할 것 없는 생활이었지만, 내심은 노병사에 유래하는 괴로움[苦]에 마음 아파하며, 그 사치스러운 생활도 공허하게 여겼다. 어느 날, 붓다는 하인을 데리고 도성의 동쪽 문으로 나갔는데, 그곳에서 우연히 노인과 마주쳤다. 붓다는 자신 역시 늙음이라는 운명에서 벗어날 수 없다는 사실을 알고 늙음이라는 고통에 상심한다. 마찬가지로 남쪽 문에서는 병인을, 서쪽 문에서는 죽은 사람을 만나 병고나 사고死苦에서도 벗어날 수 없음을 알고 역시 마음 아파했다. 그리고 마지막으로 북쪽 문에서 나와 사문(출가수행자)을 만나자 자신도 사문으로 출가할 것을 결의한다.

한편, 궁전에서의 생활에 번민하면서도 붓다는 생모 마야와 같은 콜리야족에서 야소다라를 처로 맞이하였다. 붓다가 16세 혹은 17세경의 일이라고 한다. 두 사람 사이에서는 남자 아이가 탄생하였으며, '라훌라'라는 이름이 지어졌다. 출가를 생각하고 있던 붓다에게 아들 탄생의 소식이 전해지자 "[나의 출가에] 장애(라훌라)가 생겼구나."라고 말한 것이 이 이름의 유래라고 한다.

출가 구도

붓다는 노병사라는 인생의 근본 문제를 해결하고자 혹은 노병사로 대표되는 고로부터 해탈하기 위해 궁전 생활을 버리고 출가 생활에 몸을 던졌다. 29세의 일이다. 하인 춘다와 애마 칸타카를 데리고 한 밤중에 몰래 궁전을 빠져나와 동쪽으로 향하였다. 갠지스강을 건너 마가다국의 수도 라자가하에 도착한 붓다는 이곳에서 선정을 닦는 두 명의 선인에게 사사하였다. 먼저 알라라 선인이다. 붓다는 그의 밑에서 '무소유처 無所有處'라는 선정을 닦았다. 붓다의 비범한 재능을 파악한 알라라 선인은 함께 제자들을 통솔해가자고 제안하지만, 붓다는 그것이 깨달음의 길이 아니라 생각하며 그의 제안을 거절하였다. 이어 웃다카 선인에게 사사하여 한층 고차원적인 선정인 '비상비비상처 非想非非想處'를 닦았다. 그 역시 붓다의 뛰어난 재능을 파악하고 알라라 선인과 똑같은 제안을 하지만, 붓다는 같은 이유로 이를 거절하였다. 그 어떤 선정도 노병사라는 고로부터의 해탈에 도움이 되지 않았기 때문이다.

다음으로 붓다는 고행을 실천하였다. 라자가하의 서쪽에는 네란자라 강이 있었다. 이 강을 따라 있던 우루웰라 지방의 세나 마을 근처의 고행림에서 5명의 동료와 더불어 6년간의 고행 생활에 들어갔다. 6년의 고행에도 불구하고 전혀 자신의 목적을 달성하지 못했던 붓다는 결국 고행도 버렸다. 단식 등으로 지쳐 있던 붓다는 우선 네란자라 강에서 목욕하고, 마을 처녀인 수자타가 보시해준 우유죽을 먹은 후 기력과 체력을 회복하였다. 이를 보고 있던 5명의 수행자는 붓다가 사치에 빠졌다고 생각하며 그를 버리고 베나레스로 떠나가 버렸다.

항마 성도

기력과 체력을 되찾은 붓다는 무화과나무의 일종인 앗삿타나무 밑에 농부에게서 받은 문자풀을 깔았다. 목적을 달성할 때까지 결코 그 자리에서 일어나지 않겠다는 원을 세운 후 그곳에 앉았다. 악마가 나타나 붓다의 깨달음을 방해하려 하였지만, 악마의 유혹을 물리친 붓다에게 드디어 깨달음의 순간이 다가온다. 출가의 원인은 '사문출유四門出遊'로 대표되는 바와 같이 노병사의 고로부터 해탈하는 일이었기 때문에 붓다는 '무엇을 조건으로 늙고 죽음이 일어나는가'라고 묻고, '태어남을 조건으로 늙음과 죽음이 일어난다'라고 노사의 근거를 생生에서 구하며, 이 '조건으로 일어난다'라는 '연기'의 사고를 반복함으로써 '노사→생→유→취→애→수→촉→육처→명색→식→행→무명'이라는 인과 관계로부터 최종적으로 '무명'의 존재를 밝혀낸다. 그리고 무명을 지멸시키는 것에 의해 노사의 고가 지멸한다는 것을 깨달았다. 이것을 '십이지연기'라고 한다.

범천권청

이리하여 깨달음을 연 붓다는 성도 후, 여러 나무 밑에서 7일 동안 결가부좌하고 해탈의 기쁨을 맛보고 있었다. 이 기간 동안 일어난 사건 가운데 중요한 것이 붓다의 설법 결의를 설명하는 '범천권청'의 에피소드이다. 성도 후의 명상에서 붓다는 "힘들게 내가 깨달은 것을 지금 설할 필요가 있을까? 탐욕과 분노에 진 사람들이 이 법을 깨닫는 것은 쉽지 않다. 이것은 세상의 흐름을 거스르고, 미묘하며, 심원하고, 보기 어렵고, 미세하므로, 탐욕에 물들고 어둠에 쌓인 사람들은 볼 수 없다."라고 생각하였다. 이를 안 바라문교의 최고신인 범천은 이대로 두면 세상이 멸망한다고 생각하여 붓다 앞에 나타나 "대덕이시여, 존사는 법을 설해주십시오. 선서는 법을 설해주십시오. 이 세상에는 선천적으로 더러움이 적은 유정이 있습니다. 그들은 법을 듣지 않으면 쇠퇴합니다만, 들으면 법을 깨달을 것입니다."라고 말하였다.

초전법륜

이 일로 설법을 결의한 붓다는 최초의 설법 대상으로 일찍이 선정의 스승 알라라 선인과 웃다카 선인을 생각해내었지만, 두 사람은 이미 죽었다는 것을 알게 된다. 그러자 다음으로 붓다는 고행을 함께 했던 5명의 동료에게 설법해야겠다고 생각한다. 붓다는 그들이 있는 베나레스로 향했는데, 5명의 동료는 붓다가 사치에 빠진 것을 못마땅하게 여겨 붓다가 와도 환영하지 말자고 서로 약속하였다. 그러나 붓다의 위광에 눌려 자신들도 모르게 모두 일어나 붓다를 정중하게 맞이하고 있었다. 이리하여 붓다 최초의 설법이 시작된다. 붓다는 우선 쾌락 생활과 금욕 생활이라는 두 극단을 떠난 '중도'에 이어, 중도의 구체적 내용으로 '팔정도(정견·정사·정어·정업·정명·정정진·정념·정정)'를, 그리고 마지막으로 고제·집제·멸제·도제로 이루어진 '사제'를 설하였다. 그러자 콘단냐를 비롯한 5명의 동료가 이를 듣고 진리를 깨달았다. 이리하여 붓다를 포함하여 6명의 아라한이 탄생하였다.

유정 교화

이후에도 불전으로서 지적해야 할 사건은 많지만, 중요한 것만을 간략하게 제시하겠다. 출가자는 생산 활동에 종사하지 않았기 때문에 의식주에 관한 물질적인 원조는 재가신자의 보시에 의존하지 않을 수 없었는데, 서서히 확대해간 불교교단에 든든한 재가신자가 나타났다. 그것은 마가다국왕 빔비사라이다. 그는 자신이 소유하고 있던 죽림을 교단에 정사로 기진하였다. 그와 나란히 교단에 다대한 공헌을 한 것은 코살라국의 부호 수자타이다. 그는 의지할 데 없는 자에게 식사를 베풀었기 때문에 아나타핀다다(급고독) 장자라고도 불렸다. 그도 인연이 있어 불교 재가신자가 되고 기원정사를 교단에 기진하였다. 이리하여 마가다에서는 죽림정사가, 또한 코살라에서는 기원정사가 전도의 거점이 되었다.

다음으로는 불제자의 획득이다. 붓다의 신변神變에 의해 회심한 캇사파 삼형제는 불제자가 되고, 육사외도 중 한 사람인 산자야의 제자였던 사리풋타와 목갈라나도 붓다의 가르침을 접하고 제자들을 데리고 출가하였다. 또한 마가다국 출신의 캇사파도 불제자가 되었는데, 앞서 서술한 캇사파 삼형제와 구별하기 위해 그는 마하캇사파라 불렸다. 두타행자로서 유명하며, 또한 붓다의 옷을 계승한 자로서 중요한 위치를 차지하는 제자로 붓다의 신뢰를 받아 제1 결집에서는 경전 편찬을 행하였다.

또한 정확하게 언제인지는 명확하지 않지만, 교단을 조직한 붓다는 고향 카필라바스투를 방문하였다. 그때 많은 사카족의 자제가 출가했다고 전해지며, 이 가운데는 이복형제인 난다, 아들 라훌라, 왕족을 섬기던 이발사로 훗날 제1 결집에서 율장을 송출했다고 하는 우팔리, 파승을 도모한 데바닷타, 그리고 애제자 아난다도 포함되어 있다.

두 명의 악인

불제자 중에는 개성적인 인물이 많이 등장하는데, 그중 한 사람으로 앙굴리마라(손가락 목걸이)를 들 수 있다. 그는 거리에서 통행인을 죽여 손가락을 잘라 목걸이를 만들었기 때문에 이런 이름이 붙을 정도로 악인이었다. 석존은 그 악인을 훌륭하게 교화하였다. 훗날 그는 아라한이 되었는데, 석존에 의한 대악인 앙굴리마라의 교화 이야기는 교조의 덕을 고양하고, 불교를 퍼뜨리는 데 있어 크게 도움이 되었다고 생각된다.

또한 석존의 생애에서 대사건 가운데 하나는 데바닷타에 의한 교단 분열일 것이다. 그는 붓다 살해를 목적으로 다양한 수단을 강구하였지만, 모두 실패로 끝난다. 결국 그는 4명의 동료와 함께 석존에게 다섯 가지 요구(아란야·수하좌 樹下座·걸식·분소의 糞掃衣·리육식 離肉食)를 제안하게 되는데, 받아들여지지 않자 동료를 모아 교단을 분열시켰다. 그러나 그 후 사리풋타와 목갈라나는 데바닷타를 따르는 비구들을 다시 데려왔고, 데바닷타는 목적을 달성하지 못하자 뜨거운 피를 토하며 죽어 지옥에 재생하였다.

입반열반 入般涅槃

마지막 여행은 29세에 출가했을 때와는 반대 길, 즉 라자가하에서 고향 카필라바스투를 향해 이루어졌다. 도중에 붓다는 보가성에서 대장장이 춘다에게서 식사 공양을 받았는데, 그때 먹은 것이 '수카라맛다와(말린 돼지고기 혹은 버섯으로 해석된다)'라고 하며, 이를 먹고 붓다는 격심한 복통을 겪게 되었다. 고통을 참으며 여행을 계속하여 쿠시나라에 도착했는데, 여기가 붓다의 입멸지가 된다. 세존은 '모든 것은 사라져 간다. 게으름 피우지 말고 도를 구하라'라고 마지막 말을 남겼다. 그 후 세존은 선정에 들어가 사색정 四色定(초선 → 제2선 → 제3선 → 제4선)에서 사무

색정 四無色定(空無邊處 → 識無邊處 → 無所有處 → 非想非非想處), 그리고 멸진정 滅盡定으로 나아갔다. 그로부터 내려와 초선으로 돌아가고, 다시 차례로 제4선으로 나아가, 거기서 입멸하여 80세의 생애를 마쳤다.

유체는 다비를 하려고 했지만, 유체에는 불이 붙지 않았다. 일주일 후, 붓다 입멸을 듣고 달려온 마하캇사파가 유체를 예배하자 드디어 유체에 불이 붙어 완전히 타서 사리(유골)만이 남았다. 붓다의 입멸을 안 사람들이 각지에서 모여들어 사리는 붓다와 인연이 있는 자들에게 공평하게 팔분 八分되었다. 그들은 사리를 가지고 돌아가서 사리탑을 건립하였다.

확대하는 불전

이상, 불교의 개조인 붓다의 생애를 개관하였다. 일반적으로 불전은 붓다의 탄생에서 입멸까지를 가리키는데, 불멸후 붓다는 신격화되고 불전은 '이 세상의 생에서 죽음'만을 범위로 할 수 없어 '생전 生前의 과거'와 '사후의 미래'라는 두 방향으로 확대된다. 불멸후, 불교는 윤회를 전제로 한 교리의 체계화로 나아가고, 이 흐름에 연동하여 붓다의 깨달음의 신격화는 붓다의 과거세 이야기를 만들어내었다. 즉, 붓다의 깨달음은 금생에서의 6년 동안의 수행만으로 성취한 것이 아닌, 셀 수 없는 과거세에서의 수행이 있기에 비로소 가능해진 것이라고 생각하게 된 것이었다. 이것이 '자타카'라 불리는 붓다의 본생(전세) 이야기이다.

이와 같이 수많은 본생 이야기가 만들어져, 사람이나 동물로 환생하면서 붓다는 보시 등의 여러 가지 행을 실천해왔다고 설해지게 된다. 동물이 보시행에 힘쓰는 것도 합리적인 이성으로 판단하면 황당무계한 이야기처럼 보이지만, 이것이야말로 불전의 진실미인 것이다. 그런데 수많은 본생 이야기가 창작됨에 따라 그 기원, 즉 이러한 수많은 수행의 기점이 문제시되었다. 이리하여 생각해낸 것이 연등불 수기 이야기이다. 팔리 전승에 의하면, 붓다의 본생 수메다가 장래 붓다가 될 것을 결의하고 진흙 땅 위에 자신의 머리카락을 펼쳐 연등 Dīpaṃkara불을 지나가게 하였다. 또한 성불의 서원을 세웠기 때문에 이를 본 연등불은 수메다의 성불을 예언했다고 한다. 붓다의 본생 수메다는 이를 기점으로 선행이나 수행을 쌓고 깨달음을 구하게 되었던 것이다.

이 연등불 수기에서 '보살'이라는 말의 기원을 찾은 것이 히라카와平川이다.[3] 즉, 연등불 수기 이후, 붓다의 본생 수메다는 아직 깨달음을 얻고 있지 않지만, 연등불에게 수기를 받은 시점에서 장래의 깨달음이 확정되었으므로 단순한 유정도 아니다. 이리하여 그는 연등불 수기 이후 '깨달음 bodhi을 구하는 유정 satta'이자, '보리 bodhi를 얻을 것이 확정되어 있는 유정 satta'이라는 의미에서 '보살 bodhisatta/bodhisattva'이라 불리게 되었다. 이로 인해 자타카에서는 물론이거니와, 금생에서도 깨달음을 열 때까지의 붓다는 보살이라 불리게 되었는데, 이 보살관은 대승불교를 생각하는 데 있어 매우 중요한 역할을 하게 된다.

또한 불전은 붓다 입멸 후의 미래를 향해서도 확대된다. 윤회를 초월한 붓다의 생애가 사후의 미래로 이어진다는 것은 기이하게 들릴지도 모른다. 이것은 정법·상법 像法·말법이라는 불교의 종말론과 관련하여 설해지는 것으로, 스트롱에 의하면 말법의 세상, 미래불인 미륵의 출현에 앞서 세계에 흩어진 붓다의 유골이 붓다가야에 집결하여 32상을 갖춘 붓다의 상으로 결합되어 공중에서 쌍신변 雙神變을 나타내고 반열반한다고 설하는 팔리나 산스크리트 자료가 있다고 한다.[4]

그렇다면 마지막으로 학문적인 시점을 떠나 당시 불교도의 시선으로 불전을 정리해보자. 붓다는 먼 옛날, 연등불 밑에서 서원을 세우고 기별記別을 받아 보살로서의 수행을 시작하였다. 이후, 붓다는 생사를 반복하며 사람으로 또한 동물로 보시행 등의 여러 가지 행을 실천하였다. 드디어 금생에서 숫도다나왕과 마야사이에서 태어난 그는 35세에 깨달음을 얻고 80세에 반열반하였다. 그러나 육체는 멸해도 그의 유골은 계속 살아, 미륵불이 출현할 때까지는 붓다로서의 임무를 다하고 있는 것이다.

4.
불전이라는 창을 통해 본 대승경전

이상, 여기서는 '역사를 만든 붓다'를 일단 괄호 안에 넣어두고, 불교도가 진실미를 느끼고 전승해온 각 자료에서 볼 수 있는 불전의 최대 공약수를 제시하였다. 이것이 이른바 '역사가 만든 붓다'의 생애이다. 그런데 대승불교를 생각하는 데 있어 중요한 불전의 사건을 하나 든다면 그것은 '입멸', 즉 붓다가 이 세상에서 사라져버렸다는 사실일 것이다. 붓다가 위대했다면 위대했던 만큼 남겨진 불교도의 마음의 상처는 헤아릴 수 없을 만큼 클 것이다. 심정적으로 어딘가에서 붓다와 연결되어 있고 싶다, 어떤 관계를 유지하고 있고 싶다고 생각하는 것은 자연스러운 도리일 것이다. 즉, '유한한 붓다' 속에서 '영원한 붓다'를 발견하려는 시도, 환언하자면, 유한한 붓다에게 영원한 생명을 불어넣으려는 시도야말로 대승불교 탄생의 중요한 요인의 하나였다고 생각된다. 대승불교 흥기를 향한 시동은 붓다 입멸 시에 수면 밑에서 이미 시작하고 있었다고 할 수 있을 것이다.

그렇다면 다음으로 이상의 불전을 염두에 두고, 주요한 대승경전을 '불전'이라는 시점에서 고찰해보자. 여기서의 키워드는 붓다관, 보다 정확히 말하자면, 불신관이다. 불신관도 오랜 불교의 역사 속에서 다양한 전개를 보이며, 처음에는 색신(물질적인 體)·법신(진리라는 體)이라는 이신관, 그로부터 법신·보신(수행의 과보로서 획득된 體)·응신(교화의 대상인 유정에 응하여 임시로 化作된 體)이라는 삼신관도 생각되었다. 이들은 '역사를 만든 붓다'의 영원성을 모색하는 가운데 전개되어왔다고 보아도 좋다. 이미 지적한 바와 같이, 붓다는 80세의 생애를 마감하고 육체는 사라져 무로 돌아갔지만, 이 색신이라는 껍질에서 빠져 나오지 않는 한 붓다의 영원성은 확보할 수 없다. 그리하여 생각해낸 것이 '법신'이라는 사고방식이다.

즉, 육체는 사라져 없어지지만, 붓다가 발견한 법(진리)은 영원하며, 그 법을 신체로 삼는 것이 붓다라는 사고방식이다. 이러한 사고방식은 초기 경전에서 산견되는 '법을 보는 자는 붓다를 본다. 붓다를 보는 자는 법을 본다'라는 기술에 발단하지만, 대승경전에서는 이 점이 한층 비약된다. 붓다의 영원성을 구하는 한, 대승경전은 색신을 버리고 법신을 구하지 않을 수 없게 되는데, 같은 법신을 구해도 크게 나누어 두 가지 입장이 존재한다. 하나는 순수하게 법 그 자체를 추구하는 법 중심의 입장이며, 또 하나는 법신에 인격적인 내용을 보충하는 붓다 중심의 입장이다. 그렇다면 주요한 대승경전을 이 두 가지 입장으로 크게 나누고, 법 중심의 입장에서는 색신·법신의 이신관을, 또한 불 중심의 입장에서는 삼신관을 바탕으로 대승경전을 정리해보자.[5]

(1) 법 중심의 입장

『팔천송반야경』

대승불교의 키워드는 많이 있지만, '보살'과 '육바라밀'이 그 대표이며, 이를 주제로 한 경전이 반야경전이다. 또한 반야경전은 다른 대승경전보다 일찍이 성립하였으며, 이런 의미에서도 대승불교를 생각하는 데 있어 중요한 경전이라고 할 수 있다. 또한 한 마디로 반야경전이라 해도 다양한 『반야경』이 있는데, 여기서는 반야경전 중에서도 고층古層에 속하는 소품계 반야경의 『팔천송반야경』을 단서로 이 문제를 살펴보자.

우선, 『반야경』이 불전 중에서 초점을 맞춘 것은 연등불 밑에서 서원을 세우고 연등불로부터 기별을 받은 이후, 금생에서 깨달음을 얻을 때까지 붓다의 호칭이 된 '보살', 그리고 6년간의 수행 끝에 보리수 밑에서 깨달음을 얻고 획득한 '반야(지혜)', 이 둘이다. 특히 경전의 이름으로도 사용되고 있는 '반야'야말로 『반야경』의 편찬자가 부서져서 사라져 버리는 색신을 대신하는 것으로 발견한 붓다의 본질 그 자체(법신)이며, 그로 하여금 붓다답게 하는 요인이므로 그들이 붓다의 영원성을 여기서 구한 것도 무리는 아니다. 육체는 멸해도 붓다의 본질인 깨달음 및 그 결과 획득된 반야는 멸하는 일이 없다는 것이다.

따라서 『반야경』은 붓다를 색신으로 보는 것을 철저하게 부정한다. 그 일부분을 간단히 소개한다. 우선 제28장에서는 붓다가 아난다에게 "[이 반야바라밀]은 과거 · 미래 · 현재의 여래 · 아라한 · 정등각자의 법신에 다름 아니다."(AṢP 228.13-14)라고 설하여, 반야바라밀이 법신과 동일시되고 있는 점이 주목된다. 즉, 『팔천송반야경』에서는 법신이란 반야바라밀을 말하는 것이다. 그리고 제17장에서는 붓다가 수부티에게 "불·세존은 법을 신체로 하고 있는 것이다."(*ibid*. 168.31)라고 설하며, 또한 제31장에서는 다르모드가타 보살이 "여래는 색신으로 보아서는 안 되기 때문입니다. 여래는 법을 신체로 합니다." (*ibid*. 253.24-25)라고 설하는 장면도 있다.

제3장에서는 붓다가 가우시카에게 "가우시카야, 여래가 구체적 존재로서의 신체를 얻고 있다는 것은 지혜를 완성하는 선교방편으로 발생하고 있는 것이며, 일체지자의 지의 근거가 되고 있는 것이다. 왜냐하면 이 의지처에 의해 일체지자의 지가 현현하고, 붓다의 신체가 현현하며, 법의 신체가 현현하고, 승僧의 신체가 현현하는 것이다."(*ibid*. 29.13-16)라고 설하고 있는 점으로 보아도 본경이 붓다를 무상한 색신으로가 아닌, 불멸의 법신으로 이해하고자 하고 있음을 알 수 있다.

반야바라밀은 붓다의 육체만이 아닌 유골조차도 초월하는 것으로 자리매김 된다. 제4장에는 붓다의 유골과 반야바라밀을 비교하는 흥미 깊은 기술이 보이는데, 거기서는 붓다와 샤크라의 대화가 보인다. 여래의 유골로 가득 찬 염부제와 반야바라밀이 적힌 것 중 어느 것을 원하는가 라는 붓다의 질문에 샤크라는 반야바라밀을 선택한다. 그는 그 이유를 "반야바라밀이야말로 여래의 진정한 신체(유골)이기 때문입니다. 붓다 자신도 '붓다는 법신으로 이루어져 있으며, 색신을 붓다의 본체로 보아서는 안 된다.'라고 말씀하셨습니다. 그러나 저는 여래의 유골을 경시하지 않으며 존중합니다. 하지만 반야바라밀이 공양되면 여래의 유골도 공양된 것과 같습니다. 왜냐하면 유골은 반야바라밀에서 발생한 것이기 때문입니다(의역)."(*ibid*. 48.8-15)라고 설하고 있다.

『유마경』

『반야경』과 나란히 법신을 강조하는 경전은 『유마경』이다. 이것도 반야의 공을 설하며, 재가인 유마거사가 붓다의 고제高弟인 출가자를 꼼짝 못하게 하는 것으로 유명한 경전인데, 불신관에 관해서는 『반야경』과 동일한 이해를 보여준다. 예를 들어 제2장에서는 유마가 사람들에게 "벗이여, 여래의 신체란 법신을 말한다."(*VN* 70.2)라고 설법하고 있으며, 또한 제3장에서는 유마가 아난다에게 "대덕 아난다여, 여래[의 신체]는 법신이며, 먹거리로 길러지는 신체가 아닙니다. 여래는 세간을 초월한 신체를 지니고, 일체의 세간적인 성질을 초월하고 있습니다. 여래의 신체에는 통고痛苦가 없으며, 일체의 번뇌[漏]를 떠나 있으며, 여래의 신체는 무위로 모든 유위를 떠나 있습니다."(*VN* 132.2-5)라고 설하는 장면이 있다.

여래장계 경전

이어 여래장계 경전의 불신관을 보자. 여래장계 경전으로 『여래장경』 『부증불감경』 『승만경』 『대승열반경』 등을 들 수 있는데, 대략 이들 경전은 법신을 강조하여 여래장이 여래의 법신이며, 또한 여래의 법신은 불변이라고 설하여 여래와 법신을 동일시한다. 그런데 이에 멈추지 않고 여래장을 붓다만이 아닌 일체 유정도 가지고 있다고 설한다. 즉, 여기서는 법신인 여래장을 매개로 붓다와 일체 유정이 연결되며, 이 점에서 단지 법신을 강조하는 『반야경』이나 『유마경』과는 다른 여래장계 경전의 특징을 볼 수 있을 것이다.

(2) 붓다 중심의 입장

이상, 법 중시의 대승경전을 색신·법신의 이신관에서 개관해왔는데, 지금부터는 법신·응신·보신이라는 삼신관에 근거하여 붓다 중시의 대승경전을 음미하고자 한다. 이것은 이신설에서 생각된 영원불멸의 법신을 기반으로 이에 인격적인 내용을 더하여 법신이라는 추상적인 붓다가 아닌, 유정과 직접 관련된 구체적인 구제불로서 붓다를 파악해가는 점에 특징이 있다. 단, 그 전개 방법은 크게 둘로 나뉜다. 『법화경』으로 대표되는 바와 같은 응신의 방향과, 『무량수경』으로 대표되는 바와 같은 보신의 방향이다.

『법화경』

『법화경(묘법연화경)』의 불신관을 단적으로 보여주는 것은 뭐니 뭐니 해도 제16장 「여래수량품」이다. 우선 붓다는 세간사람들이 '세존 석가모니여래는 석가족의 집에서 출가하여 가야라는 이름의 대도성 근처에 있는 훌륭한 보리좌에 앉아 지금 [처음으로] 무상정등보리를 깨달으셨다.'라고 생각하고 있지만 그렇게 보아서는 안 되며, 자신이 무상정등보리를 깨달은 후 몇 백 천 코티·나유타의 많은 겁이 경과하였다고 설한다. 즉, 금생에서의 깨달음은 실은 방편이며, 실제로는 먼 옛날에 이미 깨닫고 있었다는 것이다. 이것이 '구원실성 久遠實成의 붓다'의 의미이다. 그리고 마지막 시송에서는 "그때도 나는 이 동일한 장소에서 열반에 들어간 것이 아니다. 비구들아, [열반에 들어 소멸했다고 보이는 것은] 나의 정교한 방편으로, 나는 인간 세상에 반복해서 몇 번이나 나타나는 것이다."라든가, "나의 수명은 길고, 무한한 겁의 길이가 있지만 [나는 그것을] 옛날에 수행하여 획득하였다."라고 설한다.

중국의 천태대사 지의智顗는『법화경』을 크게 둘로 나누고, 전반의 14품을 '적문迹門', 또한 지금 거론한 여래수량품을 포함한 후반의 14품을 '본문本門'이라 칭한다. 이 분류에 따르면, 전반의 적문은 붓다가 이 세상에 방편으로 임시로 출현하여 유정을 구제하는 것을 설하므로, 여기서는 삼신설의 응신설이 설해지고 있는 것이 된다. 또한 후반의 본문은 방편으로 임시로 출현한 적불迹佛을 초월하여 실재하는 구원실성의 본불을 명확히 하므로, 여기서는 삼신설의 법신설이 설해져 있다고 할 수 있다.

이처럼『법화경』에서는 법신이라는 추상적인 붓다가 아닌, 구체적인 상을 지닌 구제불로서 붓다를 파악하려는 것이 특징인데, 어디까지나 석가일불釋迦一佛에 집착한다는 점에서『법화경』은 이후 다룰『무량수경』과 다르다.『무량수경』이 '역사를 만든 붓다'에게 이별을 고하고 아미타불이라는 새로운 붓다에게서 구제를 발견한 데 비해,『법화경』은 어디까지나 교조 붓다에 집착하고 '역사를 만든 붓다'를 '구원실성의 붓다'로 재생시킨 점에서 의의를 찾을 수 있을 것이다.『법화경』은 아미타불이라는 타방불에 대해서도 언급하지만, 그 주역은 어디까지나 붓다이며, 여기에『법화경』의 진면목이 있다.[6]

『무량수경』

다음, 보신報身으로 방향을 바꾼 대승경전의 대표로『무량수경』에서 설하는 타방불 아미타불을 보자. 본래 불교는 '일세계일불론一世界一佛論'을 설하여, 하나의 세계에는 한 명의 붓다밖에 출현하지 않는다고 한다. 이 원칙에 묶여 있는 한, 동시에 많은 붓다가 존재한다고 하는 타방불 사상은 허용될 수 없는데, 불멸후 인도

불교는 '일세계일불론'이라는 원칙을 깨지 않고 타방불을 인정하는 것에 성공하였다. 이를 가능케 한 것이 세계관의 발전이다. 즉, 이 세계가 유일한 세계가 아닌, 이 외에도 세계가 있다고 생각하면, 동시에 복수의 붓다가 병립할 수 있게 된다. 이리하여 삼천대천세계라는 광대한 세계관에 근거하여 수많은 타방불이 설해지게 되었는데, 그중에서 가장 인기를 모은 것이 아미타불이다. 『법화경』이나 『화엄경』 등의 주요한 대승경전에 등장하는 것을 보아도 그 지명도가 높음을 알 수 있다. 그렇다면 이 아미타불이란 도대체 어떤 붓다이며, 또한 붓다와 어떤 관계에 있는가를 이하 생각해보자.

『무량수경』은 아미타불이 아미타불이 된 경위를 붓다가 설명하는 경전이라고 할 수 있다. 범본에 의하면, 시작은 연등불보다 70불佛 이상이나 전에 세자재왕불世自在王佛이라는 붓다가 출현한 시대로 거슬러 올라간다. 그때 법장法藏이라는 비구가 있었다고 하는데, 오래된 한역에서는 출가하기 전에 그는 국왕이었다고 한다. 법장은 세자재왕불 앞에서 48개의 서원을 세우고, 그 서원을 실현하기 위해 오래도록 수행에 힘쓴 결과 깨달음을 열어 아미타불이 되었다고 설명한다.

『무량수경』의 개요를 나타내면 다음과 같다. 이 이야기는 어떤 것과 닮지 않았을까? 후지타藤田가 이미 지적하고 있는 바와 같이, 수기는 설해져 있지 않지만 세자재왕불을 연등불로, 또한 법장보살을 석가보살로 바꾸어보면, 이는 붓다의 전기를 훌륭하게 탈바꿈시킨 것이다.[7] 법장비구가 '국왕'이라는 점도 붓다의 출신과 겹친다. 즉, 불전을 기반으로 '역사를 만든 붓다'를 무량한 광명과 무량한 수명을 지닌 붓다로 재해석한 것이 아미타불이라고 생각된다. 앞서 『법화경』의 해설 가운데 "『무량수경』이 '역사를 만든 붓다'에게 이별을 고하고 아미타불이라는 새로운 붓다에게서 구제를 발견하였다."라고 지적하였는데, 실은 아미타불도 그 본질은 붓다였던 것이다.

또한 『무량수경』이나 『아미타경』에서는 아미타불은 깨달음을 얻어 반열반한 것이 아닌, 서방의 백 천 코티·나유타번째의 불국토에서 지금도 설법하고 있다고 설하는데, 이것은 아미타불이 과거의 붓다가 아닌 지금도 극락국토에서 설법하는 현재불로서 우리들을 구제하는 존재임을 강조하고 있다. 이와 같은 기술은 반대로 '역사를 만든 붓다'가 입멸했을 때 불교도의 실의가 얼마나 컸는가를 말해준다고 할 수 있을 것이다. 그들은 진지하게 '지금 존재하는 나'와 관계가 있는 '지금 존재하는 붓다'를 필요로 한 것이다.

(3) 보살 중심의 입장

『욱가장자소문경』

다음으로 색신의 변종이기는 하지만, 붓다 중심과는 조금 다른 입장을 취하는 경전을 소개하고자 한다. 연등불 수기로부터 금생에서 깨달음을 얻기까지의 본생보살에 초점을 맞추고 이를 신앙하는 것이 아닌, 추체험 追體驗함으로써 자신 속에서 살려 '역사를 만든 붓다'를 재생시키려 시도한 대승경전이 있다. 그것은 『욱가장자소문경』이다. 여기서는 보살을 '재가보살'과 '출가보살'로 나누고 각 보살의 실천도를 설하는데, 재가 생활에는 과실이 많다고 하며 출가보살을 찬미한다. 그러나 가장 마지막에 붓다는 아난다에게 "욱가장자는 가정에 머물면서, 이 현겁 중에 실로 많은 유정을 교화할 것이다. 출가보살은 백 천겁 동안에도 그렇게 할 수 없다. 왜냐하면 아난다야, 이리하여 이 거사가 지닐 정도의 특성은 백 천명의 출가보살이라도 지닐 수 없기 때문이다."(대정11, p.480a)라고 설한다. 이것이 재가보살 일반을 칭찬하고 있는 것인지, 아니면 어쩌다 재가보살로서 욱가장자 한 사람을 칭찬하고 있는 것인지는 논의가 나뉠 것이다.

나티에는 이 경을 영역하여 'A few Good Men'(소수정예)이라는 제목을 붙였다.[8] 이에 따르면, 본경은 출가보살의 삶의 방식을 칭찬하고, 이를 붓다와 같은 수행의 엘리트만이 완수할 수 있는 실천도이며, 일반대중이 인내할 수 있는 것은 아니라는 점이 의식되고 있는데, 그 서명대로 출가보살이 '소수 a few'인가 아닌가는 본경을 읽은 것만으로는 즉시 판단하기 어렵다. 한편, 본경을 일역한 사쿠라베 櫻部는 "이 경전은 출가를 중시하고 있는 것처럼 보이지만, 욱가장자는 붓다에게서 이를 듣고도 출가하려 하지 않는다. 그는, 재가생활의 진구 塵垢 속에 있으면서 대비 大悲하기 때문에 감히 생사를 떠나지 않고 유정을 버리지 않는 대승보살이야말로 본경의 취지이다."라고 지적한다.[9] 어느 설을 취하든, 본생보살로서의 삶의 방식을 자신의 삶의 방식으로서 추체험하는 곳에 본경의 특징이 있음은 분명하다.

『십지경』

또한 보살 중심의 입장에서 지어진 경전으로 『십지경』을 들 수 있다. 본경은 원래 단경 單經으로 독립해 있었는데, 나중에 『화엄경』에 도입되어 그중 한 장을 구성하기에 이르렀다. 십지 十地란 보살이 깨달음에 이르기까지의 과정을 열 가지 단계로 나누어 설명한 것이다. 십지라고는 해도 본생의 십지·반야의 십지·화엄의 십지 등 몇 가지 전승이 있으며, 당초에는 본생의 십지, 즉 붓다의 긴 보살 시대를 열 단계로 나누어 설한 것이었던 것으로 생각된다. 이것을 화엄의 십지 등에서는 대승보살의 수행 단계에 포개어, 보살시대의 붓다를 추체험하여 자신도 깨달음을 얻는 것을 목적으로 하게 된 점이 특징이다.

(4) 삼매계의 경전

'삼매'라는 이름을 단 경전은 여럿 있지만, 이들 경전은 이상의 범주로는 단순히 분류할 수 없으며, 삼매의 위치를 부여하는 방법에 따라 다양한 의미를 지닌다. 예를 들어 『삼매왕경』은 '공사상'을 설하는 점에서 『반야경』과 공통되며, 불신관도 색신을 부정하고 법신을 강조한다. 법신 강조의 기술은 많이 보이지만, 여기서는 '여래의 신체 해명'을 장명章名으로 하는 제22장의 용례만을 소개한다. 붓다는 대고자對告者인 월광태자에게 "보살마하살은 여래를 색신으로 이해해서는 안 된다. 그것은 무슨 이유인가? 법을 신체로 하는 불·세존은 법신에서 현현한 것이지 색신에서 현현한 것은 아니기 때문이다."(*SR* 297.1-3)라고 설하고 있는데, 이 부분이 본경의 입장을 여실하게 말해준다.

다음으로 『수능엄삼매경』은 '수능엄삼매', 즉 '용감하게 행진하는 삼매 śūraṃgama-samādhi'를 강조하는 경전으로, 이 삼매에 '응신應身'을 위한 수단이라는 위치를 부여하고, 이 삼매에 들어감으로써 육체의 유한성을 초월한다고 설한다. 예를 들어, 붓다가 숫도다나왕의 궁전에서 보살로서 가정생활을 하고 있을 때에도 수능엄삼매에 들어가면 다른 세계에서는 붓다로서 법륜을 굴리고 있다고 설한다(대정 15, p.635a). 또한 다른 곳에서는 견의堅意보살이 붓다에게 "보살이었을 때 세존은 수능엄삼매에 들어가 어떤 자재신력을 보여주었습니까?"라는 질문을 하자, 붓다는 도솔천에서 강하하여 모태에 들어갔을 때부터 입멸하여 유골이 분배될 때까지의 불전을 설한 후 "보살들은 열반에 들어가는 것을 시현하지만, 실제로는 입멸한 것이 아니다. 이 삼천대천세계에서 자재신력을 발휘하여 기적을 보여주는 것이다." 라고 수능엄삼매를 설명하고 있다(同, p.640a-c). 또한 이에 이어 붓다가 과거세에 출현한 용종상 龍種上여래의 이야기를 대가섭에게 설하여 들려주는 장면이 있는데, 과거세의 용종상여래가 금생의 문수였다고 연결한다(同, p.640c). 문자대로 이해하면 여래가 윤회하고 있는 것이 되지만, 이것도 방편이 되는 것이다.

마지막으로 『반주삼매경』인데, 『반주삼매경』의 범본은 전해지지 않는다. 티벳역으로 보아 반주삼매의 원어는 '현재의 제불이 현전에 머무는 삼매 pratyutpanna-buddha-saṃmukha-avasthita-samādhi'로 추정된다. 이것은 수능엄삼매와는 다르며, 그 이름대로 반주삼매를 보신인 아미타불 및 시방제불을 만나기 위한 수단으로 평가한다. 따라서 본경의 불신관은 아미타불로 대표되는 보신설을 전제로 하고 있다고 생각할 수 있을 것이다.

이상, 주요한 대승경전을 법 중심의 입장과 불 중심의 입장의 둘로 나누어 정리해보았다. 이것은 편의적인 분류이며, 고정적인 것은 아니다. 두 가지 입장이 겹쳐, 하나의 경전이 복수의 성질을 겸하여 갖고 있는 것도 당연히 있을 수 있기 때문에 위의 분류에 구애될 필요는 없다.

5.
색신으로부터의 변용과 방편

이상, 불전이라는 시점에서 불신관을 중심으로 주요한 대승경전을 정리해보았다. 대승불교의 특징은 여러 가지 생각할 수 있지만, 본고에서는 이를 '붓다에게 고유한 속성의 일반화'라고 이해해둔다. 본래 '보살'은 연등불 수기 이래 금생에서 깨달음을 얻을 때까지의 붓다를 가리키는 호칭이었는데, 대승불교에 이르러서는 이것이 일반화하여 붓다 이외의 유정에게도 적용되는 호칭이 된다. 또한 '성불'도 이전의 불교에서는 붓다에게 허용되는 것으로 불제자조차도 붓다가 된다고는 설하지 않았지만, 대승불교에서는 이것이 일반화하고, 성불사상은 여래장사상에서 사상적 근거를 얻어 정점에 달한다. 또한 연등불 수기의 장면에서 설해지는 서원으로 대표되는 '구제하다'라는 속성도 초기경전에서는 붓다에게 고유한 속성이었지만, 대승경전에서는 '사홍서원'으로 대표되는 바와 같이 보살 일반의 서원으로 자리잡는다.

이렇게 보면 대승불교는 '역사를 만든 붓다'의 죽음과 함께 수면 밑에서 태동하기 시작하여, 이전의 붓다관을 일단 해체하여 재해석함으로써 유한한 붓다에게 무한한 생명을 불어넣고, 그 '무한한 붓다'와 '나'를 포개는 행위를 통해 탄생했다고도 생각할 수 있다. 그러기 위해서는 먼저 낡은 색신이라는 껍질을 벗어던지고, 법신을 핵으로 붓다를 재해석하고 붓다를 새롭게 재생시켜야 했다.

이처럼 대승불교가 색신을 포기하고 법신 속에서 새로운 방향성을 발견한 가운데, 이전의 불교는 여전히 색신을 기축으로 붓다관을 전개하였다. 색신이라 해도 불멸후에는 붓다의 신체 자체가 존재하지 않으므로 이를 대신하여 성유물聖遺物이 신앙의 대상이 된다. 성유물의 대표격은 유골을 모신 불탑이며, 이것이 중요한 역할을 했다고 생각된다. 그 한 예로서 당시 큰 세력을 과시했다고 생각되는 설일체유부의 사례를 소개해보자.

율 문헌에는 각 규정이 제정되기에 이른 인연담도 설해지는데, 『근본유부율』은 인연담의 양이 다른 율과 비교 불가능할 정도로 매우 많아 설화의 보고이다. 당시의 불교 신앙의 생생한 모습을 알기 위한 귀중한 자료라고 할 수 있다. 이 율에는 재가신자가 불탑을 향해 서원을 하는 이야기가 몇 가지 있는데, 그 경우 "그는 두 발에 엎드려 서원하였다."라는 표현이 산견된다. 얼핏 보면 불탑을 향해 서원하면서 '두 발에'라는 표현은 기묘하게 보일지 모르지만, 이것은 당시의 불교도에게 있어 불탑이 '색신의 붓다'로 기능하고 있었던 것, 환언하자면, 서원을 하는 불교도는 불탑을 살아 있는 붓다로 생각한 것(혹은 정말 그렇게 보고 있었던 것)을 말해준다. 또한 이 외에도 『근본유부율』에는 "불멸후에 불탑이 붓다를 대신하여 붓다로서의 의무를 다할 것이다."라든가 "살아 있는 붓다를 공양하는 것도 반열반한 붓다를 공양하는 것도 청정한 마음으로 똑같이 공양한다면, 그 복덕에는 차이가 없다."라고도 설한다.[10]

불탑 숭배는 대승불교에서도 설해지는 신앙이다. 하지만 같은 불탑 신앙이라도 대승불교의 불탑 숭배는 기존의 것과는 크게 다르다. 그것은 대승불교의 불탑 숭배는 내부에 모셔지는 것이 색신에 유래하는 '유골'이 아닌, 법신을 상징하는 '경전'이나 '연기송'인 점이다.[11] 불탑 신앙에도 색신을 부정하고 법신을 긍정하는 대승불교의 이념이 반영되고 있다고 볼 수 있다.

마지막으로 이전의 붓다관을 변용시키는 데 있어 중요한 역할을 한 사상을 하나

지적해두자. 그것은 '방편 upāya' 혹은 '선교방편 upāya-kauśalya'이다. 이 용어 자체는 초기 경전에서도 볼 수 있지만, 대승경전에서는 특별한 의미를 가지고 빈번하게 사용된다. 『법화경』으로 대표되는 바와 같이, 이것은 유정을 깨달음으로 인도하는 '정교한 방도'라는 뜻인데, 이전의 붓다를 새롭게 재생시키기 위해서는 참신한 사상적 재해석이 필요해지며, 또한 이것이 없으면 붓다를 새롭게 재생시키는 것은 불가능했음에 틀림없다. 즉, 이 재해석의 방법이 '방편'이라는 사상이며, 이것에 의해서야말로 대담한 해석도 가능해진다.

불전에서 방편에 관한 흥미로운 두 가지 사례를 소개해두자. 그것은 '악의 재해석'이라고 해도 좋을 것이다. '번뇌즉보리'나 '생사즉열반'으로 대표되는 바와 같이, 대승불교는 좋은 것도 나쁜 것도 함께 소화해내는 성질이 있어 악도 다시 해석되어 교리화되어 간다. 이미 지적한 바와 같이, 불전에서 악명 높은 인물은 파승 破僧을 도모한 데바닷타와 천 명의 목숨을 뺏은 것으로 유명한 앙굴리마라이다. 데바닷타는 파승을 도모한, 당연히 지옥에 떨어질 극악인으로 초기경전 곳곳에서 등장하지만, 대승경전의 『법화경』은 그에게 '붓다의 선지식'이라는 위치를 부여하고, 그 덕분에 붓다는 육바라밀을 완성하고 32상 80종호를 성취할 수 있었다고 설하기에 이른다. 한편, 대승경전의 『앙굴마라경 央掘摩羅經』에서는 앙굴리마라가 저지른 살인 등의 악업도 모두 유정을 교화하기 위한 환영이며, 그는 남쪽에 있는 '일체보장엄국 一切寶莊嚴國'에서 '일체세간락견상정진여래 一切世間樂見上精進如來'가 되어 있다고 설하기에 이른다. 이처럼 대승불교에서는 붓다관뿐만 아니라, 방편사상에 근거하여 초기경전에서 설하는 설화까지 재해석하고 있는 것이다.[12]

6. 맺음말

본 장에서는 먼저 '붓다의 역사성'을 재고하고, 아무리 자료를 음미하며 학문적으로 고찰해도 역사적 붓다의 규명은 거의 불가능하다는 점을 지적하였다. 그리하여 붓다를 '역사를 만든 붓다'와 '역사가 만든 붓다'의 둘로 나누고, '역사를 만든 붓다'는 괄호 안에 넣어둔 채 접근 가능한 '역사가 만든 붓다'의 불전을 소개하였다. 여기서는 여러 가지 자료의 비교 고찰 결과 얻을 수 있는 최대 공약수적인 불전을 제시하였다. 앞서 역사적 붓다의 규명은 거의 불가능하다고 지적했는데, 만약 붓다가 역사적 인물이었다면 우리들과 똑같이 죽을 수밖에 없는 운명이며, 그 육체는 이 세상에서 사라져 간다는 점만은 '역사적 사실'로 간주할 수 있다.

대승불교의 기원은 '역사를 만든 붓다'의 입멸이라는 역사적 사실을 시작으로 하며, '유한한 붓다' 속에서 '영원한 붓다'를 발견하려는 시도가 대승불교 흥기의 한 요인이라고 서술하였다. 그런데 실은 기존의 불교도 불탑에 모신 유골로 대표되는 성유물을 색신으로서의 붓다 그 자체로 이해하고, 거기서 붓다의 영원성을 추구하였다. 설일체유부 계통의 불탑에 대한 기술이나, 미래불인 미륵이 출현하기에 앞서 붓다의 유골이 32상을 갖춘 붓다의 상과 결합하여 공중에서 쌍신변을 나타낸 후 다시 반열반한다는 전승은 불멸후 이들에게 있어서는 색신의 연장인 유골이 '살아 있는 붓다'로서 현재도 여전히 지속적으로 존재하고 있다는 증거가 될 것이다.

스트롱의 연구에 의하면, 상좌부계 불교에서는 유골을 중심으로 머리카락이나 손톱이나 치아, 발우나 보리수와 같은 성유물이 지금도 중요한 역할을 하고 있음을 알 수 있는데,[13] 이처럼 기존의 불교는 그 영원성을 어디까지나 유골이라는 색신의 틀 안에 한정한데 비해, 대승불교도는 유한한 색신을 포기하고, 유골조차도 배제하고, 불변의 법신에서 활로를 구하였다. 그것이 『반야경』이자, 『유마경』의 입장이다. 또한 여래장계의 경전은 법신의 강조에 더하여 여래장을 법신으로 파악하고, 이를 일체유정도 공유하고 있다고 설함으로써 일체유정의 성불 가능성을 고양하였다.

또한 똑같은 법신이라도 거기에 인격적 내용을 더하여 교조 붓다의 영원성을 응신으로 강조한 것이 『법화경』이다. 이에 비해, 연등불 수기로 시작하여 금생에서 깨달음을 얻은 붓다를 모델로 하여 이에 무량수와 무량광의 성격을 부여하고, 보신으로서 아미타불을 선양한 것이 『무량수경』이나 『아미타경』이라고 할 수 있을 것이다. 또한 연등불 수기로부터 금생에서 깨달음을 열기까지의 붓다, 즉 본생 보살의 삶의 방식에 공감하여 자신을 대승의 보살로 자리매김하고, 추체험 형의 길을 선택한 것이 『욱가장자소문경』이나 『십지경』 등의 경전이다. 여기서는 붓다와 똑같은 길을 걸음으로써 자신의 내부에서 붓다를 체감하고 재생시키고자 한, 경건하고도 진지한 불교도의 모습을 엿볼 수 있다.

유한한 붓다의 색신 및 그 연장선상에 있는 유골에 진실미를 느낄 수 없었던 대승불교도는 방편 사상을 구사하고, 자신들의 진실미에 맞는 새로운 붓다상을 기라성처럼 탄생시켰다. 기성의 붓다관에 만족할 수 없었던 그들은 거기에 모두 담을 수 없게 된 붓다를 변용시키지 않을 수 없었던 것이다. 여기에 '역사가 만든 붓다'라는 오래된 상은 해체되고 갱신되어 재생하고, 불교사에 새로운 한 걸음이 새겨졌다. 미래를 향해서도 '역사를 만든 붓다'는 '역사가 만든 붓다'를 통해 재해석되고, 각 시대나 지역의 불교도의 진실미에 부응하면서 변용을 반복해갔음에 틀림없다.

1 시모다도 이와 동일한 시점에 서서 '역사적 붓다'를 '역사와 함께 한다는 의미에서의 역사적 붓다'로 재 파악하고 있다. 下田正弘, 「〈物語られるブッダ〉の復活－歷史學としての佛敎學を再考する」(『佛敎とジャイナ敎(長崎法潤博士古稀記念論集』, 2005, pp.357-379).

2 並木浩一, 「リベラル·アーツとキリスト敎－キリスト敎概論をどう敎えているか」(寺崎昌男 (他) 編 『ICU 〈リベラル·アーツ〉 のすべて (シリーズ敎養敎育改革ドキュメント 2)』, 東信堂 (2002), pp.127-143)를 참조.

3 平川彰, 『初期大乘佛敎の硏究(平川彰著作集第三卷)』(1989), pp.262-274.

4 J. S. Strong, *The Buddha: A Short Biography,* Oxford (2001), p.148

5 선행연구로는 竹內紹晃, 「佛陀觀の變遷」, 平川彰(他) 편, 「講座大乘佛敎 I」, 『大乘佛敎とは何か』 (1981), pp.153-181.

6 또한 법화경의 구성 자체가 불전의 줄거리에 근거하고 있다는 점은 최근 연구에서 지적하였다. 平岡聰, 「法華經に成立に關する新たな視点－その筋書·配役·情報源は?」, 『印度學佛敎學硏究』 59-1 (2010), pp.143-151을 참조.

7 藤田宏達, 『原始淨土思想の硏究』(1970), pp.349-352.

8 J. Nattier, *A Few Good Men: The Bodhisattva Path according to The Inquiry of Ugra: Ugraparipṛcchā*, Honolulu (2002).

9 櫻部建, 『大乘佛典 9 寶積部經典』(1980), pp.349-350.

10 平岡聰, 「色身として機能するブッダのアイコン－佛塔を巡る說一切有部の律と論との齟齬」, 『櫻部建博士喜壽記念論集－初期佛敎からアビダルマへ』(2002), pp.185-198.

11 下田正弘, 『涅槃經の硏究－大乘經典の硏究方法試論』(1997), pp.143-151을 참조.

12 平岡聰, 「アングリマーラの(言い訳)－不合理な現實の合理的理解」, 『佛敎學セミナー』 87 (2008), pp.1-28을 참조.

13 J. S. Strong, *Relics of the Buddha,* Princeton (2004).

약호

AṢP

Aṣṭasāhasrikāprajñāpāramitā with Haribhadra's Commentary Called Ālokā (Buddhist Sanskrit Texts 4), ed. P. L. Vaidya, Darbhanga (1960).

SR

Samādhirājasūtra: Gilgit Manuscripts, Vol. II, Part 2, ed. N. Dutt, Calcutta (1953).

VN

Vimalakīrtinirdeśa: Transliterated sanskrit Text Collated with Tibetan and Chinese Translations, ed. Study Group on Buddhist Sanskrit Literature: The Institute for Comprehensive Studies of Buddhism, Taisho University, Tokyo (2004).

대정

대정신수대장경.

제5장

상좌부불교와 대승불교

바바 노리히사

1.
머리말

상좌부 Theravāda란 남아시아 각지에서 다양하게 전개한 불교 가운데 스리랑카를 본거지로 발전한 부파이다. 인도 본토에서 번영한 대중부나 정량부 등의 다른 부파가 결국 소멸한 것에 비해, 상좌부는 스리랑카에서 동남아시아 대륙부로 확대하며 삼장과 그 주석 전체를 지금도 전하고 있는 유일한 부파로서 현재도 그 명맥을 유지하고 있다. 근대 이후에는 동아시아나 티벳의 대승불교와 구별하여 '상좌부불교 Theravāda Buddhism'라 불리게 되었다.

현존하는 상좌부불교는 대승경전을 불전으로 인정하지 않고, 대승 특유의 불·보살을 숭배하지 않는다. 이러한 사정도 있어서일까, "상좌부는 대승 성립 이전의 전통적인 불교인 데 비해, 대승은 이를 비판하며 일어난 새로운 불교 운동이다."라고 양자를 카톨릭과 프로테스탄트처럼 신구 대립의 도식으로 이해하는 설명이 종종 이루어지지만, 상좌부의 역사를 돌아보면, 정정할 여지가 상당히 있다고 해야 한다. 한 마디로 상좌부라 해도 중세까지 대승을 겸학兼學한 상좌부도 번영하고 있었으며, 현재 스리랑카와 동남아시아 대륙부에서 볼 수 있는 상좌부불교에 대승의 특징이 발견되지 않는 것은 승단 개혁에 의해 반反 대승파가 대승파를 이긴 결과이기 때문이다.

물론 오늘날의 상좌부불교도 실제로 현지 조사를 해보면 그 다양성에 놀라게 되지만, 이는 대승 배척파가 상좌부를 통일한 후에 각지의 문화·풍속과 융합해서 태어난 다양성이지, 대승을 공식적으로 인정해서 생겨난 다양성은 아니다. 어디까지나 일단 대승을 부정한 후에 상좌부가 다양화했음에 불과한 것이다. 근현대에 한정하여 상좌부불교와 대승불교를 비교하는 한, 양자는 완전히 다른 불교라는 결론에 이르는 것은 당연할 것이다.

본고는 상좌부와 대승의 관계를 재고하기 위해 상좌부를 일단 현대로부터 분리하고 고대·중세 남아시아의 문맥에서 다시 파악해보고자 한다. 고대·중세로 거슬러 올라가 양자의 관계를 검토해보면, 우리들이 지금까지 전제로 삼아 온 틀을 바꾸어야 한다는 사실을 알게 될 것이다.

2.
부파와 대승의 관계

불멸후, 남아시아 각지로 전개한 불교 승단에서 부파nikāya라 불리는 일종의 집단이 차례로 생겨났다. 부파가 언제 성립했는지는 잘 모르지만, 비문이나 사본에서 보는 한 1, 2세기경부터 대중부, 설일체유부, 법장부라는 부파 명이 나타나기 시작하므로 늦어도 이 시기까지는 성립하고 있었을 것이다. 부파가 어느 정도 조직적으로 기능하고 있었는지도 잘 모르지만, 비문에서는 종종 출가자가 어떤 부파에 소속하고 있는지에 대해 언급하고 있으므로 구성원에게 일정한 귀속 의식을 갖게 하는 집단 혹은 전승 계통이었다고 생각된다. 고대 남아시아의 불교승단에는 이러한 의미에서의 부파가 복수 병립하고 있으며, 상좌부는 그 가운데 한 파로 출발한 것이다.

상좌부도 수많은 부파 가운데 하나인 이상, 상좌부와 대승의 관계에 논의의 초점을 맞추기 전에 대승과 부파의 관계를 고찰해보고자 한다. 이 작업을 진행함에 있어 중국에서 인도로 가서 현지의 불교를 직접 목격했던 중국승의 증언을 실마리로 해서 어디까지나 편의적이지만 대승을 특정하는 기준을 설정해보고자 한다.

7세기에 인도에서 배운 의정 義淨(635-713)에 의하면 "만약 보살을 예배하고 대승경전을 독송하면 이를 대[승]이라 칭한다. 이것을 하지 않으면 소[승]이라 부른다."라고 기술하고, "이른바 대승이란 두 종류에 불과하다. 하나는 중관[파], 또 하나는 유가[행파]이다."라고 설한다.[1] 또한 5세기에 인도에 간 법현 法顯(339-420)에 의하면 "대승의 사람은 반야바라밀, 문수[보살], 관세음[보살] 등을 공양한다."라고 기술한다.[2] 이들 증언에서 '대승'을 특정하는 기준으로 ①대승경전의 독송, ②대승의 학파(중관파나 유가행유식파)에의 소속, ③대승 특유의 불·보살(아미타불·관음보살 등)에 대한 숭배라는 세 가지를 들 수 있다.

이 세 가지 특정 방법 가운데 우선 첫째로 '대승경전'에 관해 근년 주목할 만한 연구가 연이어 발표되고 있다. 1세기부터 3세기경에 걸쳐 작성된 간다라 사본이 90년대 중반 경부터 연달아 발견되고, 그 곳에서 부파 문헌과 더불어 대승경전으로 생각되는 사본이 차례로 나타나고 있는 것이다. 이들 간다라 사본의 조사 결과에 근거하여 마크 아론과 리챠드 살로몬은 잠정적이라고 보류하면서도 대승불전은 1, 2세기부터 존재하였고, 주류불교 Mainstream Buddhism와 공존하고 있었으며, 대중부를 포함한 제 부파 속에 있었다고 결론짓고 있다.[3] 대승의 발생을 1, 2세기라고 상정하면 대승불전은 발흥기부터 부파의 사람들에 의해 전승되고 있었던 것이 된다. 재가신자가 대승불전을 서사하여 호지하고 있었던 경우도 있었을 것이므로 모든 대승불전이 부파 내부에서 전승되었다고 할 수는 없다 하더라도 같은 장소에서 대중부 문헌과 대승경전 사본이 발견된 이상, 대승경전은 부파 내부에서 전승되고 있었다고 생각된다.

이러한 상정은 초기대승문헌뿐만 아니라 후대의 자료에서도 지지된다. 7, 8세기에 아발로키타브라타가 지은 『반야등론』에 대한 주석서에 의하면, 『반야경』은 안드라지방에서 번영한 대중부계의 동산부 東山部나 서산부 西山部에서 수용되고 있었다.[4] 또한 14, 5세기에 편찬된 팔리 문헌 *Nikāyasaṃgrahawa*에 의하면, 『보적경』은 안다카파(안드라지방의 부파)에 의해 편찬되었다.[5] 이들 기술이 사실 史實인가 아닌가는 차치하고라도 남아시아에서 대승경전이 부파로부터 독립하여 유통하고 있었다고는 생각되고 있지 않았음을 잘 보여준다.

둘째로 '대승의 학파'에 속한 논사들은 각각 부파의 수계 전통[戒統]에 속하고 있었다. 유식 사상의 대성자인 바수반두(세친), 중관파의 논사이자 티벳에 계를 전한 샨타락시타는 설일체유부의 수계 전통을 이어받고 있었다. 논리학으로 이름을 떨친 디그나가는 독자부에서 출가했다고 생각된다.[6] 『구사론』이나 유식 논서의 한역자인 파라마르타(진제)는 정량부의 율 문헌인 『율이십이명료론』을 번역했기 때문에 필시 계에 관해서는 정량부에 속하고 있었을 것이다.[7] 또한 11세기에 티벳에 전도한 아티샤는 대중부계의 계승자였다.

법현이 대중부율(『마하승기율』)의 원본을 대승의 사원에서 얻었으므로,[8] 대승의 사람들도 부파의 율을 전승하고 있었음을 알 수 있다.[9] 밀교 문헌인 『의례강요 *Kriyāsaṃgraha*』의 출가 작법은 밀교의 출가자가 어떤 부파에 소속하는 것을 전제로 하고 있다.[10] 또한 대승에 독자적인 율이 없었던 것도 대승의 출가자가 각각 전통적인 부파의 율에 따라 생활하고 있었음을 보여주는 증거가 될 것이다.

셋째로 '대승의 불·보살에 대한 숭배'에 관해서는 어떠한가. 이주형은 관음 등의 대승 보살상을 특정 지운 후, 이에 근거하여 간다라 지방에는 전통적인 부파의 승원에 대승의 보살상이 상당히 많이 있었다고 논한다.[11] 그의 설은 앞으로 더 많은 자료에 의해 다각적으로 검토되어야 하겠지만, 대중부의 문헌 *Sphuṭārthā Śrīghanācārasaṃgrahaṭīkā*에 문수사리에 대한 귀의나 삼신설이 설해지므로,[12] 문헌자료로부터도 부파(이 경우에는 대중부) 내부에서 대승의 불·보살이 숭배되고 있었던 상황을 엿볼 수 있다.

이상 세 가지 점의 검토를 통해 명확한 바와 같이, 대승과 부파는 상호 배타적인 관계는 아니었다. 대승경전은 대승의 초창기부터 전통부파에서 유통되고, 대승의 출가자는 부파의 수계 전통을 받았으며, 부파 내부에서도 대승의 불·보살은 신앙되고 있었다. 의정이 '네 개의 부파[13] 사이에서 대승과 소승의 구분은 명확하지 않다.'[14]라고 기술한 바와 같이 대승은 전통부파의 외부에 교단을 만든 것이 아닌, 그 내부에서 활동했다고 생각된다. 적어도 대중부 등 몇몇 부파 속에서 대승을 믿는 사람들이 활동하고 있었음은 틀림없다.[15]

단, 여기서 부언해두어야 할 점이 있다. 부파 내부에 대승이 존재했다는 것은 반드시 부파 전체가 대승을 용인하고 있었다는 의미는 아니다. 어디까지나 부파 내부에 대승의 거처가 있었다는 것이다. 적지 않은 대승불전이 스스로 증언하는 바와 같이, 대승을 엄격하게 비판하는 불교도가 존재하고 있었기 때문에 이러한 주장이 부파 내부에 있었던 것은 의심할 여지가 없다. 실제로 설일체유부의 논서인 『아비달마의 등화(燈火 *Abhidharmadīpa*)』는 대승불전은 삼장 밖에 있다고 단언하고 있다.[16] 즉, 제 부파의 내부에는 대승신자와 대승비판자 양쪽이 공존하고 있었던 것이다. 모든 부파에 양쪽이 공존하고 있었는지 어떤지는 모른다. 대승을 인정하지 않는 입장에서 일치단결한 부파도 존재했을지 모르며, 반대로 대승 일색이 된 부파도 존재했을지 모른다. 여하튼 대승신자와 대승비판자 양쪽이 소속하는 부파가 복수 존재하고 있었던 것이다.

중세 스리랑카에서의 상좌부와 대승의 관계 또한 위에서 서술한 바와 같은 남아시아에서의 여러 부파와 대승의 관계와 거의 동일하였다. 스리랑카의 상좌부에도 대승을 수용하는 사람들과 대승을 배척하는 사람들 양쪽이 존재한 것이다. 7세기 전반에 인도 각지를 순례하였던 현장(602-664)은 스리랑카의 상좌부에 두 파가 있으며, 대사파 大寺派가 대승을 배척하고 무외산사파 無畏山寺派가 대승과 상좌부를 겸학하고 있다고 보고하고 있다.[17] 12세기경에 상좌부 대사파의 시점에서 스리랑카 역사를 정리한 『小史 *Cūḷavaṃsa*』는 스리랑카의 상좌부에 대사파(Mahāvihāravāsin 大寺住者), 무외산사파(Abhayagirivihāravāsin 無畏山寺住),[18] 기타림사파(Jetavanīya 祇多林寺派 기타림[사]에 속하는 자)의 세 파가 있으며, 무외산사파와 기타림사파는 베툴라장 Vetullapiṭaka 등의 비불설을 전하고 있었다고 기술한다.[19] 팔리 문헌에서 '베툴라 Vetulla'란 대승을 가리키는 말[20]임으로 베툴라장이란 대승경전 또는 그 집성일 것이다. 즉, 문헌자료로부터 판단한다면 같은 상좌부에 친 대승과 반 대승 양쪽이 병존하고 있었던 것이며, 다른 부파와 공통된 상황을 확인할 수 있는 것이다.

3.
스리랑카의 대승불전

스리랑카의 상좌부 속에도 대승을 수용한 지파가 있었다고 한다면, 그 대승의 실태는 어떠한 것이었을까? 무외산사파도 기타림사파도 사라져 버린 이상, 이 물음을 명확히 할 가장 확실한 단서는 고고학적 자료이다. 고고학적 자료로부터 스리랑카에 유통하고 있었다고 단정할 수 있는 대승불전으로 이하 ①~④의 문헌을 들 수 있다.

①『이만오천송반야경』

1982년 12월 18일, 아누라다푸라의 기타림사 터에서 황금판에 서사된 7장의 사본이 발견되었다. 언어는 9세기경의 싱할라문자로 기록된 산스크리트이다. 그 후 곧 오스카 폰 힌위버와 야마구치 山口務에 의해 이 황금 사본은『이만오천송반야경 *Pañcaviṃśatisāhasrikā Prajñāpāramitā*』이라는 것이 명확해졌다.[21]『반야경』에는 사다프라루디타보살의 이야기가 들어가 있는데, 누각의 중앙에 황금판에 서사된『반야경』이 담겨져 있었다고 한다. 스리랑카의『반야경』황금 사본은 다름 아닌『반야경』의 지시대로 작성된 것이다.

만약『이만오천송반야경』전체가 황금 사본으로 되어 있었다고 한다면, 100폴리오 folio 이상이었을 것이다. 국가의 관여 없이 이 정도의 황금 사본을 준비할 수 있었다고 생각하기는 어렵기 때문에, 9세기경에 대승이 스리랑카 왕실의 원조를 받고 있었을 가능성이 높다. 다음 항의 동판 문서에서도『이만오천송반야경』의 인용문으로 볼 수 있는 것이 있어,[22] 『반야경』이 스리랑카에서 널리 지지를 받고 있었음을 엿볼 수 있다.

『반야경』에는 석존의 교설을 들은 많은 천자들이 환희하며 "우리들은 제2의 전법륜을 보고 있다."라고 찬탄하는 부분이 있다.[23] 초전법륜[과 그것으로 대표되는 『아함경』]에 대해 『반야경』을 제2의 전법륜으로 자리매김하고 있는 것이다. 이 발언은 전법륜이 시작하는 일도 끝나는 일도 없다고 설하는 석존에 의해 곧바로 부정되지만, 천자들의 입을 빌려 『아함경』에 대한 대항 의식을 선명히 보여주는 본경이 대사파의 반감을 샀으리라는 점은 상상하기 어렵지 않다.

② 『보적경』(「가섭품」)

8, 9세기의 동판 문서에서 『이만오천송반야경』과 더불어 『보적경』에 수록된 『가섭품 *Kāśyapaparivarta*』의 인용문으로 볼 수 있는 것이 발견되었다.[24] 이에 의해 스리랑카에서 『가섭품』이 유통되고 있었다고 단정할 수 있다. 본경은 2세기에 로카쉐마(지루가참)에 의해 한역되었으므로, 2세기 이전에 성립한 초기대승경전 가운데 하나이다.

대승의 초창기부터 대승경전을 불설로 간주해야 하는가 아닌가에 관한 논의가 있었던 것 같은데, 본경은 "보살인 자는 들은 적이 없는 경전이라고 해서 자신의 판단에 근거하여 함부로 거부해서는 안 되며, 자신의 각지覺知가 미치지 않는 것에 관해서는 여래만이 증인이라 생각하고, 우선은 듣고 배워 선을 지향해야 한다."라는 취지를 설하고 있다.[25] 부파의 전통적인 경전이 아니므로 불교도에게 있어서도 대승경전은 들은 적이 없지만, 이 때문에 대승경전을 거부하는 일 없이 배우도록 권장하고 있는 것이다.

이와 관련하여 흥미로운 것은 14세기에 편찬된 대사파의 문헌에서 '비불설'로 『보적[경] *Ratanakūṭa*』을 거론하고 있는 점이다.[26] 인도 문헌에서 『보적경』이 언급되는 경우는 『가섭품』을 가리키므로,[27] 대사파에서 불설이 아니라고 배척하고 있는 것은 다름 아닌 『가섭품』이다. 요컨대 들은 적이 없는 경전을 거부하지 말라고 설하는 『가섭품』이 비문에서 인용되는 한편, 대사파 문헌에서는 '비불설'로 비판된다. 스리랑카에서 지지파와 배척파 양쪽이 명확하게 확인되는 경전인 것이다.

③ 『삼신찬 三身讚』

아누라다푸라 근교의 미힌탈레에 있는 비문에 『삼신찬 *Kāyatrayastotra*』에서의 인용이 확인된다.[28] 비문은 7, 8세기에 작성되었다고 추측되며, 산스크리트 운문으로 기록되어 있다. 『삼신찬』이란 불신에 법신·보신·화신의 삼신이 있음을 설하는 대승 문헌이다. 상좌부 대사파에서도 색신과 법신은 설해지지만, 삼신설은 설해지지 않으므로 그 사상적 입장을 크게 달리 한다.

④ 『보협인경 寶篋印經』

1940년부터 45년에 걸쳐 무외산사 터에서 화강암으로 만들어진 8개의 명판 銘板이 발견되었다. 8개 중 두 개의 명판에 새겨진 9세기경 서체의 산스크리트문은 완결된 다라니문으로 알려져 있었는데, 발견 후 반세기 가까이 지나서 그레고리 쇼펜에 의해 『일체여래심비밀전신사리보협인다라니경(一切如來心秘密全身舍利寶篋印多羅尼經 *Sarvatathāgatādhiṣṭhānahṛdayaguhyadhātukaraṇḍamudra-nāma-dhāraṇī-sūtra*)』, 통칭 『보협인경』 속의 다라니라는 점이 밝혀졌다.[29] 본문 전체는 티벳역과 한역에서 회수할 수 있는 대승경전이다.

여기서 명기해두어야 할 것은, 이 경전이 불공 不空(705-774)에 의해 한역되었다는 점이다(대정 1022번). 불공은 8세기 중반 경에 스리랑카에 유학했기 때문에, 그가 스리랑카에서 본경을 입수하여 귀국 후 한역했을 가능성은 상당히 높다. 일본에는 9세기 초엽에 구카이 空海가 가지고 왔으며, 이어 엔닌 円仁, 엔친 円珍이 청래 請來하였다.[30] 본경이 스리랑카로부터 중국을 거쳐 일본에 전해지는 데 불과 100년도 걸리지 않았다는 것이다.

이 경전은 불탑 또는 불상 속에 본경을 두도록 권장하기 때문에, 불탑이나 불상의 제작과 관련하여 크게 지지되었다. 5대 10국 시대의 중국에서 불교의 부흥에 힘을 쏟은 오월국왕 吳越國王, 전홍숙 錢弘俶(재위 948-978)은 아쇼카왕을 모방하여 8만 4천의 불탑을 만들고, 그 속에 본경을 모셨다고 한다.[31] 또한 12세기 가마쿠라 鎌倉 시대의 일본에서 많은 불상의 태내에 본경의 사본이 모셔졌다. 헤이케 平家의 군세에 의해 잿더미로 변한 도다이지 東大寺 대불전을 부흥한 조겐 重源은 새로운 대불의 태내에 본경을 모시고, 대불사 大佛師인 운케이 運慶는 간죠우쥬인 願成就院의 부동명왕이동자상 不動明王二童子像·비사문천상, 도다이지 남대문의 인왕상, 고후쿠지 興福寺 호쿠엔도 北円堂의 미륵여래상에 본경을 모셨다.[32] 스리랑카에서 가져온 『보협인경』은 일본미술사에도 큰 족적을 남기고 있다.

이상과 같이 중세의 스리랑카에는 『보적경』(『가섭품』)과 같은 초기대승불전에서부터 『보협인경』과 같은 밀교경전에 이르기까지 다양한 대승불전이 유통하고 있었다. 특히 무외산사 터와 기타림사 터에서 출토된 고고학적 자료에서 대승불전의 존재가 확인된 것은 큰 의의를 지닌다. 무외산사와 기타림사에서 대승이 허용되고 있었음이 문헌 자료(현장의 기록이나 대사파 문헌)와 고고학적 자료 양쪽에 의해 뒷받침된 것이다. 스리랑카의 비문에서는 관음보살이나 문수보살에 대한 언급이 확인되며, 실제로 관음보살상도 수없이 많이 발견되고 있다.[33] 무외산사와 기타림사를 주요 거점으로 하여 대승의 저변은 스리랑카의 넓은 지역에 미치고 있었던 것이다.

4.
상좌부 대사파의 대승 비판

상좌부 대사파가 전한 팔리 문헌 속에는 대승과의 유사성을 상기시키는 내용이 적지 않다. 예를 들어, 경장 소품에 수록된 한 경인 『비유 *Apadāna*』 제1편 Buddhāpadāna은 대승적 요소가 강하다는 점이 지적되고 있다.[34] 팔리주석 문헌에는 종종 대승 특유의 것으로 일컬어지는 십선업도계 dasakusalakammapathasīla[35]나 회향 pariṇāma[36]을 발견할 수 있다. 또한 팔리주석 문헌에 빈출하는 정형적인 경전 해석법 suttanikkhepa은 대승 『열반경』 사법품 四法品의 틀을 이루는 사법과 완전히 같은 네 항목으로 이루어져 있다.[37] 또한 담미팔라가 지은 『소행장주(所行藏註 *Cariyāpiṭakaṭṭhakathā*)』에는 『보살지 *Bodhisattvabhūmi*』와 거의 동일한 몇 개의 문장이 인용되고 있다.[38]

그러나 지금까지의 연구에서는 대승불전과 대사파 문헌 양쪽에서 유사 또는 동일한 개념이나 내용이 존재한다는 지적에 멈추고 있다. 팔리 문헌에 대승경전을 불설로 인정하는 언설이 존재하지 않는다는 점을 아울러 추측해본다면, 대승불전과 유사한 대사파 문헌의 내용은 새로운 시대의 문학적·사상적 경향을 대승과 공유한 결과로 생각하는 편이 좋을 것 같다.

한편, 대승의 학파나 대승불전을 비판하는 문장은 대사파 문헌에서 복수의 예가 확인된다. 본 절에서는 대승을 비판하는 문장을 제시하며 대사파에 의한 대승비판을 검토해보고자 한다.

불생불멸연기론에 대한 비판

『청정도론』에 대한 주석서이자, 담마팔라가 지은 『제일의보함第一義寶函』은 "어떤 종류의 사람들은 '불생, 불멸 anuppādaṃ anirodhaṃ 등'에 의해 연기의 의미를 잘못 파악한다."[39]라고 기술한다. 이것은 『청정도론』의 영역자인 냐나몰리비구가 지적한 바와 같이 『중론』 서두의 '불멸, 불생 anirodham anutpādam' 등 8항목의 부정적 표현에 의한 연기의 설시와 어휘가 합치한다.[40] 단, 와타나베渡邊가 지적하는 바와 같이,[41] 팔불八不의 연기설은 『일만팔천송』이나 『이만오천송』의 반야경전에도 등장하므로 여기서는 이들 경전 자체가 제시하는 해석에 대해 언급하고 있는 것일 가능성도 있다. 『반야경』에서의 팔불 연기는 『중론』의 영향으로 생각되므로,[42] 『제일의보함』이 비판적으로 언급하고 있는 것은 그러한 『반야경』의 전승자도 포함한 『중론』 내지 그 학통으로 연결되는 논사들의 해석이라고 생각할 수 있을 것이다.

유식파에 대한 비판

『중부주中部註』에 『중부』 제130「천사경 Devadūtasutta」에서 중생이 선행에 의해 천계·사람 속에 태어나고, 악행에 의해 아귀·축생·지옥에 태어나는 것을 설명하는 부분이 있다. 여기서 옥졸들이 염마 閻魔에게 악행을 행한 중생을 데려간다는 한 문장이 있는데, 『중부주』는 '옥졸'에 관해 주석하기를 "어떤 장로들은 '옥졸들이라는 것은 존재하지 않으며, 꼭두각시 인형과 같은 [자]가 있어 그들에게 [죄인의] 여러 업에 대한 징벌을 실행시키고 있는 것이다.'라고 기술하고 있다."라고 설하며, '어떤 장로들'의 견해를 부정한다. 『중부주』에 대한 주석인 『중부복주』에서는 "'어떤 장로들'이란 안다카파 등이나 유식파 Viññānavādin에 관해 설한다."라고 해설하고 있다. 실제로 『유식이십론』은 옥졸이 실재하지 않는다고 설한다. 요컨대 『중부복주』가 편찬된 시대가 되면 상좌부 대사파는 옥졸은 존재하지 않는다고 주장하는 유식파를 가리켜 비판하고 있었던 것이다.[43]

대승경전·탄트라문헌에 대한 비판

5세기 전반에 편찬된 대사파 문헌이 보여주는 '비불설'의 리스트에는 대승경전인 『앙굴리마라경』 『호국존자소문경』과 매우 유사한 문헌명 *Aṅgulimālapiṭaka, Rāṣṭrapālagajjita*이 거론된다. 게다가 이와 함께 거론되는 「베툴라장(베달라장)」은 필시 대승경전 또는 그 집성을 가리키는 말이다.[44]

14세기경에 편찬된 대사파 문헌에서는 5세기보다 한층 많은 문헌이 '비불설'로 거론된다.[45] 초기대승경전 가운데 하나인 『보적경』도 그중 하나로 거론되고 있으며, 대승경전이 비판의 표적이 되고 있었음은 틀림없다. 또한 이 '비불설'의 리스트에는 수많은 탄트라 문헌이 거론되고 있다. 팔리어에 의한 그들 문헌명(*Māyājālatanta, Mahāsamayatatva, Tatvasaṅgaha, Bhūtaḍāmara, Vajjāmata, Cakkasaṃvara, etc.*)은 모두 실재하는 탄트라 문헌의 산스크리트명(*Māyājālatantra, Mahāsamayatattva, Tattvasaṅgraha, Bhūtaḍāmara, Vajrāmṛta, Cakrasaṃvara, etc.*)과 합치한다.[46]

상좌부 대사파의 사람들은 이들 탄트라문헌을 직접 보고 비판한 것일까, 아니면 이름만 알고 있었던 것에 불과한 것일까? 타라상 등의 밀교적 상像이 스리랑카에서 발견되고 있는 것,[47] 또한 '비불설'의 리스트에 등장하는 문헌 가운데 다음 ①과 ②가 아마도 스리랑카에 존재했을 것이라는 점을 고려한다면, 일련의 탄트라문헌은 밀교도에 의해 스리랑카에서 유통하고 있었을 가능성이 높다.

① 『진실섭경 眞實攝經』(『금강정경』)

『탓트바 상그라하 *Tattvasaṅgraha*』라는 제목 명을 지닌 불전에는 샨타락시타의 작품인 『진실강요』와 밀교경전인 『진실섭경』(한역은 『金剛頂一切如來眞實攝大乘現證大教王經』, 이하 통칭인 『금강정경』을 사용한다)이 있다. 난다세나 무디얀세는 전자를 '비불설'의 리스트에 들어가는 문헌이라고 추정했지만,[48] 『진실강요』는 애초에 논사 개인의 저작이지 불설의 체재를 갖춘 텍스트는 아니므로 일부러 '비불설'이라고 부정할 필요는 없다. 다음에 서술하는 이유를 고려한다면, 여기서 언급되고 있는 것은 『금강정경』이다.

우선, 본경은 『보협인경』을 번역한 불공에 의해 한역되었다. 774년, 불공不空의 사후 얼마 지나지 않아서 세워진 「대광지삼장화상지비 大廣智三藏和上之碑」에 의하면, 개원開元 29(741)년에 불공은 제자들을 데리고 스리랑카로 건너가 보현아사리 밑에서 배우고 「십팔회금강정유가법문 十八會金剛頂瑜伽法門」(『금강정경』)과 「비로자나대비태장 毘盧遮那大悲胎藏」(『대일경』) 등 '오백여 부'를 가지고 천보天寶 6(747)

년에 귀국했다고 한다.[49] 이 자료에 의하면 『금강정경』이 늦어도 8세기 중반 경에는 스리랑카에 존재하고 있었으며, 불공이 그것을 중국에 가지고 와서 한역한 것이 될 것이다. 새삼 언급할 필요도 없이 일본에는 구카이空海가 가져왔으며, 『대일경』과 함께 진언종의 소의 경전이 되었다

또한 스리랑카에서 온 바즈라바르만 Vajravarman 금강대아사리가 『금강정경』의 석釋 탄트라의 하나인 『일체악취청정탄트라 *Sarvadurgatipariśodana Tantra*』에 대해 지은 주석서가 티벳역으로 남아 있다.[50] 팔리 문헌, 한역 자료, 티벳 자료 모두가 스리랑카와 『금강정경』을 연관시키고 있는 것으로 보아 본경은 스리랑카에 존재하였다고 생각된다.

② 『차크라 삼바라』

『차크라 삼바라 *Cakrasaṃvara*』는 티벳 최대의 종파인 겔룩파에서 '무상요가 탄트라'로 평가되는 문헌이다. 겔룩파에서는 대승을 바라밀승과 금강승의 두 가지로 분류하며, 전자보다 후자가 상위이다. 또한 금강승은 네 단계로 분류되는데, 그중 최종 단계가 무상요가 탄트라이다. 즉, 본 서는 수많은 불전 중에서도 최고위로 분류되고 있다고 할 수 있을 것이다.

이 『차크라 삼바라』에 대해 자야바드라 Jayabhadra라는 스리랑카 승려가 주석서와 관련된 의례서 세 권을 편찬하고 있으며, 그 티벳역이 남아 있다.[51] 팔리 문헌과 티벳 문헌 양쪽에서 스리랑카와 『차크라 삼바라』의 깊은 관계를 확인할 수 있다.

이상과 같이, 상좌부 대사파에서 비판받고 있는 유식파는 대승의 학파이며, '비

불설'이라는 『보적경』은 대승경전이므로, 대사파가 대승을 비판하고 있었던 것은 의심할 여지가 없다. 또한 대사파는 『금강정경』이나 『차크라 삼바라』 등의 탄트라 문헌도 '비불설'이라 간주하여 부정하였다. 현장으로부터 '대승을 배척한다.'고 평가된 대사파의 사상적 입장을 여기서 명확히 확인할 수 있다.

5.
상좌부 개혁의 길

대승파와 반 대승파로 나뉘어져 있던 상좌부도 결국에는 후자가 전자를 압도한다. 문헌이나 고고학적 자료에서 얻어진 상좌부의 정보를 시간적 순서에 따라 정리함으로써 다른 부파와 마찬가지로 대승이 혼재하고 있었던 상좌부가 종교 개혁을 이루어 변모하는 과정을 조망해보고자 한다.

① 상좌부의 성립(3, 4세기)

역사상 최초로 '상좌부'라는 호칭이 등장하는 문헌은 스리랑카의 사서인 『도사 島史 *Dīpavaṃsa*』이다. 『도사』는 불멸후 얼마 지나지 않아 열린 제1결집에서 아라한에 도달한 '오백 명의 상좌(장로)들에 의한 법과 율의 집약(결집)'이 '상좌설 Theravāda 이라 불린다.'라고 기술하고,[52] 상좌설을 전승하는 상좌부 Theravāda로부터 대중부나 설일체유부 등의 제 부파가 분열하였다고 설명한다. '상좌부'라고 자칭한 스리랑카의 불교는 제 부파 속에서 제1결집에 의한 정통적인 불설의 계승자로 자신을 자리

매김한 것이다. 『도사』에 수록된 제1결집 기사가 언제 작성되었는가, 구체적인 것은 알 수 없다. 필시 『도사』 이전에 이미 구두 전승으로 존재하고 있었을 것으로 추측되는데, 그 시기는 특정할 수 없으며 『도사』의 편찬자가 작성했을 가능성도 완전히 배제할 수는 없다. 여하튼 늦어도 4세기에 스리랑카의 불교도들이 상좌부를 자처하기 시작한 것은 틀림없다.

인도 동안東岸 크리슈나 강가에 있는 나가르주나콘다에는 스리랑카의 상좌부 또는 상좌부 대사파에 속하는 사원의 존재를 보여주는 3, 4세기의 비문이 있기 때문에, 이 시기에는 스리랑카 상좌부가 인도 본토에 진출하고 있음을 알 수 있었다.[53] 인도 본토에서 번영한 설일체유부 등의 부파가 고고학적 자료나 사본에 등장하는 것은 1,2 세기인데 비해, 상좌부는 좀 늦은 3, 4세기까지 내려오므로 필시 이 후발 부파가 불교 발상지로부터 보면 변경의 땅인 스리랑카에서 인도 본토로 진출했을 때에 자신의 정통성을 주장하기 위해 상좌부는 제1결집의 불설에 유래한다고 주장하기 시작한 것이리라.

『도사』는 붓다가 생전에 스리랑카를 내방來訪했다고 기술하며,[54] 제3결집과 관련해서는 서인도에서 활약하고 있던 고승 목갈리풋타 팃사를 아쇼카왕의 스승으로 하고,[55] 스리랑카에 불교를 전래한 마힌다의 경우에는 목갈리풋타 팃사의 제자가 된 아쇼카왕의 왕자로 묘사한다.[56] 상좌부는 자신이 불교의 정통임을 널리 인정받기 위해 인도 본토의 여러 권위(붓다, 아쇼카왕, 목갈리풋타 팃사)와 스리랑카를 교묘하게 연결시키고, 상좌부를 불교의 정통으로 삼는 역사를 만들어낸 것이다.

② 대사파 교학의 확립(5세기)

상좌부 대사파의 학승인 붓다고사는 430년 전후에 스리랑카에서 『청정도론』이나 4니카야에 대한 주석 문헌을 편찬하였다. 상좌부 대사파에서 가장 권위 있는 학승으로 존경받게 된 붓다고사는 무외산사파의 『해탈도론』을 바탕으로 하면서 이를 비판하여 『청정도론』을 편찬하고, 대사파의 기본 교학을 수립하였다. 이에 의해 같은 상좌부에서도 다른 파와는 다른 대사파의 독자적인 교학 체계가 완성된 것이다. 또한 그는 '모든 붓다의 말'을 정의하여 팔리 삼장의 구성을 명시하고, 이에 들어가지 않는 경전은 '비불설'로 부정하였다. 구성과 범위가 규정된 문헌의 일람표라는 의미에서의 정전正典이 상좌부 대사파에서 확립된 것은 이때이다.[57]

붓다고사 작품의 서문에 의하면, 그는 스리랑카에 오기 이전에 남인도 동안東岸의 여러 지역에 체재하고 있었다.[58] 3, 4세기, 남인도에 상좌부 대사파의 거점이 있었다는 점을 고려한다면, 붓다고사도 그러한 남인도의 거점 가운데 하나에서 지냈으며, 대사파의 네트워크를 거쳐 스리랑카로 건너 왔다고 생각된다. 붓다고사를 이어 주석문헌을 지은 붓다닷타나 담마팔라는 대사파의 전통에 속하면서 남인도에서 집필 활동을 했다.[59] 주석가들의 활동 장소를 보아도 상좌부 대사파가 스리랑카를 본거지로 하면서 인도 본토(특히 남인도의 東岸)에서 발전하고 있었다는 사실을 알 수 있다.

근년의 연구 성과에 의하면, 대승은 하나의 기원에서 생겨나 확산·전개된 것이 아니라, 당초부터 확산해서 존재하고 있었던 것이며, 아상가(무착)나 바수반두(세친)들이 활약한 4, 5세기 이후, 대승에 대한 이념적 변명이 표면화하여 대승이 고유명사로 이해되고, 그 본질이 규정되어 운동이 단일화해가게 되었다.[60] 붓다고사는

'대승'이라는 말을 언급하고 있지 않기 때문에 고유명사로서의 '대승'을 몰랐던지, 의도적으로 사용하지 않은 것이리라. 그러나 그는 팔리삼장에 수록되어 있지 않은 수많은 불전을 비불설이라 부르고 있기 때문에, 불전이 다양하게 발생한 상황을 인식하고 있었다고 생각해도 좋다. 게다가 비불설의 리스트에는 대승을 가리키는 말이 붙여진 베툴라장(베달라장)이 포함되어 있기 때문에 붓다고사는 어떤 종류의 대승불전을 염두에 두고 비판하고 있었을 가능성이 높다.[61] 정전을 확립한 상좌부 대사파는 불전이 다양하게 확산·전개하고 있던 남아시아에서 다른 계통의 불전을 배척하는 방향으로 나아간 것이다.

③ 대승파와 반反대승파(7~9세기)

7세기에 인도를 방문하여 갠지스 강 유역에서 동쪽 언덕을 따라 남하하여 서쪽 언덕을 북상한 현장은 동인도의 사마타타 三摩呾吒국, 남인도의 드라비다 達羅毘荼국을 '상좌부'가 퍼져 있는 지역이라 기술하고, 나아가 남인도의 칼링가 羯餕伽국, 싱할라(僧伽羅 스리랑카)국, 발캇차파 跋祿羯呫婆국이나 서인도의 수라슈타 蘇剌侘국 등은 '대승상좌부'[62] 지역이라 기술하고 있다. 현장보다 약간 후대인 7세기 후반에 인도를 방문한 의정도 『남해기귀내법전』에서 남인도와 스리랑카는 오로지 상좌부라고 증언하고 있다.[63]

인도 본토의 상좌부가 스리랑카를 본거지로 삼고 있는 증거는 복수 있지만 그 반대는 확인할 수 없으므로, 현장이나 의정이 견문한 인도 본토의 '상좌부' '대승상좌부'는 스리랑카를 본거지로 하는 상좌부라고 보아야 한다. 필시 인도의 동안과 서안을 묶는 교역에서 활약하고 있던 상인들의 지원을 받아, 그들의 배에 타고 해안 지역의 여러 도시를 포교한 것이리라. 늦어도 3, 4세기에 시작된 인도 본토에의 진출은 7세기에는 상당히 광범위하게 확대되었다. 상좌부는 이른바 바다의 종교로서 인도의 동안·서안의 여러 지역으로 전개하였던 것이다.

그 결과로서 스리랑카의 상좌부가 인도 본토의 다른 불교와도 교류하고, 인도의 대승불전이 상좌부로 유입되었다 해도 이상할 것은 없다. 스리랑카의 상좌부 세 파 가운데 두 파인 무외산사와 기타림사는 대승을 배우고 있었다. 두 절터에서 각각 9세기경의 대승경전이 출토되고, 스리랑카 각지에서 7세기부터 9세기의 관음보살상이 많이 발견되고 있는 것으로 보아, 이 시기의 스리랑카에서 대승이 번영하고 있었다는 것을 알 수 있다. 마찬가지로 인도 본토에서 '대승상좌부'라고 현장이 기록하고 있는 지역은 대승 신앙이 성행하였을 것이다. 『대당서역기』 권8에는 보드가야에 있었던 상좌부의 거점인 마하보리승가람에서 대승상좌부가 배우고 있었다고 하는데, 이 지역에서 스리랑카의 대승 출가자를 보여주는 6, 7세기의 명문이 출토하고 있어,[64] 현장의 기술이 옳다는 것이 증명되었다.

또한 스리랑카에서는 대승에서 더 발전한 밀교도 존재하였다. 불공은 8세기에 중국에서 스리랑카로 건너와 보현아사리라는 스승 밑에서 밀교를 배우고 중국에 『보협인경』, 『금강정경』 등의 밀교 문헌을 가지고 갔다. 스리랑카의 밀교행자가 『금강정경』이나 『차크라 삼바라』라는 탄트라 문헌에 관한 작품을 집필한 일이나 타라상 등의 밀교 관련 상들이 숭배되고 있던 것도 스리랑카에 밀교가 존재했음을 보여준다.

이러한 상황과 달리 대사파는 '대승을 배척하였다'. 5세기에 팔리 정전을 확정한 상좌부 대사파는 팔리 정전에 포함되지 않는 대승경전을 불설로 인정하지 않았다. '대승을 배척하였다'는 것은 그 필연적 결과라고 할 수 있을 것이다.[65] 7세기부터 9세기에 걸쳐 스리랑카를 본거지로 인도의 양 기슭에 퍼져 있던 상좌부에는 대승파와 반 대승파가 병존하는 상황이 이어지고 있었던 것이다.

④ 상좌부 개혁(12세기)

9세기 중반경에 남인도에서 촐라왕조가 대두하면서 이 지역의 정치 상황이 크게 변하여 스리랑카와 촐라왕조 사이에서 장기간의 적대 관계가 이어졌다. 스리랑카는 촐라왕조에 북부를 점령당해 버리는데, 비자야바후 1세(재위 1055-1110)는 촐라왕조의 세력을 국내에서 일소하고 스리랑카를 통일하여 수도를 폴론나루와로 정했다. 비자야바후 1세 사후, 잠시 분열 상태가 이어진 스리랑카를 재통일한 팔라쿠라마바후 1세(재위 1153-1186)는 저수지나 운하를 만들고 사회제도의 정비에 진력하여 중세 스리랑카는 최전성기를 맞이한다.

촐라왕조의 왕들은 시바교의 장대한 석조사원을 건설하고, 시바교를 열심히 지원하고 있었다. 촐라왕조와 오랫동안 적대 관계에 있던 스리랑카에서 상좌부의 출가자들이 남인도로 포교에 나서는 것은 쉽지 않은 일이었을 것으로 생각된다. 필시 이러한 상황에서 인도 본토에 전개되고 있던 상좌부는 서서히 세력을 잃었고 촐라왕조 후반기에 불교는 쇠퇴하였다.

한편, 스리랑카에서는 염원의 스리랑카 통일을 완수한 팔라쿠라마바후 1세가 불교 승단의 통일도 실현하였다. 대사, 무외산사, 기타림사라는 세 파를 화합시켰는데, 실상은 대사파에 의한 통일이었다. 왕은 처음에 대사파의 비구들에게 계를 지키도록 하여 화합시키고, 파계자는 환속시켰다. 이에 비해 무외산사와 기타림사의 비구에게는 그대로 비구의 상태를 유지하는 것을 인정하지 않고 환속시키던가 사미로 격하하였다.[66] 사미는 비구의 감독 하에 놓이는 일종의 견습생이며, 승단의 정식 구성원이 아니므로 세 파의 승단 화합은 사실상 대사파로의 일원화였던 것이다. 그 결과, 무외산사나 기타림사를 본거지로 활동해온 대승불교는 스리랑카에서 모습을 감추고,[67] 상좌부 대사파는 스리랑카에서 유일한 불교가 되었다.

6.
결론

상좌부 개혁 후, 스리랑카의 불교는 동남아시아 대륙부의 종교 지도를 크게 바꾸게 된다. 15세기에 막을 연 대교역시대에 동남아시아 대륙부의 각지에서 성립한 여러 왕권은 대사파 일색이 된 스리랑카의 상좌부를 도입하고 상좌부 대사파를 기축으로 문화·제도를 정비해 간 것이다.[68] 대승에 대해 배타적인 태도를 명확히 한 상좌부 대사파가 이 지역의 중심적 종교가 된 역사적 영향은 매우 컸다.

중세의 동남아시아에서는 관음보살상이 수없이 많이 숭배되고 있었다.[69] 관음보살은 대승의 독자적인 보살이므로, 이는 동남아시아에 대승불교가 퍼져 있었음을 의미한다. 그런데 국가의 주도에 의해 상좌부 대사파가 도입되면서, 대승불교도 [적어도 표면상으로는] 사라져 버렸다. 말하자면, 스리랑카의 상좌부 개혁을 추체험하듯이 동남아시아 각국에서 종교 개혁이 일어난 것이다.

흥미로운 것은 이러한 개혁이 한번으로 끝나지 않았다는 점이다. 스리랑카에서도 미얀마에서도 태국에서도 타국으로부터 몇 번이나 상좌부 대사파의 수계 전통을 도입하여 불교계의 쇄신을 도모하고 있다. 근대가 되면 태국의 라마 4세(1804-1868), 미얀마의 레디장로(1846-1923), 스리랑카의 아나가리카 다르마팔라(1864-1933)라는 사람들이 불교의 개혁 운동을 추진하였다. 상좌부 개혁은 각지에서 반복되고 그 때마다 상좌부불교는 새로운 모습으로 되살아난 것이다.

---

1 『南海寄歸內法傳』"若禮菩薩讀大乘經, 名之爲大. 不行斯事, 號之爲小." "所云大乘無過二種. 一則中觀. 二乃瑜伽."(대정54, 205c)

2 『법현전』"摩訶衍人則供養般若波羅蜜, 文殊師利, 觀世音等."(대정51, 859b)

3 Allon & Salomon[2010].

4 下田[1997: 255, 587-588].

5 Mudiyanse[1969: 17-18]. 본 장 제3절에서 소개하는 바와 같이 『반야경』과 『보적경』 모두 스리랑카로 전해졌다. 두 경이 스리랑카와 가깝고 교역도 성행했던 안드라 지방에서 유통하고 있었다는 점은 흥미롭다.

6 Cf. Funayama[2010: 147, note 20].

7 Cf. Funayama[2010: 147-148].

8 대정51, 864b.

9 법장부의 율인 『사분율』에는 '대승을 취하고자 한다.'라는 표현이 네 번 반복되어 일종의 '대승화'가 확인되므로, 대승의 전승자 또는 번역자에 의해 이러한 요소가 삽입되었을 가능성이 높다(대정22, 912ab).

10 種村[1994].

11 Rhi[2006]. 간다라에 있어서의 대승의 불상, 보살상 연구에 관해서는 宮治昭의 공헌이 매우 크다. 宮治[1996: 220-224]; [2011: 120-158, 460-500]을 참조.

12 平川[1989: 61-63]를 참조.

13 당시, 인도불교의 주요한 부파였던 근본설일체유부, 정량부, 대중부, 상좌부를 가리킨다.

14 『남해기귀내법전』"四部之中, 大乘小乘區分不定."(대정54, 205c)

15 Bechert[1973]는 주로 승단 운영 방법을 논거로 대승이 특정한 한 부파로 형성되었다는 설에 의혹을 표명하고, 대승의 출가자와 비대승의 출가자가 같은 승단의례에 참가할 수 있었다고 지적하고 있다.

16 三友[2007: 204-228]를 참조.

17 대정51, 934a.

18 무외산사(Abhayagirivihāravāsin)의 무외(Abhaya)란 기원전 1세기에 이 사원을 세운 밧타가마니 아바야왕(Vaṭṭagāmaṇī Abhaya)에 유래한다.

19 *Cūlavaṃsa*, Chap. 78, vv.20-23, pp.425-426.

20 Bechert[1977: 361]. 5세기경에 성립했다고 (전통적으로는 붓다고사가 지었다고) 생각되는 『논사주』에서는 vetullaka가 종종 비판되고 있으며, 그중 한 군데(*Kathāvatthupakaraṇa-aṭṭhakathā*, p.168)에서 vetullaka가 '大空性論者(mahāsuññatavādir.)'라 불리고 있다(단, suññata를 puñña로 하는 異讀이 있음). vetulla와 그 산스크리트 어형인 vaitulya는 대승측에서도 반 대승측에서도 대승과 동의어로 사용된다. 대승의 『아비달마잡집론』『석궤론』은 vaipulya(方廣), vaitulya(無比), vaidalya(廣破) 모두 대승의 동의어라고 한다(堀内[2009: 39-45]). 또한 대승을 비판하는 『아비달마의 등화』(三友[2007: 204-228])에서도 vaitulika는 분명 대승을 가리키고 있는데, '이단'이라는 부정적인 의미로 사용되고 있다. 吉元[1984: 291-305]를 참조.

21 von Hinüber[1983]; 山口務[1984].

22 *Epigraphia Zeylanica*, vol.3, pp.199-212.

23 藤田[2005-06: 4-6]가 해당 부분의 원문, 일본어역, 적절한 해설을 정리하고 있다.

24 *Epigraphia Zeylanica*, vol.4, pp.238-242. Cf. Mudiyanse[1969: 90-92].

25 藤田[2006: 49].

26 *Sārasaṅgaha*, p.46.

27 Pedersen[1980].

28 *Epigraphia Zeylanica*, vol.4, pp.242-246. Cf. Mudiyanse[1969: 89-90].

29 Schopen[1982].

30 『御請來目錄』(대정장55, 1061a), 『入唐新求聖教目錄』(대정55, 1079c), 『智證大師請來目錄』(대정55, 1103b).

31 『불조통기』권10(대정49, 206c)을 참조.

32 平岡[1990: 76-82].

33 森[2008]를 참조.

34 Bechert[1977]는 *Buddhāpadāna*에 관해, 스리랑카가 다른 계통의 전승에 개방적이었던 시대에 편찬된 대승경전일 것으로 추정한다.

35 藤本[2003].

36 Hayashi[1999].

37 下田[2000].

38 藤本[2006].

39 *Paramatthamañjūsā* III, pp.239-240.

40 Nāṇamoli[1975: 829-830, note 6].

41 渡辺[1986: 44-46].

42 渡辺[1986: 46]에 의하면, "『반야경』을 증광할 때, 『중론』의 귀경게를 알고 있던 어떤 경전 작자가 이 연기를 서술하는 문맥에서 '팔불의 게'를 도입하여 개변한 것이라고 추정된다."고 한다.

43 森[1993].

44 *Samantapāsādikā*, vol.4, pp.742-743; *Sāratthapakāsinī*, vol.2, p.201. 단, vetullapiṭaka의 부분이 전자에서는 vedaḷha-, 異讀이 vedalla-이며, 후자에서는 vetulla-, 이독이 vedalla-이다. 모두 vedalla-라는 이독이 있는 점, 붓다고사의 다른 작품(*Sumaṅgalavilāsinī*, vol.2, p.566; *Manorathapūranī*, vol.3, p.160)에서도 vedallapiṭaka라고 되어 있는 점으로 보아, 원래 vedalla-라고 하던 것이 후대에 팔리어에서 멸칭으로 사용하는 vetulla(이단)로 변화했다고 생각된다. vedalla(skt: vaidalya)는 9분교의 하나인데, 대승불전에서는 대승을 가리키는 말로 사용되었으므로 대사파에서 비불설로 간주되고 있는 vedallapiṭaka 역시 일종의 대승불전을 가리키고 있었다고 생각된다. 나가르쥬나(용수)의 저작인 *Vaidalyaprakaraṇa*를 가리키고 있었을 가능성도 있을 것이다. 본고의 주 20)을 참조.

45 *Sārasaṅgaha*, p.46. Cf. Mudiyanse[1969: 16-19].

46 Mudiyanse[1969: 8-10, 17]가 지적하는 바와 같이, 14, 5세기에 작성된 역사서(*Nikāyasaṅgrahawa*)에 '금강승(Vajrayāna)'을 가리킨다고 생각되는 '금강산주부(Vajiraparvatavāsin)'가 비불설의 탄트라 문헌을 편찬한 일이나, 세나왕 1세(재위 833-853)가 '금강설(Vājiriyavāda)'에 귀의한 일이 설해진다. 森[2007]에 의하면, 이 역사서는 12세기에 편찬된 역사서(*Cūḷavaṃsa*)와 비교하여 분명 후대에 개서된 내용이 두드러져 별로 신용할 수 없지만, 스리랑카에 밀교(금강승)가 존재한 것을 시사해준다는 점에서 흥미롭다.

47 森[2008]을 참조.

48 Mudiyanse[1969: 17].

49 대정52, 848c.

50 사카[2002: 1, 2, 14].

51 Skilling[1993: 179].

52 馬場[2006: 215-217]를 참조.

53 静谷[1978: 43-44, 242]를 참조.

54 題名에 스리랑카(Laṅkhā 능가)를 거론하며 스리랑카에서 붓다가 경을 설했다는 장면을 설정하고 있는 『능가경』이라는 대승경전은, 붓다가 공중을 날아 来島했다는 『도사』에 언급된 전설에 근거하여 작성되었다고 생각된다. 따라서 『능가경』의 원제(Laṅkhāvatāra)는 『랑카섬에의

[붓다]의 강림』이라고 번역될 수 있을 것이다.

55 山崎[1979: 103-153].

56 山崎[1979: 155-211].

57 붓다고사의 사상에 관해서는 졸저(馬場[2008])에서 붓다고사 작품의 분석에 근거하여 상세히 논하였다.

58 森[1984: 506-509].

59 森[1984: 530-548].

60 Shimoda[2009].

61 스리랑카의 역사서에서는 『대사』의 보할리카 팃사왕(재위 214-236) 부분에서 처음 베툴라설에 대한 언급이 나타난다(*Mahāvaṃsa* Ch. 36, v.41; p.484). 또한 『소사』의 악가보디 1세(재위 575-608년) 부분에 "그때 조티팔라카라는 한 명의 대장로가 [스리랑카] 섬에서 베툴라 설자들을 토론으로 제압하였다."(*Cūḷavaṃsa* Ch. 42, v.35: p.51)라는 기술이 있다.

62 季[1994]에 의하면, 현장이 말하는 '대승상좌부'란 대승과 상좌부를 겸학하는 것을 의미한다.

63 "南面則咸遵上座. 餘部少存. (중략) 師子洲並皆上座, 而大衆斥焉."(대정54, 205b)

64 静谷[1978: 246-247]. 스리랑카의 사서인 『도사』『대사』에 의하면 4세기에 스리랑카의 메가반나왕이 보드가야의 가람을 정비하였다고 한다.

65 티벳의 학승인 타라나타의 『인도불교사』에 의하면, 팔라왕조의 제2대인 다르마팔라왕(재위 770-810) 시대에 스리랑카 등에서 온 신두의 성문들이 보드가야에서 "이것은 마라가 만든 것이다(불설이 아니다)."라고 하며 탄트라문헌(사본)을 연료로 태워버리고, 헤르카신상을 파괴했다고 한다. Cf. Sanderson[2009: 239-240].

66 *Cūḷavaṃsa* Chap.78, vv.1-27, pp.424-426.

67 Skilling[1993: 179-180]에 의하면, 11세기에 스리랑카에서 온 여성 요가행자인 찬드라말라(Candramālā)는 탄트라문헌을 티벳어로 번역하고 있다. 이 시기까지 스리랑카에서 탄트라행자가 배출되고 있었던 것이다.

68 동남아시아에서 상좌부 대사파의 확대에 관해서는 森[2011]가 상세하다.

69 Chutiwongs[1984]는 동남아시아의 관음상에 관해 총체적으로 논하고 있다.

약호

대정 = 대정신수대장경

팔리 문헌은 이하의 것 외에는 모두 Pali Text Society 판을 사용하였다.

Epigraphia Zeylanica, vol.1-4, 1912-1943, Oxford University Press.

Paramatthamañjūsā, vol.1-3, 1925-1927, Thai Royal Edition.

참고문헌

가츠모토 카렌(勝本華蓮)

2003 「十善業道という戒－『チャリヤーピタカ アッタカター』の用例」,『印度學佛教學研究』 제52권 제1호, pp.41-43.

2006 「*Cariyāpiṭakaṭṭhakathā* と *Bodhisattvabhūmi* －パーリ註釋書にみられる瑜伽行派の思想」, 『佛教研究』 제34호, pp.173-192.

다네무라 류겐(種村隆元)

1994 「*Kriyāsaṃgraha* の出家作法」,『インド哲學佛教學研究』 제2호, pp.53-67.

모리 소도(森祖道)

1984 『パーリ佛教註釋文獻の研究－アッタカターの上座部的様相』, 山喜房佛書林.

1993 「アッタカターに見られる唯識說 －「獄卒論」をめぐって」,『塚本啓祥教授還曆記念論文集 知の邂逅－佛教と科學』, 佼成出版社, pp.321-335.

2007 「『ニカーヤサングラハ』の「大乘記述」への批判(I)－スリランカ大乘佛教研究」,『大正大學綜合佛教研究所年報』 29, pp.66-83.

2008 「スリランカの大乘尊像について－アヌラーダプラ時代」, 『多田孝正博士古稀記念論集・佛教と文化』, 山喜房佛書林.

2011 「上座部佛教教團の相互支援と交流」,『新アジア佛教史 靜と動の佛教』, 佼成出版社, pp.69-105.

미야지 아키라(宮治昭)

1996 『ガンダーラ 佛の不思議』, 講談社.

2011 『インド佛教美術史論』, 中央公論美術出版.

미토모 켄요(三友健容)

2007 『アビダルマディーパの研究』, 平樂寺書店.

바바 노리히사(馬場紀壽)

2008 『上座部佛教の思想形成－ブッダからブッダゴーサへ』, 春秋社.

사캬 수단(シャキャ·スダン)

2002 「『一切惡趣淸淨タントラ(*Sarvadurgatipariśodhana Tantra*)』におけるマンダラ儀軌の一考察－Ānandagarbha 釋を中心に」,『論集(印度學宗教學會)』 제29호, pp.1-17.

시모다 마사히로(下田正弘)

1997 『涅槃經の研究』, 春秋社.

2000 「註釋書としての＜大乘涅槃經＞－ニカーヤ・アッタカターとの一致にみる涅槃經の展開形態」,『加藤純章博士還曆記念論集アビダルマ佛教とインド思想』, 平樂寺書店, pp.327-339.

시즈타니 마사오(靜谷正雄)

1978 『小乘佛教史の研究－部派佛教の成立と變遷』, 百華苑.

야마구치 츠토무(山口務)

1984 「スリランカ出土の *Pañcaviṃśatisāhasrikā Prajñāpāramitā* について」,『佛教學』 제18호, pp.1-29.

야마자키 겐이치(山崎元一)

1979 『アショーカ王傳説の研究』, 春秋社.

와타나베 쇼고(渡邊章悟)

1986 「八不と縁起－「般若經」における「八不偈」をめぐって」, 『東洋大學大學院紀要』 제23호, pp.37-50.

요시모토 신교(吉元信行)

1982 『アビダルマ思想』, 法藏館.

지 셴린(季羨林)

1994 「关于大乘上座部的问题」, 『季羨林文集』 제7권, 江西教育出版社, pp.52-73.

호리우치 토시오(堀内俊郎)

2009 『世親の大乘佛説論－『釋軌論』第四章を中心に』, 山喜房佛書林.

후지타 요시미치(藤田祥道)

2005-06 「大乘の諸經論に見られる大乘佛説論の系譜－I 『般若經』 … 「智慧の完成」を誹謗する菩薩と恐れる菩薩」, 『インド學チベット學研究』 제9 · 10호, pp.1-55.

2006 「大乘の諸經論に見られる大乘佛説論の系譜－II 『迦葉品』 … 佛陀の説法とその理解」, 『佛教學研究』 제60 · 61호, pp.44-65.

히라오카 죠카이(平岡定海)

1990 「東大寺南大門仁王像吽形像納入寶篋印陀羅尼經について」, 『日本歷史』 제509호, pp.76-82.

히라카와 아키라(平川彰)

1989 『初期大乘佛教の研究 I』, 春秋社.

Allon, Mark & Salomon, Richard

2010 "New Evidence for Mahayana in Early Gandhāra", *The Eastern Buddhist*, vol.41-1, pp.1-22.

Bechert, Heinz

1973 "Notes on the Formation of Buddhist Sects and the Origins of Mahāyāna", *German Scholars on India*, Varanasi: Chowkhamba Sanskrit Series Office, pp.6-18.

1977 "Mahāyāna Literature in Sri Lanka: The Early Phase", *Prajñāpāramitā and Related Systems: Studies in Honor of Edward Conze*, ed. by Lewis Lancaster, Berkeley: Berkeley Buddhist Studies, pp.361-368.

Chutiwongs, Nandana

1984 *The Iconography of Avalokiteśvara in Mainland Southeast Asia*, Leiden: Rijksuniversiteit.

Funayama, Toru

2010 "The Work of Paramārtha: An example of Sino-Indian cross-cultural exchange", *Journal of the International Association of Buddhist Studies*, vol. 31, no. 1-2, pp.141-183.

Hayashi, Takatsugu

1999 "Preliminary Notes on Merit Transfer in Theravāda Buddhism", *Ronshū: Indogaku-shūkhō-gakkai*, vol.26, pp.29-55.

von Hinüber, Oskar

1983 "Sieben Goldblätter einer Pañcaviṃśatisāhasrikā Prajñāpāramitā aus Anurādhapura, *Nachrichten der Akademie der Wissenschaften in Göttingen*, #7, S. 189-207.

Mudiyanse, Nandasena

1969 *Mahāyāna Monuments in Ceylon*, Colombo: M. D. Gunasena.

Ñāṇamoli, Bhikkhu (tr.)

1975 *The Path of Purification (Visuddhimagga)*, Kandy: Buddhist Publication Society.

Pedersen, K. Priscilla

1980 "Notes on the Ratnakūṭa Collection," *Journal of the International Association of Buddhist Studies*, vol.3, no.2, pp.60-66.

Rhi, Juhyung

2006 "Bodhisattvas in Gandharan Art: An Aspect of Mahayana in Gandharan Art", *Gandharan Buddhism: Archaeology, Art, Text,* Pia Brancaccio & Kurt Behrendt(ed.), Vancouver and Toronto: University British Columbia Press, pp.151-182.

Sanderson, Alexis

2009 "The Śaiva Age: The Rise and Dominance of Śaivism during the Early Medieval Period", *Genesis and Development of Tantrism, Einoo Shingo* (ed.), Tokyo: Sankibo Press, pp.41-349.

Schopen, Gregory

1982 "The Text on the Dhāraṇī Stones from Abhayagiriya: A Minor Contribution to the Study of Mahāyāna Literature in Ceylon", *Journal of the International Association of Buddhist Studies*, vol. 5, no. 1, pp.100-108.

Shimoda, Masahiro

2009 "The State of Research on Mahāyāna Buddhism: The Mahāyāna as Seen in Developments in the Study of Mahāyāna Buddhism, *Acta Asiatica* 96, pp.1-23.

Skilling, Peter

1993 "Theravādin Literature in Tibetan Translation", *Journal of the Pali Text Society*, vol. 19, pp.69-201.

본 장을 집필할 때 귀중한 정보를 주신 松田和信, 種村隆元, 片岡啓 선생님께 깊이 감사드린다.
본 장은 2011년도 과학 연구비 조성금(신진학자 연구 개시 지원) 및 三島海雲 기념재단 학술 연구 장려금에 의한 연구 성과의 일부이다.

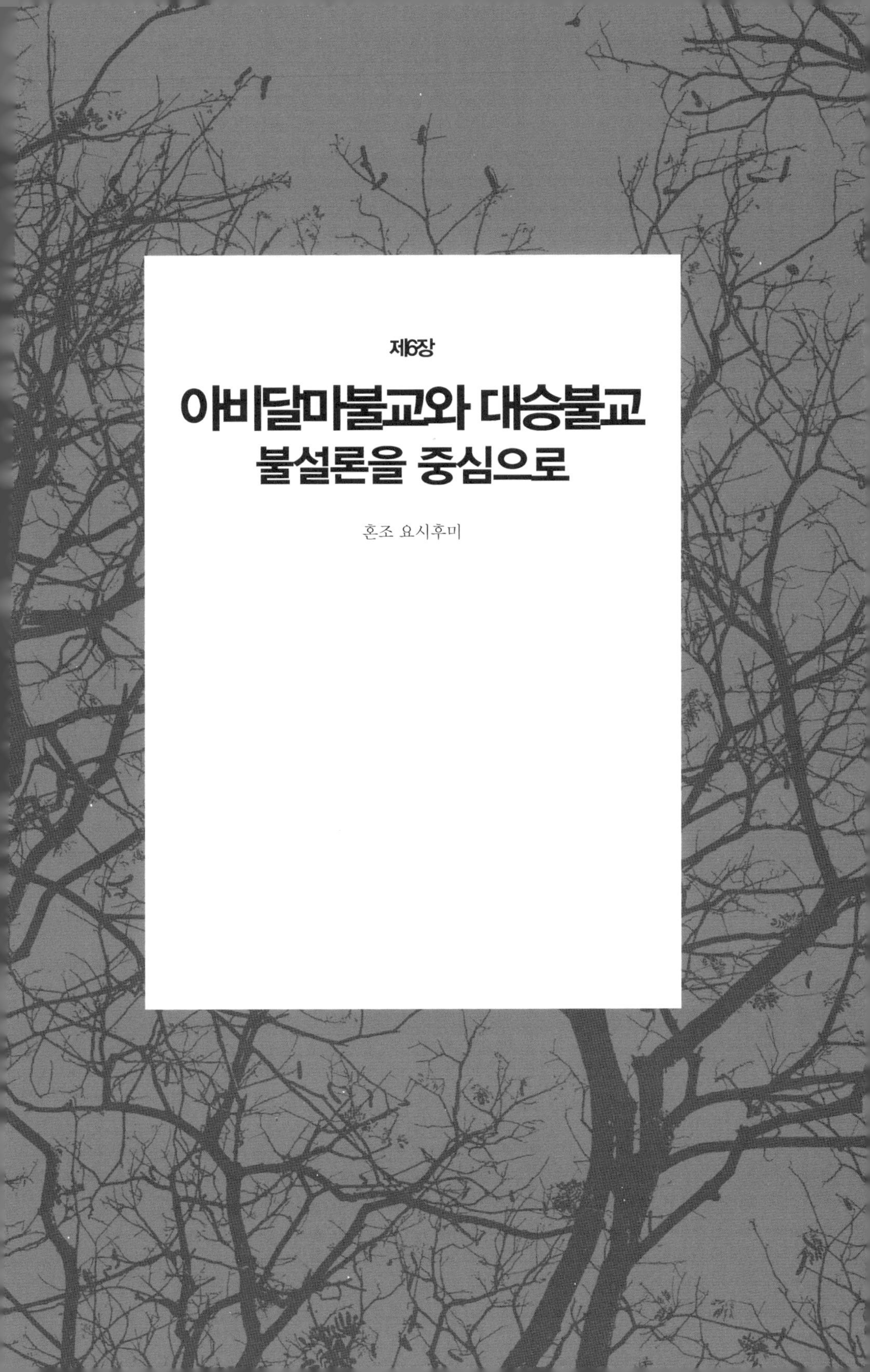

제6장

아비달마불교와 대승불교

불설론을 중심으로

혼조 요시후미

1.
머리말

방대한 양의 문헌을 자랑하는 아비달마(부파불교의 논장)와 대승불교, 이 양쪽 모두를 섭렵하여 양자의 관계를 종합적으로 서술하는 것은 개인이 해낼 수 있는 차원의 작업은 아니다. 기무라 타이켄 木村泰賢[1]이 분석한 바와 같이, 아비달마가 경장(아함경전)에 기원을 둔 이상, 아비달마를 논하기 위해서는 항상 경장이나 율장을 시야에 넣을 필요가 있는데, 이로 인해 어려움은 한층 더하게 된다. 나아가 '18부' 혹은 '20부'나 있었다고 하는 부파불교의 자료가 유부계·남방상좌부계를 제외하고 거의 소실된 사정도 한 몫 한다. 따라서 본 장에서는 '불설이란 무엇인가?'라는 과제를 중심으로 아비달마 및 그 주변 문헌에서 발전한 이론이 대승과 어떻게 연결되는가를 고찰해보고자 한다.

이때 서로 관련을 갖는 몇 가지 부차적인 문제가 있다. 첫째, '대승불교'라고 할 경우, 문제의 초점은 먼저 최초기의 대승불교여야 하는데,[2] 대승불교가 언제 어디서 누구에 의해 어떤 이유로 어떻게 시작되었는가 하는 것이야말로 가장 어려운 논점이라는 점에서 '아비달마와 대승불교'라는 틀에 있어서의 '대승'을 반드시 최초기에 한정할 수는 없다.

둘째, 본 장에서는 유부 정통파의 이론을 결정한 『대비바사론』의 이론을 대승과 연결시키거나, 혹은 『구사론』의 유부계 성전론을 대승 성립의 배경으로 보고자 하는데, 그 성립 시대는 각각 2세기,[3] 5세기로 생각되고 있다. 이미 대승경전의 편찬이 진행되거나 혹은 크게 전개된 시기에 해당하는 것이다.

셋째, 부파불교 가운데 비유사譬喩師·경부經部(경량부)의 기원을 대승에 선행하는 전제로 논술하는데, 이는 널리 승인되고 있지는 않다.[4]

넷째, 기본적으로 부파 문헌이 갖추어진 후에 대승경전이 편찬되기 시작한다는 전제에 서 있지만, 이에 관해서도 의문을 제시하는 연구자가 있다.[5]

다시 말해 여러 가지 점에서 상당한 유보를 동반한다고 말하지 않을 수 없는 것이다. 하지만, 이들 문제점을 모두 해소한 후에라야 말할 수 있다고 한다면, 우리들은 아비달마와 대승의 관계를 고찰할 단서를 거의 찾을 수 없을 것이다. 처음에 대승불교도가 대승불전을 '작성'한 것은 제 부파의 삼장에 설해진 모든 이론이 성에 차지 않자, 이를 뛰어넘는 자신들의 이론을 석가의 직설로 제시하고자 했기 때문이라고 추정된다. 만약 대승불교도들이 부파불교 속에서 자신들을 만족시키는 이론을 발견할 수 있었다면, 부파의 삼장과는 별개로 새로운 경전을 대량으로 작성하는 일은 없었을 것이다. 또한 보수적인 부파불교도에게 있어 대승경전은 '부처님의 말씀이 아니다' '시인이 창작한 시이다' 혹은 '마魔의 설이다'라고 거절되거나 혹은 무시되어야 할 실없는 소리이며,[6] 그들이 대승불교의 이론을 받아들였다 해도 그것은 어디까지나 자신들의 종의와 모순하지 않는 범위 안에서의 일에 불과하였을 것으로 생각된다. 설사 몇 가지 점을 보류해둔다 해도, 위와 같은 전제 하에 우선 논리적으로 아비달마불교에서 대승이라는 대체적인 흐름을 인정하는 것은 허용될 수 있고, 또한 필요한 일이라고 생각한다.[7]

이 장에서는 첫째, 히라카와 아키라平川彰의 총괄에 따라 대승불교에 계승된 교의·이론이 특정 부파에 치우치는 것이 아니라는 점을 확인하고자 한다. 둘째, 첫 번째 점과 관련하여 대승교도가 대승불전을 작성함에 있어 부파불교의 삼장 모두를 이용할 수 있었을 것이라는 추측 하에 그 이론적, 교단적 환경을 논해보고자 한다. 셋째, 대승교도가 새로운 경전을 석가의 직설(불설)로 작성할 수 있었던 이론적 배경을 추측해보고자 한다. 넷째, 부파불교로부터 대승으로 가는 중간 역할을 했다고 하는 비유사·경부에 관해 언급해보고자 한다. 즉, 단지 아비달마와 대승불교와의 관계를 서술하는 데 그치지 않고 널리 부파불교에서 대승불교가 흥기한 과정에 관한 아이디어도 제공할 수 있기를 바란다. 또한 이 때 대승이 부파불교와 분리된 별개의 교단을 지니고 있었다고 하는 히라카와 설에는 서지 않고, 부파를 율장에 의해 구별되는 교단 sect, 대승을 이론에 의해 구별되는 학파 school로 보는 최근 학계의 흐름에 따르고자 한다.[8]

2.
히라카와 平川설의 총괄 - 특정 부파만이 대승에 영향을 준 것은 아니다

히라카와 아키라는 『초기대승불교의 연구』(1968, 초판) 서두에서 대승불교의 특징을 논한 직후, 당시 학계에서는 대승불교가 '대중부에서 파생했다고 보는 설이 지배적이다'(p.10)라고 하며, 이 설을 비판적으로 음미하고 있다.[9] 선학의 업적을 바탕으로 비유자, 설일체유부[유부], 화지부, 법장부[法密部]와의 관계를 지적하고(p.22), '대중부의 교리가 대승불교의 교리 형성에 영향을 준 것에 대해서는 이론이 없지만, 그 외 부파의 교리도 마찬가지로 대승에 영향을 주었다'라고 결론짓고 있다(p.23). 개별적인 사례에 관해서는 재검토의 여지가 있을지 모르겠지만, 이 결론은 객관적인 증거들을 근거로 내려진 것으로 생각되므로 전체적으로 긍정해도 좋을 것이다.

예를 들어 미야모토 쇼손宮本正尊의 연구에서는 부파 이론이 대승으로 연결되는 중요한 요소로 비유사의 무자성설無自性說이나 무간업가전론無間業可轉論[10]을, 마찬가지로 미즈노 코겐水野弘元의 연구에서는 ①붓다의 육신이 청정하다는 설(佛身無漏說=대중부), ②'보살은 자유 의지에 의해 악취에 간다.'는 설(安達羅파·대중부 등), ③다수의 세계에 각각 붓다가 있기 때문에 많은 붓다가 현재 존재한다는 설(타방불설=대중부), ④진실한 붓다는 도솔천에 있으며, 인간세계의 붓다는 화신이라는 설(方等파)을 언급할 수 있다.[11]

부파불교와 대승불교의 관계는 개별 문헌에 따라 ①이론의 일치, ②법수法數의 일치,[12] ③정형구 등의 표현의 일치 등에 근거하여 논증된다. 단, 이렇게 하여 각 대승경전의 배후에서 특정한 부파와의 관련성이 증명된다 해도 그 부파만을 대승불교의 원류로 볼 수 있는 것은 아니다. 대승불교는 총체적으로 널리 부파불교 전체로부터 영향을 받고 있다고 생각해야 한다.[13] 이는 대승교도가 부파불교의 삼장을 평등하게 불설 혹은 불교교리로 존중하고 계승하였다는 것을 추측케 한다.

그렇다면 부파불교의 전통 속에서는 어떠한가? 만약 이미 부파불교 속에서 어떤 부파가 다른 부파의 성전도 불설로 존중하고 자파의 교리로 받아들이기까지 하고 있었다면, 대승불교에 있어서의 위와 같은 경향의 기반으로 이해할 수 있다. 자료가 설일체유부나 남방상좌부 등 특정한 부파에 치우쳐 있기 때문에 '증거'도 한정적이지만, 논장뿐만 아니라 삼장 전반에 관해 살펴보도록 하자.[14]

3.
대승불전 작성의 이론적 · 교단적 환경

(1) 아비달마 문헌에서 다른 부파 성전의 사용

1) 다른 부파 경장의 사용

우선 다른 부파의 경장에서 볼 수 있는 이론의 섭취와 관련해서는 자료가 세친 世親(400-480년경) 작 『구사론』과 그 주변으로, 대승 흥기 시대부터는 상당히 후대의 것이다. 앞서 관련 논문을 필자가 발표한 적이 있기 때문에 그 취지를 이하 재설해두고자 한다.[15]

세친과 동시대인이며, 유부정통파에 속한 중현 衆賢은 유부에서 암송하는 『승의공경 勝義空經』을 개아(푸드갈라)를 인정하는 정량부가 암송하지 않고, 『칠유경 七有經』을 중유 中有를 인정하지 않는 화지부가 암송하지 않는 등, 부파 특유의 경이 있음을 인정하고 있는데, 세친도 동일한 환경에 있었을 것이다.[16] 『구사론』이나 그 주변 문헌에서 유부정통파(비바사사) · 비유사 · 세친은 유부계의 아함 경전을 단지 '경'이라고 부르며 의용 依用하는 한편, '여부 餘部' '화지부' '음광부'라는 다른 부파의 경전을 자설 옹호를 위해 이용하기도 한다.[17] 중현도 또한 『현종론 顯宗論』의 서두에서[18] "나는 『순정리론』에서 『구사론』에 의의 疑義가 있으면 반드시 비판을 가했다."라고 하는데, 이들 예 가운데 자파(비바사사)의 이론에 합치하는 경우는 다른 부파의 인용 경전에 아무런 이의를 제기하지 않는다.

예를 들면, ①제2장 근품 根品에서 '불방일'을 '마음을 지키는 것'으로 정의한 다른 부파의 경구를 도입하여 중현이 "전어기리, 방신어의(專於己利, 防身語意)"라고 한 것, ②제3장 세품世品에서 수미산 세계의 배치를 논하며 '여부餘部'의 경을 근거로 "색구경천色究竟天 위에 욕계가 있고, 욕계 밑에 색구경천이 있다."라고 한 것, ③화재·수재·풍재로 다 파괴되어 버린 기세간에 다시 큰 물체가 발생하는 하나의 근거로서 화지부의 경을 인용한 것, ④제6장 현성賢聖품의 '극칠반유極七返有'의 성자에 관해 음광부의 경을 원용하고, "인간계와 욕계천 각각에 최대한 일곱 번씩 합계 14번까지 다시 태어난 후 해탈하는 것"이라고 정의한 것이다. 또한 ④제8장 정품定品, 18정려지의 해설에서 유부정통파가 초정려·제2정려에서의 '낙樂'을 '경안輕安(심신의 경쾌함)'이라고 해석한 데 비해, 유부계 반대파인 비유자가 "유부는 '낙근樂根이란 신체적, 심적인 기분 좋은 감수이다.'라고 경을 읊지만, '심적인'이라는 부분은 다른 모든 부파의 경에는 없기 때문에 누군가에 의해 증광된 것이다."라고 한 것이 주목된다. 비유자는 일반적으로 사용되고 있는 유부계 경의 내용을 다른 부파의 평행경平行經과 비교 대조하면서, 오히려 다른 부파의 입장에 서서 유부계 경의 문언을 비판하고 있는 것이다.

여기서 알 수 있는 것은 다른 부파의 아함도 불설로 존중하고 있을 뿐만 아니라, 적극적으로 받아들여 자기 부파 특유의 설을 세우는 데 이용하는 태도를 확인할 수 있다는 점이다.[19]

2) 다른 부파 율장의 의용 – 대중부 율의 백증설百增說

부파의 사상가가 다른 부파의 율에서 볼 수 있는 이론을 받아들였다고 생각되는 예로 다음 하나를 들 수 있다. 중현은 '98수면설隨眠說'이라는 유부 특유의 번뇌 이론을 해설하는 데 있어 이것이 붓다의 직설임을 주장하며 "일찍이 증일아함은 제100

장 百增까지 있었지만, 그 후 차례로 소실되어 지금은 제10장까지밖에 없다. 그러나 아라한이 특수한 지혜인 '원지 願智'[20]를 기능시켜 제98장부터 회복한 것이다."라고 서술한다. 실은 이 논의는 『비바사론』 관련 자료까지 거슬러 올라간다.[21] 이 '백증설'은 현존하는 자료에 의하는 한 대중부 율에서만 볼 수 있다.[22] 부파를 횡단하는 구두 전승이었을지도 모르므로 단정할 수 없지만, 유부논사들이 대중부율의 기술을 불설 혹은 그에 준하는 가치 있는 것으로 존중하고 있었을 가능성이 있다.

3) 다른 부파 아비달마 이론의 용인

부파불교도가 다른 부파의 경장과 율장을 자파의 아비달마 이론에 편입하는 일은 있어도, 일반적으로 각 부파의 철학설이 가장 예리하게 나타나는 아비달마(논장)의 이론은 다른 부파에 의해 받아들여질 수 있다고 생각되지 않는다. 하지만 이를 예상시키는 예를 『대비바사론』에서 발견할 수 있다. 예를 들어 '아비달마'의 어의 해석에 있어 자파의 것뿐만 아니라, 평소에는 논적인 화지부나 비유자, 법밀부(=법장부) 등의 해석도 논평 없이 제시되고 있다.[23] 방대한 『대비바사론』 속의 적은 예이지만, 존재한다는 사실이 중요하다고 생각된다. 이는 『대비바사론』의 문헌적 성격을 보면 수긍할 수 있을 것이다. 이 책은 설일체유부의 근본 논서인 『발지론』의 방대한 주석서(현장에 의한 한역으로 200권)이며, 학파 내부의 복수의 설을 용인하면서 유부의 정통설을 서술한 것이다.[24] 다른 한편, "다른 종 宗을 멈추고 정리 正理를 드러내기 위해"라는 '파사현정'적인 측면을 갖는다.[25] 이러한 문헌에서는 다른 부파나 학파의 이론을 용인 혹은 섭취하는 문맥은 나타나기 힘들다고 보아야 할 것이다.

(2) 다른 부파의 삼장을 사용한 교단적 환경 – 사사키 시즈카 佐々木閑설 –

자료의 편재偏在로 인해 유부만을 논할 수 있지만, 위와 같이 자파의 체계를 뒤집어 버리는 것이 아닌 한, 다른 부파의 삼장 모두 자파의 아비달마 이론에 수용할 수 있었던 당시의 환경이 추측 가능하다.[26] 다른 부파의 삼장을 불설로 존중하고, 때로는 적극적으로 자기 부파의 정통설을 성립시키기 위한 근거로까지 이용하는 '문화'의 배경을 생각할 때, 이를 잘 설명할 수 있는 이론으로 사사키 시즈카가 주장하는 가설이 주목된다. 필자 나름대로 정리해본다.

> 석가 멸후, 아쇼카왕 시대까지 불교교단은 교의적인 차이에 의해 몇 개의 그룹으로 분열해 있었다(즉, 교의의 차이에 의한 교단분열=파승이 이루어지고 있었다). 이 시점에서 각 그룹은 '자기만이 정통적인 불교교단이며, 다른 것은 파승 집단'이라고 생각하고 있었다. 이러한 불교 교단의 분열 상태에 위기감을 느낀 아쇼카왕은 정책으로서 "교의·이론에 차이가 있어 다른 그룹으로 나뉘어져 있어도 교단 운영 방법을 같이 하는 자들끼리는 같은 불교교단에 속하는 것이며 교단은 분열하고 있지 않다."고 하는 새로운 해석을 주장하였다. 각 그룹이 그 정책을 받아들였기 때문에 '파승'의 개념에 근본적인 변화가 발생하였다. 교의상의 파승을 차크라베다 cakra-bheda라고 하고, 교단 운영상의 파승을 카르마베다 karma-bheda라고 한다. 의견이 다른 자라도 불교출가자로 인정하게 된 이 시점에서는 비로소 '부파' 및 그 명칭이 성립하였다. 설일체유부만이 처음에는 이에 동조하지 않았지만, 나중에는 이것을 받아들였다.[27]

세부적인 것에 관해서는 신중을 요하지만, 파승 개념의 변화에 의해 의견이 다른 자라도 불교출가자로 인정받게 되었다는 점은,[28] 부파가 다른 부파의 삼장의 설을 불교 교의로 존중할 수 있게 된 교단적, 사회적 환경이라고 생각할 수 있다. 또한 후지타 요시미치 藤田祥道가 상세히 고찰한 설일체유부계 아바다나 자료에서 볼 수 있는 '크리킨 왕의 십몽 十夢'의 한 구절은 흥미롭다.[29] 왕의 꿈을 과거불 카사파가 설명하는 구절이다. 샤마타데바의 『우파이카』에서 볼 수 있는 형태로 소개한다.

> 대왕이시여, 당신이 '한 장의 모직 천으로 18명의 사람을 휘감았으나 천은 그대로이다'라는 꿈을 꾼 것은 무슨 전조일까요? 그(석가)의 가르침 śāsana이 18부로 분열해도 해탈 vimukti의 천은 갈라져 나뉘지 않는다. 그 전조입니다.[30]

설일체유부의 전통에서는 가르침이 18부파로 분열해도 어떤 가르침이든 다 해탈로의 길이라는 점을 승인하고 있는 것이다. 게다가 가장 현저하게 '분열'한 것은, 다시 말해 부파마다의 특징이 가장 현저하게 나타난 것은 삼장 가운데 논장이라는 점에도 주의해야 한다. 일찍이 후지타는 "해탈의 천이 갈기갈기 찢어졌다."는 것을 인정하는 듯한 '굴욕적'인 것을 받아들여 감내한 것을 대승의 '외압'에 의한 것이 아닐까 추측했는데, 필자는 사사키 시즈카가 추측한 아쇼카왕의 정책이야말로 '외압'이라고 부를 만한 것이라고 생각한다.

4.
아비달마 불설론과 대승불설론

'대승교도가 새로운 경전을 석가의 직설(불설)로 작성할 수 있었던 이론적 배경'을 추구하는 데 있어 중요한 시사점을 주는 것은 대승교도 자신이 '대승은 불설이다.'라고 주장했던 근거를 분석하는 일일 것이다. 이 문제에 관해서는 본 시리즈 제1권 제4장의 후지타에 의한 논술에 양보하지만, 일찍이 필자는 이것을 설일체유부 정통파(비바사사)의 '아비달마는 불설이다.'라는 주장과 대비시켜 논한 일이 있기 때문에 이하 이를 약술하고자 한다.[31]

'아비달마는 불설이다'라고 주장하는 부파불교자, 특히 설일체유부 정통파 비바사사의 논리는 아함이나 율에서 볼 수 있는 다음 세 가지 원리로 환원할 수 있다.

① 불설의 판정 기준은 '경에 들어가 있고, 율에서 볼 수 있으며, 법성法性에 부합한다.'라는 『대반열반경』의 문언이다. 특히 '법성에 부합하다'라는 점은 '설사 붓다의 설이 아니라도' 라는 전제 위에 설 수 있다는 점에서 중요하다.

② 불설의 대부분은 숨겨져 antar√dhā 있다(아라한은 이를 원지願智에 의해 회복시킬 수 있다).

③ 경에는 문자대로 받아들여도 좋은 설[了義]과, 그렇지 않고 이면의 의미[密意]가 담긴 설[未了義]이 있다.

이들을 조합하여 '현존하는 성전에서 볼 수 없는 이론이라도 법성에 부합하므로 불설이며, 숨겨진 경 속에서 설해지고 있었다. 자설과 모순된 성전의 말은 이면의 의미가 있는 설이다.'라고 설명할 수 있으면, 자신이 믿는 새로운 설을 불설로 정당화할 수 있는 것이다. 대승인이 부파불교의 현존하는 어떠한 성전에도 설해져 있지 않은 새로운 이론을 불설로 제시하고자 할 때, 이 3개조는 유효하게 기능했을 것이다. 실제로 후대의 대승불설론은 이 세 개의 기둥으로 지탱되고 있다. 자료는 모두 대승불교 흥기 시대보다 훨씬 후대의 것이지만, 만약 이들 원리가 대승 이전까지 거슬러 올라가는 것이라면 대승불설론을 준비한 것은 아이러니컬하게도 부파불교의 성전론은 아니었을까.

단, 이 논술에는 문제가 있었다. 첫째, 가장 중요하다고 생각되는 '법성에 부합하는 것은 불설이다.'라는 용례가 아함에서는 유부계 '대반열반경'의 범본과 티벳역에는 있지만 한역에는 없는 것이다. 이것은 의정 시대에 이 부분이 없었을 가능성을 시사해준다.[32] 둘째, 그 논문에서 중요한 구로 인용한 『대비바사론』의 '설사 붓다의 직설이 아니어도 법성에 부합하는 설은 붓다가 이를 인정했기 때문에 불설이다.'라는 부분이 현장 역의 증광 부분(대정23권, p.1b21-24)에만 있는 것이다. 여하튼 '법성에 부합하면 불설이다.'라는 이론이 약간 후대의 것일 가능성이 있다는 것이다.

그러나 이에 대한 반증의 용례도 있다.[33] 첫째, 『발지론』 자체에 보이는 용례이다. 즉, 그 서두에서 『발지론』이 불설이라는 것을 논하여 "일체종소지법성심원미묘一切種所知法性深遠微妙한 것은 일체지자인 세존이 아니면 깨달을 수 없으며, 설할 수 없다."라고 기술한 것은, 사실상 불설의 핵심이 심원한 법성이라는 점 및 그것을 깨닫고 설하는 것은 붓다뿐이라는 것을 명언하고 있는 것이 된다.[34] 둘째, 마명 작

『붓다차리타』(티벳역 부분)의 한 구절에 보이는 불설론이다.[35] 여기서는 "무릇 경에 들어 있지 않고, 율에도 나타나지 않으며, 논리도 하나하나 위반하는 것, 그 누구도 이를 수지하지 말라. 그것은 법이 아니고 율이 아니다. 그것은 내 말이 아니다."라고 되어 있다. 유부계 『열반경』에서 '법성에 부합한다.'라고 되어 있던 것을 전제로, 마명이 '논리에 위반[되지 않는다]'라고 바꾸어 쓰고 있다고 생각된다. 셋째, 후지타가 지적한 바와 같이, 법장부를 포함한 유부계 이외의 부파의 『열반경』에서도 불설의 조건으로 '경에 들어가 있고, 율에 보인다.'라는 두 가지에 더하여 '법상法相'이나 '법'이라는 제3의 조건이 보인다는 점이다.[36] 이상 열거한 몇 가지 점에서, 불설의 조건으로 '법성에 부합한다.' 혹은 이와 유사한 표현이 많은 부파 문헌까지(나아가서는 대승 발생기까지) 거슬러 올라갈 수 있다고 생각된다.

부파불교 사상이 일단 완성되어 이른바 '포화 상태'가 되었을 때, 새로운 이론을 모색하고 있던 그룹이 이들 불설론을 기초로 많은 재료를 부파불교 성전 전체에서 추구하면서 그 위에 새로운 설을 대승경전으로 작성했다고 추측된다.[37]

5.
부파불교와 대승의 사이 – 비유사 譬喩師 · 경부 經部

경부(경량부)는 '소승' 부파 중에서도 가장 늦게 설일체유부에서 분파했다고 하며, 나중에는 대승 학파로 분류되기도 하는 특이하면서도 문제가 많은 부파이다.[38] 다양한 의미에서 부파불교와 대승의 교량 역할을 했다고 알려져 있으므로, 여기서

간단히 그 이론이나 입장에 대해 언급해두고자 한다.[39]

(1) 경부의 기원과 그 기본적 입장

경부의 기원에 관해 확정적인 것은 알 수 없다. 『대비바사론』에서는 '비유사 Dārṣṭāntika'라 불리는 이단 그룹이 경부의 원류라고 하며, 비유사는 곧 경부라고 하는 인도의 전승도 있다. 여하튼 처음에는 유부 교단 내부의 학파school로 탄생하여, 후에 유부와 독립된 부파sect가 된 것으로 생각된다.[40] '경부'의 원어 '사우트란티카 Sautrāntika'의 기본적 입장은 유부 정통파인 비바사사가 『대비바사론』에 의거하고, 유가행유식학파가 『유가사지론』을 권위로 하고, 중관파가 『중론』에 의지하여 각각의 이름이 붙여진 것처럼,[41] 의용한 성전을 기준으로 '경을 권위로 하고, 논(아비달마)을 권위로 하지 않는 자들'이라는 뜻으로 이해할 수밖에 없다.[42] 그들은 성전론에 있어서도 유부 정통파의 아비달마 지상주의와 날카롭게 대립하여 '아비달마는 불설이 아니다'라고 주장했으며, 또한 그 점이 큰 특징이다.[43]

(2) 성전론 특히 아비달마관

그들의 아비달마 비불설론은 후대에 중현이 『순정리론』에서 세 항목으로 정리하고 있다.[44]

① 아비달마는 카트야야니푸트라迦多衍尼子 등이 작성하였다고 전해진다.

② 석가는 제자 아난다에게 "나의 멸후, 경sūtrānta에 의존하여라."라고 설하셨지, "아비달마에 의존하여라."라고는 설하시지 않으셨다.

③ 제 부파의 아비달마는 각각 종의宗義가 다르다.

이 중 경부의 설을 가장 강력하게 지탱한 것은 ③일 것이다. 부파들 사이에서 삼장 가운데 아비달마(논장)가 다른 두 장보다 훨씬 상이한 것은 분명하기 때문이다. 하지만 '아비달마를 최고의 불설'이라 생각하는 유부 정통파(비바사사)에게 있어, 이는 도저히 인정할 수 없는 난폭한 주장이다.

중현은 다음과 같이 반론하고 있다.

① 아비달마는 위대한 불제자들이 붓다의 가르침에 따라 결집하고, 붓다가 승인한 것이므로 불설이다. 불설인가 아닌가는 붓다의 가르침에 적합한가 아닌가에 의한다. 그렇지 않다면, 불제자가 설한 경도 버려야 한다.
② '아비달마에 의존하여라'라고 붓다가 설하지 않았기 때문에 불설이 아니라고 한다면, 율도 불설이 아닌 것이 된다.
③ 부파 상호 간에 서로 다르기 때문에 불설이 아니라면, 경도 마찬가지이므로 불설이 아니게 된다.

이와 같은 논의로 이어지는 아비달마 불설·비불설론은 어디까지 거슬러 올라갈 수 있는 것일까?

(3) 『대비바사론』에서 아비달마 불설·비불설론

"경을 권위로 하고, 논을 권위로 하지 않는다." "아비달마는 불설이 아니다."라고 한 최초의 사람은 문헌상으로는 세친의 약간 선배이자, 『구사론』이나 『순정리론』에 등장하는 슈리라타라고 한다. 하지만 필자는 '중현이나 『구사론』의 주석가가 경부와 비유사를 구별하지 않는 점 등으로 볼 때, 『대비바사론』의 시점에서 비유사가 경부라 불리고 있었다 해도 이상할 것은 없지만, 아비달마 비불설론이 보이지 않는다 해도 거기에는 그럴 만한 이유가 있다고 생각된다.'고 하는 취지의 약간 억지스러운 논리를 전개한 적이 있다.[45] 그런데 최근에 비유사에 가까운 인물이라 하며, 『대비바사론』에서 유부의 4대 논사 가운데 한 명으로 거론되는 법구(法救 Dharmatrāta)가 아비달마 비불설론을 주장하였다는 것을 알게 되었으므로 이를 소개한다. 현장역 『대비바사론』 제46권 서두에서는, 『발지론』 본문에 '3결結 내지 98수면'이라는 42개의 논제가 있는 것과 관련하여 대략 다음과 같이 논의하고 있다.[46]

> 이들은 모두 경에 설해져 있지만, 5결과 98수면은 그렇지 않다. 이 두 개의 논은 제외되어야 한다. 일체 아비달마는 경을 해석하는 것인데, 이 두 개의 논은 실제로 경에 설해져 있지 않기 때문이다. 그 때문에 존자 묘음(妙音 Ghoṣaka)은 '일체 아비달마는 경을 해석하는 것이다. 이러이러한 경에 의해 이러이러한 논을 만드는 것이며, 경의 설이 아니라면 이것을 제외해야 한다'라고 주장한다.

이에 대해 유부 정통파는 앞서 본 경이 숨겨져 있다는 이론과, '경의 설이 아니라도 법상法相을 위반하지 않으면 논해도 좋다'라는 논의를 제시한다. 한편, 한역 『바사론』 제본 가운데 가장 오래된 『비바사론 鞞婆沙論』에서는 '법상'이라는 말은 나타나지 않으며, '피작경자의욕이 彼作經者意欲爾' 등이 보인다. '경을 설한 붓다가 그와 같이 의도한 것이므로, 경의 문언 그대로가 아니어도 논해도 좋다.'는 취지인 것일까? 여하튼 '경에 설해져 있지 않은 것은 아비달마에서 논해서는 안 된다.'라는 설이 묘음(고샤카)의 주장으로 이야기되고 있다. 이 입장에서 본다면, 경에 설해져 있지 않은 것이 아비달마에서 논해지고 있다면 권위라고 할 수 없으며, 불설(에 부합하는 것)이라고 할 수 없을 것이다. 이는 경부의 불설론과 통하는 논법이다. 그런데 『비바사론』에서는 '묘음'이 '존자 담무다라(曇無多羅 Dharmatrāta = 법구)로 바뀌고 있다.

이와 같이 『비바사론』에만 나타나고 있지만, '경에 없는 설은 아비달마에서 논해서는 안 된다'고 하는 설이 법구에게 귀속되고 있는 점은 주목할 만하다. 법구야말로 각천覺天과 더불어 유부 내부의 비유사에 가까운 자로 알려져 있기 때문이다. 게다가 각천은 2세기 초에 속한다는 설이 있다.[47] 각천이 법구(혹은 묘음)와 동일한 삼장관을 가지고 있었는지 아닌지 지금으로서는 확인할 수 없지만, 그 가능성이 높다고 생각된다.[48] 또한 경이 숨겨져 있다는 이론이나, 법상(법성과 거의 동의어일 것이다)의 이론 등이 이와 같은 아비달마 비불설론에 대항하는 이론으로 이미 『비바사론』 제본에서 제시되고 있는 것도 간과할 수 없는 점이다.

(4) 경부의 이론

일찍이 가지야마 유이치梶山雄一는 경부 연구의 세 가지 방법을 ①야마구치 스스무山口益 등에서 볼 수 있는 유부·유식파·중관파의 범장梵藏 자료에 의한 것, ②가네쿠라 엔쇼金倉圓照 등에 의한 불교 이외의 인도철학 제 학파에 전해지는 자료에 의한 것, ③도사키 히로마사戶崎宏正에 의한 불교논리학파의 자료에 의한 것으로 구분하고, 첫 번째 방법에 의해 귀결하는 경부의 기본적 입장으로 (1)유부 범주표의 개정, (2)행위론, (3)훈습론, (4)이숙식론異熟識論, (5)찰나멸론, (6)지식의 자각을 들고, 이들을 개괄한 후 결론적으로 경부는 “소승과 대승의 중간적 입장에 서 있었다.”라고 지적하였다.[49]

경부는 “우리들은 외계를 직접 인식할 수 없지만, 그 실재성은 추리할 수 있다.”라고 하는 한편, 대상이 없는 인식 無所緣心을 인정한다. 이것은 설일체유부(비바사사)와 같은 외계 실재론과 유식파와 같은 외계 비실재론의 중간 입장에 있다. 또한 유부가 세운 모든 존재의 틀 속에 마음과 물질 만의 실재성을 인정하고, 무위법, 심불상응행법이나 무표업을 ‘명칭이 있는 것에 불과한 거짓 假有’이라 하고, 외계의 존재를 ‘고유한 본성·성질을 갖지 않는 것’이라고 생각한다.[50] 이 입장은 유부와 중관파의 중간에 위치한다고 생각된다.

요컨대 약간 거칠게 말하자면, 유부 아비달마 철학에 대한 비판적인 경부의 입장 가운데, ①‘대상이 실재하지 않는 인식도 일어날 수 있다.’, ②‘고유한 실체가 없는, 이름뿐인 존재가 있다.’고 하는 두 가지 방면 가운데 한쪽을 전체화하면 각각 유식학파, 중관학파라는 대승의 2대 학파의 이론으로 연결된다. 거꾸로 말하자면, 경부 이론의 전체성, 일관성을 결여하고 있다는 점에서 불안정한 것이다. 유식·중관 철학의 영향을 받아 경부 이론은 발생하였다고 생각하는 입장도 있을 수 있지만, 이러한 경부 이론의 불안정한 성격을 볼 때, 유부 이론에서 경부 이론이 생겨나고, 중관·유식학파가 이를 계승했을 가능성이 높다고 생각된다.

(5) 마명의 작품들

『구사론』에서 비유사·경부, 슈리라타에게 귀속되는 이론과 유사한 설이 마명의 시 작품 곳곳에 설해져 있다. 만약 그가 비유사·경부사라면, 그의 저서인 『사운다라난다 *Saundarananda*』는 난다가 아라한이 되기까지의 수행 단계를 서술한다는 점에서 비유사· 경부의 수행도 修行道 체계 Yogācārabhūmi로 읽을 수 있게 된다.[51] 『수행도지경 修行道地經』이나 『달마다라선경 達摩多羅禪經』, 『유가사지론』 등, 일반적으로 요가차라부후미 Yogācārabhūmi라고 일컬어지는 여러 문헌[52]과의 관계를 의식하지 않을 수 없기 때문이다.

그런데 행자 行者가 그 학파의 교리를 '여실하게' 관찰하여 깨달음에 이른다는 점에서 본다면, 이들 수행도 修行道 체계 속에서 관찰되어야 할 교리는 당연히 그 학파의 것일 것이다. 또한 이른바 유가행파의 근본 논서인 무착의 『유가사지론』으로 연결된다고 생각되는 이들 수행도 단계를 실행하고 있던 사람들이 '대승과 소승을 연결해주는 다리 역할을 하는 자였을 것이다'라고 생각되고 있는 점은 주목할 만하다.[53] 오타니 노부치요 小谷信千代의 지적에 의하면, 『수행도지경』 제2장에 "붓다는 오음 五陰을 본무 本無라고 해석한다."라고 되어 있다. 예를 들어 집이 모여 비로소 '도성'이라 불리고, 집 한 채로는 그렇게 말해지지 않는 것과 마찬가지로 오음(오온)도 다수의 것이 집합하기 시작하여 '음 陰'이라 불리는 것이다. 즉, '정통파 유부의 아비달마에서는 허용되지 않을 것 같은 법의 본무설이 설해지고' 있다.[54] 이 '본무'설에서 곧 상기되는 것은 세친이 『구사론』에서 경부의 입장에서 유부 정통파의 삼세실유설을 비판하는데, 『승의공경 勝義空經』에 보이는 '본무금유(本無今有 abhūtvā bhavati)' 등이라는 구절을 사용하는 것, 또한 마명이 "'이 세상의 모든 것은 [처음] 없이 [지금] 있으며, 존재한 후, 반드시 없어진다. … 중략 … 따라서 세간은 무상하다.'라고 그(난다)는 이해하였다."라고 읊고(『사운다라난다』 제17장 제18시절), 다른 부분(同 제17장 제10시절)에서도 삼세실유설 비판을 엿볼 수 있는 어법을 사용한다는 것이다.[55] 이와 같은 단편적·단발적인 교리로는 결정적인 것은 말할 수 없지만, 적어도 연구자들이 비유사·경부에 근접한다고 생각하는 사람들이 이론면에서나 실천면에서나 부파불교와 대승을 잇는 자로 여겨지고 있는 사실에는 최대한 주의를 기울일 필요가 있을 것이다.[56]

⑹ 경부에서 대승으로

경부의 이론과 실천이 대승으로의 다리 역할을 했다고 가정할 때 문제가 되는 것은 그 성전론이다. 부족하지만, 다음과 같은 시나리오를 생각해본다.

유부 내부에서 정통파의 아비달마 불설론과, 비정통파(경부·비유사)의 아비달마 비불설론의 대립이 심해지고, 양측의 불설론이 정비됨에 따라 경부는 아비달마 비불설론을 유지하는 그룹(무승부 팀)과, 아비달마 불설론에 패한 그룹(패배한 팀)으로 나뉘었다. 전자는 그대로 유부 아비달마의 설을 거부하고 경과 논리만으로 독자적인 '논'을 형성해갔다. 마명이나 슈리라타 등의 비 대승계 경부(비유사)이다.

한편, 패배한 자들은 그냥 지지 않았다. 바로 그 패배에 의해 적의 불설 이론을 마음대로 할 수 있게 된 것이다. 기존에는 그들에게 있어 아함 경전이 권위였지만, '논은 불설이다. 그렇다면 유부뿐만 아니라 다른 부파의 논도 불설이다.'라고 인정하고, 그것들도 사상의 재료로서 자신들이 유부의 전통 속에서 길러 온 이론을 자유롭게 발전시킬 수 있었다. 그 최대의 것은 그들에게 있어 참된 의미에서의 아비달마 지상주의, 법성 지상주의였다. 유부는 아비달마를 지혜로 해석한다.[57] 아함 이래, 연기의 별명은 법성, 중도이다.[58] 또한 공성은 이미 유부 아비달마에서 치밀하게 고찰되고 있었다.[59] 반야경의 공성 사상의 기초는 이렇게 해서 완성되었다. 이 움직

임은 다른 부파에게 파급되었다. 특히 불설의 조건으로 '경에 들어 있고, 율에서 발견된다.'는 두 가지에 '법성에 부합한다.' 등의 제3항을 부가한 법장부 등이 그 유력한 후보이다.[60] 유부의 전통 속에서 아비달마 비불설론을 유지하는 경부계의 그룹 가운데, 다소 늦게 대승불교 이론을 받아들였던 부분이 유가행유식학파로 연결되는 경론을 작성해갔다.

(7) 대승불전에서 아비달마 불설론의 전통

마지막으로 대승불전에서 구체적으로 아비달마 불설론의 전통을 지적할 수 있는 점을 두 가지 언급하며 이 장을 마치고자 한다. 첫째, 대승을 표방한 최초의 경전이라 여겨지는 『팔천송반야경』의 서두에서는 반야바라밀을 설하려는 수보리의 설에 관해 사리불이 "수보리 자신의 힘에 의하는가, 붓다의 힘에 의하는가."라고 의심하자 수보리가 대략 다음과 같이 대답한다.

> 도반 사리불이여, 무엇이든 세존의 제자들이 말하는 것은 모두 여래의 훌륭한 행위[의 결과]라고 알아야 한다. 그것은 무슨 이유인가? 여래가 설법할 때 그 설법을 배우는 자들은 법성을 직감하고, 기억하기 때문이다. 그 법성을 직감하고, 기억하여 말하는 것이므로, 그것들 모두 그 법성에 위배되지 않는다. 도반 사리불이여, 선남자들이 그 법성을 설할 때, [그 설을] 법성에 위배되지 않도록 하는 것은, 그것이 여래의 설법에서 나온 것이기 때문이다.

이 경의 작자는 반야바라밀의 가르침에 관하여 '법성에 위배된다.'라는 아함경 이래의 불설론을 사용하여 이 경이 불설이라는 것을 처음으로 예고하고 있는 것이다.

둘째, 대승 흥기 이래 훨씬 후대에 찬드라키르티는 『중론주 *Prasannapadā*』에서 아비달마 불설론을 제시한다.

> "어리석은 자들은 지혜의 눈이 무명이라는 눈병에 걸려 고유한 본체를 갖지 않는 존재를 고유한 본체를 지닌 것으로 집착하고, 집착한 대로 '불의 고유한 성질은 뜨거움이다'라고 서술한다. 그것(불) 이외에는 [뜨거움이] 인정되지 않으므로, 고유하다는 것에 의해 그것 자체의 성질이라고 [해석]하기 때문이다. 세존 역시 어디까지나 어리석은 자들이 널리 승인하는 바에 따라 바로 그와 [같이] 그것들(불 등)의 [고유한 성질을] 세속적인 '자체 自體'로 세운 것이며, 다른 한편, 무상성 등의 일반적인 성질을 '공통상 共通相'으로서 설한 것이다."[61]

요컨대, 찬드라키르티는 비바사사와 마찬가지로 아비달마를 불설이라고 인정하면서도 그것은 어디까지나 세속적인 입장에서 설해진 것에 불과하다고 한다. 이 점은 비바사사와의 큰 차이점이다.[62]

---

1 木村泰賢[1922], 再刊本 pp.44-60.

2 시모다 마사히로에 의하면, 최초기의 대승경전은 불탑 숭배를 상대적으로 '부정'하고, 나중에 '긍정'하게 되었다. 요컨대, 대승불교에도 변천이 있었다. 下田正弘[1997: 149-151].

3 木村泰賢[1922], 再刊本 p.211. 단, 문헌 성립 이전의 긴 前史를 고려할 필요가 있다.

4 히라카와 아키라도 宮本正尊(宮本[1929])이 논한 비유사의 설을 대승불교에 선행하는 것으로 이해하고 있다.

5 佐々木閑[2002].

6 梶山雄一, 丹治昭義[1975: 113]; 藤田[1998: 27]의 주 47) 및 [1998: 29]의 주 50)이 지시하는 高崎의 논문을 참조.

7 榎元[1985]는 "경전, 논서, 논서 속의 인용 경전"이 "전파 과정에서 변용이나 전개를 보이고 있는 예"를 논하고 있다. 下田正弘[1997: 92]가 율장 연구에 관해 "자료 비판을 하지 않은 그대로"의 "가장 무비판적으로 생각되는 방법이 가장 확실한 방법이다."라고 한 지적에도 주의를 기울였으면 한다.

8 下田正弘[1997: 17].

9 下田正弘[1997: 6] 이하를 참조. 시모다는 대승 『열반경』과 대중부와의 관련을 시사하고 있다. 下田正弘[1997: 378]을 참조. 또한 『초기대승불교의 연구』는 그 후 개정되어 두 권(춘추사)으로 나뉘어 출판되었다. I권 pp.10-25를 참조.

10 宮本正尊[1919].

11 水野弘元[1954]은 당시의 통설대로 대승의 대중부 기원설에 서는(p.261) 한편, 대승은 직접적으로는 부파불교에서 전개한 것이며, "대승불교사상의 근간을 이루는 불타론, 보살론, 수도론도 이미 부파불교에서 불전이나 본생경 등의 발달 및 아비달마불교의 세계 형태론 등에 의해 서서히 발생한 것이라고 생각된다."(p.268)라고 한다.

12 미즈노 코겐은 "十地說 등에 관해 조사하여 명확한 결론을 이끌어내지 못하였다."(水野弘元[1954: 310])라고 하면서도 반야경과 법장부의 관련성을 시사하고 있다.

13 본 시리즈 제1권 제3장(佐々木閑 「대승불교기원론의 전망」, 제5절)을 참조. 또한 다른 종교로부터의 영향도 고려할 필요가 있다. 시모다 마사히로는 육식이나 五辛 기피의 기원을 힌두교에서 찾는다. 下田正弘[1997: 410-414]를 참조.

14 남방상좌부의 세 파 가운데 무외산사파와 기타림파에서는 대승이 수용되고 있었지만, 12세기의 스리랑카왕은 강력한 권력 하에 대승을 배제한 대사파만을 정통이라 인정하고 다른 파를 소멸시켰다고 한다(馬場紀壽[2008: 6-7]). 단, 대사파 문헌 속에 대승 사상이 들어가 있는 것에 관해서는 勝本華蓮(勝本[2007]의 간기에 보이는 제 논고를 참조) 등에 의해 밝혀져 있다. 또한 佛教대학의 나미카와 타카요시並川孝義 교수의 가르침에 의하면 정량부와 대승의 관련성을

보여주는 증거는 지금으로서는 찾기 어렵다.

15 本庄良文[1994: 51-56].

16 櫻部建[1969: 36-37]; 本庄良文[2010]을 참조.

17 『구사론』의 아홉 용례 중, 다른 부파가 중유에 관한 경의 문언이 다르다고 주장하는 하나만이 예외이다.

18 대정 29권, p.777a.

19 『구사론』에서 볼 수 있는 비바사사의 이론을 『대비바사론』에서 찾아볼 필요가 있다.

20 願智에 관해서는 『구사론』 제7장 智品 제37송(櫻部建, 小谷信千代, 本庄良文[2004: 151-153])을 참조.

21 『鞞婆沙』 권1, 대정28권, p.418b; 『舊婆沙』 권25, 대정 28권, p.182a. 佛教대학 대학원 清水俊史 군의 지적에 따른다. 중현설에 관해서는 本庄良文[2010]을 참조.

22 『마하승기율』 대정 22권, p.491c. 平川彰[1960: 766]을 참조. 또한 SAT의 검색에 의한다.

23 櫻部建[1969: 22]. 『新婆沙』 대정27권, p.4b; 『舊婆沙』 대정28권, p.3c; 『鞞婆沙』 대정28권, p.418a-b.

24 '비바사(Vibhāṣā)'의 어의(뭐라도 좋은 것, 법칙에 따른 임의성)에 관해서는 荻原雲來 편, 『梵和大辭典』(鈴木學術財團, 1970년 초판), p.1232; Apte's A Sanskrit English Dictionary, p.1465.

25 비유사라는 그룹과의 대립이 가장 치열하다. 木村泰賢[1922], 재간본 pp.197-205; 水野弘元[1932](= 水野弘元[1997: 269])를 참조.

26 藤田祥道[1998: 23]의 주 39)는 반대로 자파의 삼장 속의 문언이라도 부분적으로는 '가짜 삼장'이라고 하는 논자도 있었음을 추측케 하는 예에 대해 언급하고 있다.

27 佐々木閑[2002: 62-64].

28 佐々木閑[2002: 64].

29 藤田祥道[1997].

30 Peking ed. Tu146a6-147b5. 藤田祥道[1997: 8-9]; 本庄良文[1991: 89-90].

31 本庄[1989].

32 馬場紀壽[2008: 244]의 주 126).

33 이하 거론하는 것도 포함하여 藤田祥道[1998]에서 상세히 논하고 있다.

34 本庄良文[2010]을 참조. 단, '법성'이 한 단어가 아닌 '법의 성'일 가능성은 있다. 또한 佐々木閑[2002] 주 10)의 지적에 의하면, 법성 이론이 대승으로부터 도입되었을 가능성이 있다고 한다.

35 本庄良文[1993]; 藤田祥道[1998: 42-44]; 下田正弘[1997: 88]가 소개하는 정설에 의하면, 마명의 연대는 기원전 50년부터 기원후 100년경이라고 한다. 하지만 加藤純章[1989: 197]는 이를 2세 후반에서 3세기 후반에 둔다. 대승인은 아니었으며, 게다가 大家일 수 있었다는 점에서 적어도 용수(150-250)보다는 선배로 추정된다.

36 藤田祥道[1998: 12-13].

37 시모다가 주의를 환기하고 있는 라모트의 지적에도 주목할 필요가 있다. 라모트는 아쇼카왕 비문에 나타나는 "佛에 의해 말해진 말은 모두 잘 말해진 말이다."라는 표현이 니카야에서 "잘 말해진 모든 말은 佛, 응공, 정등각의 말이다."로 역전하여 이용되고 있는 점에 착목하고 있으며, 시모다는 "이것은 경전의 제작, 특히 대승의 출현과도 큰 관련이 있을 것으로 예상되는 주목할 만한 변화이다."라고 지적하고 있다(下田正弘[1993: 31-39]; [1997: 439]를 참조). 또한 사사키는 "아함에 적혀(=설해져) 있지 않은 것이라도 불설로 간주할 수 있다."고 하는 '새로운 교의'가 등장했을 때, 새로운 사상이 담긴 성전(즉, 대승경전)이 '눈사태처럼' 발생하게 되었다고 추측하고 있다(佐々木閑 [2002: 66-67]). 하지만 그러한 교의는 대승을 낳기 전에 우선 다른 작용을 하여 총 두 단계로 기능했다고 생각된다. 제1단계는 삼장 내부에서 아함이나 율을 발전, 변화시켜 아비달마를 부가시킨 기능, 제2단계는 제 부파 삼장 전체로부터 대승불교 전체로의 전개를 초래한 기능이다. 요컨대 사사키가 말하는 '새로운 교의'만으로는 곧바로 대승 발흥을 설명할 수 없다고 생각된다. 대승불교 흥기의 과정은 부파불교(제 부파의 삼장) 전체에서 대승불교 전체로 상정하는 쪽이 사사키 자신이 지적하는 대승불교 경전 생성의 '눈사태' 같은 양상과, ①대승불교는 아함과 밀접하게 관계하고 있으면서 그것과는 다른 교의도 포함한다, ②대승불교는 부파불교 속에서 발전했다, ③대승불교는 다양하다 라는 세 가지 점과, ④대승불교가 다양한 부파의 전통을 계승하고 있다고 하는 또 하나의 점을 설명하기 쉬울 것이다. 특히 마지막 점에 관해서는 "전통부파는 이미 대승경전의 '재료'를 다 소유하고 있었다."는 下田正弘[1997: 135]의 지적에 주의해야 할 것이다.

38 御牧克己[1988: 230-231].

39 경부 이론의 해명에 관해서는 水野弘元[1931]; 加藤純章[1989]가 뛰어나다.

40 加藤純章[1989: 86] 이하를 참조. 『순정리론』 곳곳에서 '비유부' '경부'라는 용례가 검출된다. 부파라는 인식이 추측된다. 이에 관해 '비유사는 처음부터 경부이며, 적어도 『구사론』 이전부터 경부라는 호칭은 있었다'라고 보는 혼조本庄 등과, 현존 자료에서는 경부가 처음 나타나는 것은 『구사론』이라는 점 및 『구사론』 경부와 비유사의 이론의 차이를 중요하게 보아 이를 부정하는 하라다 와소原田和宗 등 사이에 견해의 차이가 있다. 최근, 양측 설을 회통하고자 石田一裕[2011]는 '경부란 간다라 유부이다'라는 가설을 제시하고 있다.

41 向井亮, 「ヨーガーチャーラ派の學派名の由來」, 『三藏集』 4, 大東出版社, 1978, pp.267-273; Saito Akira, "On Bhavya's Interpretation of 'Madhyamaka' as Found in the Tarkajvālā," 『アビダルマ佛教とインド思想 加藤純章博士還暦記念論集』 春秋社 (2000), pp.267-279.

42 加藤[1989: 86] 이하; 本庄良文[1992b].

43 本庄良文[1992b].

44 이 논의는, 세친 저작에서 대응 부분을 발견하기 어렵다는 점에서 중현이 경부의 일반적인 주장을 재구성했다고 생각된다.

45 本庄良文[1989: 409]; 本庄良文[1992b: 937-936].

46 대정 27권, p.236b 이하(=『구바사』 대정 28권 p.182a 이하). 佛教大學大學院의 淸水俊史 씨의 교

시에 의한다. 周柔含[2009:16].

47 靜谷正雄[1952].

48 비유사들이 삼세실유설을 부정한 때야말로 유부와는 다른 '부파(nikāya)'로 간주된 때일 것이다.

49 梶山雄一[1983: 37].

50 위의 宮本正尊[1929]이 지적한 '무자성'론 및 『순정리론』 권53(대정29권, pp.639b-640b) 가운데 특히 p.639c의 "以有於一事, 見常見無常, 見俱見俱非, 故法皆無性" 송을 참조.

51 本庄良文[1987].

52 당시, 아라마키 노리토시荒牧典俊 교수로부터 교시를 받았다. 松濤誠廉, 「瑜伽行派の祖としての馬鳴」, 山部·藤谷·原田[2002]를 참조.

53 小谷信千代[1996: 27]에서 인용한 루엑(S. Ruegg)의 評語.

54 대정 15권, pp.182c-183a. 小谷信千代[1996: 27].

55 本庄[1987]는 유가행 매뉴얼에 있어서의 교리의 추출을 하고 있다.

56 마명이 노래한 붓다의 유체에 관한 표현이 『구경일승보성론』과 깊은 관련을 지닌다고 한 시모다의 지적도 흥미롭다. 下田正弘[1997: 82] 이하.

57 『대비바사론』 대정27권, p.2c23. "問. 阿毘達磨自性云何. 答. 無漏慧根以爲自性".

58 연기경의 정형구로 '연기법'에 관해 "여래가 출현하든 하지 않든, 법성은 확고하다." 운운 말하고 있다. 『잡아함경』 제299경(대정 2권, p.85b) 등을 참조.

59 原田和宗[2010: 80-82].

60 불설의 세 번째 조건으로 『대반열반경』에서는 '법성에 부합한다'는 항을 추가했다고 藤田[1998]가 제시한 부파에 해당한다.

61 梶山雄一, 『大乘佛典2 八千頌般若經 I』, 中央公論社, p.8. 팔천송계 最古의 한역인 『도행반야경』은 해독하기 어렵지만, 적어도 대응 부분은 존재한다. 대정 8권, p.424c를 참조. 藤田祥道[1998] 같은 경 속에 같은 취지의 내용이 표명되어 있다는 점을 지적하고 있다. 특히 p.28을 참조.

62 *Prasannapadā*, p.261. 長尾雅人編, 『世界の名著2 大乘佛典』(中央公論社), 1967, p.273.

약호

『현종론』 = 『아비달마장현종론』 대정 29권, No.1563.

『비바사』 = 『비바사론』 대정 28권, No.1547.

『구바사』 = 『아비담비바사론』 대정 28권, No.1546.

『바사론』 = 『아비달마대비바사론』 대정 27권, No.1545.

『순정리론』 = 『아비달마순정리론』 대정 29권, No.1562.

AKBh

Abhidharmakośabhāṣya, Pradhan 1st ed. 1967.

Prasannapadā

Louis de La Vallée Poussin ed., (1903-1913) Mūlamadhyamakakārikās (Madhyamikasūtras) de Nāgārjuna avec la Prasannapadā Commentaire de Candrakīrti, *Bibliotheca Buddhica*, IV, 1903-1913, Rep. 1977, Meicho-fukyū-kai.

Kritzer, Robert

2005 Vasubandhu and the Yogācārabhūmi, Yogācāra Elements in the Abhidharmakośabhāṣya, *Studia Philologica Buddhica, Monograph Series*, X VIII, The International Institute for Buddhist Studies, Tokyo.

참고문헌

가나자와 아츠시(金沢 篤(編))

2010 『インド論理研究 I』(松本史朗教授還暦記念), 山喜房佛書林.

가지야마 유이치(梶山雄一)

1983 『佛教における存在と知識』(紀伊國屋書店, 1983), pp.31-59.

가지야마 유이치 · 단지 테루요시(梶山雄一 · 丹治昭義)

1975 『大乘佛典 3 八千頌般若經 II』 中央公論社.

가츠모토 카렌(勝本華蓮)

2007 『チャリヤーピタカ』 ラトナ佛教叢書, 國際佛教徒協會.

가토 쥰쇼(加藤純章)

1989 『經量部の研究』 春秋社.

기무라 타이켄(木村泰賢)

1922 『阿毘達磨論の研究』 大法輪閣, 1968년 재간본을 사용.

나가오 가진(長尾雅人)

1967 『世界の名著 2 大乘佛典』(長尾雅人責任編集, 中央公論社).

미마키 카츠미(御牧克己)

1988 「經量部」, 『インド佛教 I』(岩波講座東洋思想第八巻) 岩波書店, pp.226-260.

미야모토 쇼손(宮本正尊)

1929 「譬喩者, 大德法救, 童受, 喩鬘論の研究」, 『日本佛教學協會年報』 제1년, pp.115-192. (『佛教學の根本問題』 春秋社, 1985년에 재수록).

미즈노 코겐(水野弘元)

1931 「譬喩師と『成實論』」, 『駒沢大學佛教學會年報』 제1권, pp.134-156. 水野弘元[1997]의 pp.279-300에 재수록.

1932 「心 · 心所に関する有部 · 經部等の論爭」, 『宗教研究』 9-3, pp.42-54. 水野弘元 [1997]의 pp.263-277

에 재수록.
1954　「部派佛教より大乘佛教への展開」, 「大乘經典と部派佛教との關係」(宮本正尊編『大乘佛教の成立史的研究』三省堂, pp.258-273, 273-313.
1997　『佛教教理研究』(水野弘元著作選集 第二卷) 春秋社.
바바 노리히사(馬場紀壽)
2008　『上座部佛教の思想形成－ブッダからブッダゴーサへ』春秋社.
사사키 시즈카(佐々木閑)
2000　『インド佛教變移論』大藏出版.
2002　「部派佛教の概念に関するいささか奇妙な提言」, 『櫻部建博士喜壽記念論集 初期佛教からアビダルマへ』平樂寺書店, pp.57-71.
사쿠라베 하지메(櫻部建)
1969　『俱舍論の研究』法藏館(1979년 제3쇄).
사쿠라베 하지메·오타니 노부치요·혼조 요시후미(櫻部建·小谷信千代·本庄良文)
2004　『俱舍論の原典研究 智品·定品』大藏出版.
시모다 마사히로(下田正弘)
1997　『涅槃經の研究－大乘經典の研究方法試論』春秋社.
시즈타니 마사오(靜谷正雄)
1952　「婆沙の覺天について」, 『佛教史學』제2권 제4호, pp.31-39.
야마베 노부요시·후지타니 타카유키·하라다 야스노리(山部能宜·藤谷隆之·原田泰教)
2002　「馬鳴の所屬學派について－Saundaranandaと『聲聞地』の比較研究part 1」, 『佛教文化』12, pp.1-65.
에노모토 후미오(榎本文雄)
1985　「初期佛典と論書の傳承史研究に向けて」, 『佛教論叢』29, pp.134-137.
오타니 노부치요(小谷信千代)
1996　「禪經における瑜伽行者－大乘に架橋する者」, 『佛教學セミナー』제63호, pp.22-34.
이시다 이치유(石田一裕)
2011　「經量部とガンダーラ有部」, 『佛教文化學會紀要』제19호, pp.96-115.
저우 로우 한(周柔含)
2009　『說一切有部の加行道論「順決擇分」の研究』山喜房佛書林.
케이라 류세이·우에다 노보루(計良龍成·上田昇)
1998　『荻原雲來校訂版『現觀莊嚴論光明般若波羅蜜多釋』梵語總索引』山喜房佛書林.
후지타 요시미치(藤田祥道)
1997　「クリキン王の豫知夢譚と大乘佛說論－『大乘莊嚴經論』第1章第7偈の一考察」, 『インド學チベット學研究』제2호, pp.1-21.
1998　「佛語の定義をめぐる考察」, 『インド學チベット學研究』제3호, pp.1-51.

호리우치 토시오(堀内俊郎)

2009 『世親の大乘佛說論－『釋軌論』第4章を中心に』 山喜房佛書林.

혼조 요시후미(本庄良文)

1982 「三世實有說と有部阿含」, 『佛教研究』 제12호.

1987 「馬鳴詩のなかの經量部說」, 『印度學佛教學研究』 36-1.

1989 「阿毘達磨佛說論と大乘佛說論」, 『印度學佛教學研究』 38-1.

1991 「シャマタデーヴァの伝へる阿含資料－世品(四)[二五]-[四九]」, 『神戸女子大學教教育諸學研究論文集』 5, pp.89-106.

1992a 「『釋軌論』第四章－世親の大乘佛說論(下)」, 『神戸女子大學研究紀要·文學部編』 25권, pp.103-118.

1992b 「Sautrāntika」, 『印度學佛教學研究』 40-2, pp.148-154.

1993 「經を量とする馬鳴」, 『印度學佛教學研究』 42-1, pp.486-481.

1994 「『俱舍論』における餘部阿含の引用」, 『佛教論叢』 제38호, pp.51-56.

2010 「毘婆沙師の佛說觀」, 『インド論理學研究』 I, pp.173-193.

히라오카 사토시(平岡聰)

2010 「法華經の成立に関する新たな視点－その筋書·配役·情報源は？」, 『印度學佛教學研究』 59-1, pp.143-151.

히라카와 아키라(平川彰)

1960 『律藏の研究』 山喜房佛書林 (『律藏の研究』 I, II로 춘추사에서 1999, 2000년에 재간).

1968 『初期大乘佛教の研究』 春秋社 (『初期大乘佛教の研究』 I, II로 춘추사에서 1989, 1990년에 재간).

하라다 와소(原田和宗)

2010 『「般若心經」成立史論』 大藏出版.

제7장

힌두교와 대승불교

아카마츠 아키히코

1.
머리말

대승불교의 탄생을 인도사상사의 흐름 속에서 힌두교의 전개와 관련지어 논하는 것, 이것이 본권『대승불교의 탄생』의 편자가 필자에게 부여한 역할일 것이다. 그러나 필자는 초기대승불교 전문가가 아니므로 이 과제에 직접 대답할 수 없다. 따라서 여기서는 힌두교에 비중을 두고, 인도사상사 흐름 속에서의 힌두교의 전개를 대승불교가 탄생해온 시대를 배경으로 논하고자 한다.

4 반세기 전에 출판된「강좌대승불교」의 제10권『대승불교와 그 주변』에서「인도사상과 대승불교」라는 제목으로 본 장과 동일한 주제를 논한 핫토리 마사아키 服部正明의 논문 서두에는 다음과 같은 구절이 있다.

> "교단에서의 실수파 實修派 비구들은 간결한 안내서에 따라 선관 禪觀을 닦으며, 해탈의 경지에 이르고자 했다. 대승불교를 이끈 자들 중에는 이러한 실수파 사람들이 포함되어 있었다고 생각된다. 그들이 선정을 통해 얻은 체험이 대승경전에 보이는 최고 실재에 관한 서술, 철학적 저작에서 조직화된 학설의 근간을 이루고 있는 것이다."[1]

대승불교의 기원을 둘러싸고 근년 한창 논의되고 있는 두 가지 논점이 여기에서 이미 명확히 제시되고 있다. 즉, 다음과 같다.

(1) 전통적인 부파불교집단(교단) 속에서 명상(선관의 實修)을 중시하는 자들 가운데서 대승불교가 일어났다는 점.

(2) 대승불교의 교리(학설)는 명상 체험(선정에 의해 얻은 체험)에 근거하여 만들어진 것이라는 점.

(1)의 경우, 불탑숭배를 중심으로 한 재가신자의 신앙 운동에서 대승불교가 발전했다고 보는 기존의 히라카와 아키라의 단호한 가설에 대해, 근년 새로운 관점에서 다양하게 재검토가 이루어지고 있다는 사실은 본 시리즈 제1권이나 본권에 담긴 여러 논문으로부터도 알 수 있을 것이다.

(2)의 경우, 후라우발너가 『불교철학』(1956, 초판)에서 대승불교의 최고 실재에 관한 교리가 신비가의 체험에서 발생한 것이라는 설을 일찍이 발표하였으며,[2] 슈미트하우젠이 불교에서 명상(그의 표현을 빌리자면, spirituelle Praxis(독일어), 또는 spiritual practice(영어), 영적인 명상 수행)과 유식설의 형성 관계를 논한 것도 1973년(영역은 1976)으로,[3] 위의 핫토리의 논술도 이들 설을 답습한 것이라고 할 수 있을 것이다. 단, '교리와 명상'의 관계를 비판적으로 논할 수 있게 된 것은 해리슨이 최초기의 대승불교 경전 중 하나인 『반주삼매경』을 영역한 후의 일이다.[4]

그렇다면, 명상 체험을 근거로 만들어진 대승불교의 교리란 어떤 것일까? 이 점에 관해서도 핫토리의 논술을 인용해두고자 한다. 위의 구절에 이어 다음과 같이 말하고 있다.

"선정이 깊어졌을 때, 마음은 이미 외계의 대상에도 그것과 관련된 자신에게도

사로잡히지 않는 조용한 평안에 도달한다. 그 경지에 이른 자에게 있어서는 외계와 자기, 혹은 그것을 구성하고 있는 물리적·심리적인 여러 요소는 실재성을 갖지 않는 것, 항상성이 없는 것, 환영māyā과 같은 것에 불과하다. 그것들에 대한 집착에서 떠나, 나아가 이탈離脫의 기쁨도 초월했을 때, 마음은 현상적 존재의 근저에 있는 항상불변의 실재에 접하는 것이다."[5]

여기서 말하고 있는 것을 요약하면 다음과 같다.

(1) 명상에서는 모든 현상적 존재가 공이라는 것을 이해하게 된다.

(2) 명상에서는 현상적 존재의 근저에 있는 항상불변의 실재가 직접적으로 경험된다.

선(명상)에 의한 공사상의 획득과 염불(명상)에 의한 붓다의 직증直證이라는, 대승불교의 두 주제가 여기서 언급되고 있다 해도 좋을 것이다. 이 중 (2)에 관해서는 "최고 실재의 정립은, 그것의 실체화로의 경향을 싹틔우고 있다는 점을 부정할 수 없다. 그것은 불교를 우파니샤드 철학과 가까운 것으로 만드는 일이다."[6]라고 핫토리의 논문은 지적하고 있다. 그리고 이 논문은 '실체화로의 경향'을 대승불교의 특징으로 이해한 후, 이를 우파니샤드의 철학, 나아가 힌두교에서의 신과 신앙 관념의 전개라는 관계 속에서 논한 것이었다. 따라서 '실체화의 경향'이라는 관점에서 대승불교와 힌두교의 관계를 보고 싶다면, 이 핫토리의 논문을 참조하는 것이 가장 좋다.

그런데 본 장에서는 오로지 (1)과 관련된 문제를 다루고자 한다. '모든 현상적 존재는 공이다.'란 우리들이 살아가고 있는 이 현실세계의 실재성을 일체 인정하지 않는다는 것과 같다. 초기대승불교의 수행자들이 이러한 인식을 얻기 위해서는 인식의 대전환이 필요했을 것이다. 게다가 설사 명상에서 얻은 것이 그러한 인식이었다 해도, 이를 그대로 현실 세계에 대한 인식이라고 하기 위해서는 큰 도약이 있어야 한다. 이를 가능하게 만든 것은 도대체 어떠한 논리였던 것일까?

본 장에서는 최초기의 대승불교 경전이라 불리는 『반주삼매경』과 초기의 베단타학파의 논서인 『아가마 샤스트라』를 중심으로 두 책에서 '꿈속에서의 경험'을 취급하는 방법을 실마리로, 위에서 제시한 바와 같은 인식 전환의 문제를 대승불교의 탄생과 힌두교의 전개를 평행선상에서 보는 관점에서 논해보고자 한다.

2.
『반주삼매경』 행품 行品에서의 꿈의 비유

『반주삼매경』은 그 원초적 형태를 보여주는(『3권본』의) 행품이 기원후 1세기 전반에는 성립하고 있었다고 생각되는 경전으로, 아미타불 신앙과 공사상이라는 대승불교의 두 가지 주제를 모두 볼 수 있다는 점에서 최초기 대승경전으로 여겨지고 있다. 이 경전에 관해서는 앞서 언급한 해리슨의 영역을 포함한 연구서와 가지야마 유이치의 「般舟三昧經-阿彌陀佛信仰と空の思想」(「반주삼매경-아미타불신앙과 공사상」)이 있다.[7] 본고에서는 가지야마의 논고를 참고로 논지를 전개해가고자 한다.

이 경전의 이름인 '반주삼매'의 산스크리트 원어는 pratyutpanna-buddha-saṃmukha-avasthita-samādhi인데, 의미는 '현재의 붓다의 면전에 선 자의 삼매(명상)' 혹은 '현재의 불타가 면전에 선 자의 삼매(명상)'로 수행자 자신이 아미타불의 면전에 서있는 상태(脫魂形의 트랜스 상태), 혹은 수행자 자신의 면전에 아미타불이 서 있는 상태(憑依形의 트랜스 상태)를 경험하고 있는 수행자의 명상모습을 보여준다. 본래의 의미는 전자였는데, 중국·일본에서 일반적으로 후자로 이해되어왔다는 점은 종교사적으로 보아도 흥미롭다.

그런데 『반주삼매경』 행품에서는 '반주삼매'라 불리는 명상의 상태를 7종의 비유를 들어 설명하고 있는데, 그중 다섯 개가 꿈속에서의 경험을 비유로 한다. 일반적으로 우리들은 꿈이라 하면 현실성을 갖지 않는 것이라고 생각한다. 우리들이 자는 동안 꿈을 꾸고 있을 때, 꿈속에서 경험하는 것들은 우리들이 자고 있는 한 사실이지만, 잠에서 깨어나면 사실이 아니게 된다. 따라서 꿈은 환상과 마찬가지로 현실(잠에서 깬 상태)에서 본다면 허망하고 실재성을 갖지 않는 것이므로, 허망성을 보여주는 비유로 사용되는 것이다. 고대 인도에서도 '꿈'을 그러한 허망성의 비유로 삼는 예는 많으며, 예를 들어 나가르주나(용수)가 『중론송』 7·34에서 "생기·존속·괴멸은 환상, 꿈, 신기루와 같다고 한다."라고 말할 때도, 이는 모든 존재물은 공이며, 일반적으로 존재하고 있는 것처럼 생각되고 있는 것도 실은 꿈·환상처럼 비현실적이고 허망한 것에 불과하다는 것을 말하고 있는 것이다. 그러나 '꿈'은 또한 신체의 속박을 떠난 의식(정신)의 자유로운 활동 상태로도 말해지는 일이 있으며, 우파니샤드 문헌 속에는 그러한 용례가 많이 발견된다. 따라서 지금 특히 '명상' 상태를 예로 드는 것으로서의 '꿈'이 문제가 되므로, 여기서의 '꿈'이 단지 비현실성·허망성을 보여주는 것이 아닌, 신체로부터의 속박을 떠난 의식·정신의 자율적·주체적인 활동을 나타내는 것이라는 점은 쉽게 상상할 수 있을 것이다.

그렇다면 『반주삼매경』 행품에 서술된 각 명상의 모습과, 이를 비유하는 7종의 비유를 요약하며 간략히 살펴보도록 하자.

(1) 몽중견불 夢中見佛의 비유

[명상의 모습] 재가·출가를 불문하고, 보살(수행자)들은 혼자서 한적한 장소에 가서 앉아서 배운 대로 아미타불에게 사념 思念을 집중한다. 그들이 만약 7일 밤낮동안 흔들림 없는 마음으로 아미타불에게 계속 사념을 집중한다면, 7일 밤낮이 지났을 때 그들은 아미타불을 보게 된다. 설사 그가 아미타불을 낮 동안 보지 못해도 자고 있는 동안에 꿈속에서 아미타불은 그에게 얼굴을 드러낸다.

[꿈의 묘사] "파드라파라야, 예를 들어 남자든 여자든 누군가가 자고 있어 꿈속에서 무언가 형태를 본다고 하자. 은이나 금, 친구, 동족, 친족, 동료, 기분 좋은 것, 사랑하는 것, 유쾌한 것 등을 보고 그들은 꿈에서 그들과 함께 놀고, 기뻐하고, 오락하고, 이야기하고, 잡담한다. 꿈에서 깨어나 그들은 [꿈에서] 보거나 듣거나 생각하거나 알거나 말하거나 잡담하거나 한 사람이나 무언가에 대해 다른 사람들에게 이야기한다. 그들은 꿈속에서 나타난 것들을 생각해내고 눈물을 흘릴 것이다."[8]

꿈속에서 경험한 사항을 마치 현실의 것처럼 떠올린다. 따라서 꿈에 나타나는 아미타불 역시 현실적으로 경험되는 아미타불이라는 것을 이 비유는 말하고 있다.

(2) 몽중무애 夢中無礙의 비유

[명상의 모습] 일심으로 아미타불에게 사념을 집중하는 보살(수행자)은 거대한 산 등의 어떤 장애물에도 방해받지 않고, 또한 신비한 능력(신통력)에도 의지하지 않고, 이 세계에 있으면서 아미타불을 보고 그 가르침을 듣고 이해하고 기억하고, 또한 아미타불을 숭배하고 공양한다. 그리고 이러한 보살(수행자)은 명상에서 나온 후에도 아미타불에게서 들은 가르침을 사람들에게 설한다.

[꿈의 묘사] 꿈속에서는 사람들은 어디에 있든 그 장소와는 무관하게, 또한 눈이 보인다던가 보이지 않는다던가 하는 것과 상관없이 여러 가지 것을 본다.

이 비유에서는, 꿈속에서는 신체적·물리적인 제약에서 벗어나 자유롭게 여러 가지 것을 경험할 수 있다는 점을 보여주고 있다.

(3) 몽중유녀 夢中遊女의 비유

[명상의 모습] 보살(수행자)이 '반주삼매'라는 명상에 들어가면 아미타불을 본 적이 없어도 이 세계에서 그 이름과 모습과 덕을 다른 사람에게서 들은 것만으로 아미타불을 억념하고, 아미타불을 만나고, 결국 번뇌에서 해방되어 완전한 깨달음을 얻게 된다.

[꿈의 묘사] 라자그리하의 대도시에 사는 3명의 남자가 각각 멀리 떨어진 바이샬리 마을에 사는 이전에 만난 적 없는3명의 유녀의 이름과 모습과 미모를 듣고 사랑에 빠졌다. 그들은 각 유녀에 대해 계속 생각했는데, 드디어 꿈속에서 그녀들을 방문하여 잠에서 깨어 있을 때 상상했던 모습 그대로 성교를 하고 성욕에서

해방되는 꿈을 꾸었다.

여기서 말하고 있는 것은 성욕이라는 매우 신체적인, 그 때문에 현실적인 욕망이 꿈속에서 달성된다고 하는 것이다. 꿈속에서 현실과 마찬가지로 생각이 실현된다고 하는 것이다. 꿈은 현실이 아니다. 꿈속에서 유녀와의 만남이 현실이 아닌 것처럼, 명상 속에서 아미타불과의 조우도 현실은 아니다. 수행자가 실제로 아미타불이 있는 곳에 간 것도, 아미타불이 수행자가 있는 곳에 온 것도 아니다. 그것은 남자들이 유녀가 있는 곳에 실제로 간 것도 유녀들이 온 것도 아닌 것과 마찬가지이다. 그래도 꿈속에서는 생각한 일이 성취된다. 이와 마찬가지로 수행자는 명상을 통해 번뇌에서 해방되어 깨달음을 얻는다는 것을 말하고 있다.

(4) 몽중만복 夢中滿腹의 비유

[명상의 모습] 보살(수행자)은 사물을 떠올리는 것이 아닌, 아무 것도 없는 장소를 떠올려야 한다. 아무 것도 없는 장소를 떠올린 후에 불타의 모습을 떠올리고, 이에 사념을 집중하면 유리처럼 투명하고 아름다운 불타의 모습을 보게 된다.

[꿈의 묘사] 공택(空沢 주변 한 면에 아무것도 없이 황막하게 펼쳐진 거친 땅)에서 길을 잃고 헤매던 남자가 굶주림과 목마름에 괴로워하며 지쳐서 잠들어 버렸는데, 꿈속에서 많은 음식을 손에 넣었다. 배부르게 먹고 갈증도 해소되었다. 깨어나자 몸이 살찐 것도 배가 부른 것도 아니었다. 그러자 그는 생각하였다. "사물은 이 꿈처럼 존재하고 있을 뿐이다." 그는 이렇게 이해하고 무생법인(無生法忍 모든 존재물은 실제로는 만들어내어진 것이 아니라는 사실을 인정하는 것)을 얻었다.

여기서도 (3)의 비유와 마찬가지로 배부름이라는 매우 신체성이 강한, 그 때문에 현실적인 욕망이 꿈속에서는 실현되고 있다. (3)과의 차이는 잠에서 깨어나 공복이라는 현실을 인식한다는 점이다. 잠에서 깨어나면 공복이라는 점에서 '일체공'의 인식에 단번에 이르기 위해서는 상당한 인식의 비약이 필요하다고 생각되는데, 여기서는 우선 현실이 본래 아무것도 없는 장소(공)였다는 점에 주의해야 한다. 게다가 현실은 일단 꿈을 경험한 후에만 그 진실한 모습이 알려진다. 꿈속에서 존재한다고 생각했던 것은 실제로는 존재하고 있지 않았던 것이다. 꿈에서 깨어나 비로소 꿈의 허구성을 알아차리고 현실, 즉 진실(공)을 깨닫는다는 것이 여기서 말해지고 있다. 그렇다면 사람이 꿈에서 깨어나지 않는 한, 그 사람에게 있어 꿈은 계속 '현실'이 되기도 할 것이다. '꿈'과 '현실'의 반전 가능성, 혹은 또한 '현실'의 상대적인 허구성을 이 비유는 암시하고 있는 것 같다.

(5) 몽중귀향 夢中歸鄕의 비유

[명상의 모습] 이러이러한 방향에 붓다가 계신다고 들었다면, 보살(수행자)은 붓다의 모습을 볼 수 있도록 그 방향에 계신 붓다에게 의식을 집중하고 억념한다. 그렇게 해서 그는 유리와 같은 모습의 붓다를 본다.

[꿈의 묘사] 고향을 떠나 타향을 여행하는 남자가 일찍이 고향에서 보거나 듣거나 한 것을 떠올리고 있었다. 피곤함에 그는 잠들어 버린다. 꿈속에서 고향에 돌아간 그는 일찍이 고향에 있었을 때와 마찬가지로 보거나 듣거나, 가거나 오거나 한다. 그리고 꿈에서 깨어나 친구들에게 꿈에서 본 것, 들은 것을 실제로 경험한 것처럼 말하였다.

위의 (1)몽중견불의 비유와 동일하다. 꿈속에서 경험한 것이 마치 현실의 일처럼 떠오르고 있다.

(6) 부정관의 비유

"부정관은 주로 소승불교의 비구가 행하는 관상으로, 육체에 대한 집착·정념을 제거하기 위해 사람 사체의 추악한 모습을 9종 혹은 10종의 단계로 나누어 관상하는 것이다." "이들 사체의 모습이 어디에선가 온 것도 아니고, 어디론가 가는 것도 아니며, 비구의 마음 집중을 위해 눈앞에 나타나는 것이라는 점이 이 비유가 말하려는 바이다."[9]

(7) 영상의 비유

거울이나 수면에 사람의 영상이 비추어졌다 해도, 그 사람이 그 속에 들어간 것은 아니다. 이와 마찬가지로 명상 속에서 제불諸佛을 보았다 해도 붓다가 어디선가 온 것도 아니고, 보살(수행자)이 어디론가 간 것도 아니다. "이 삼계(유정이 사는 3종의 세계. 욕계·색계·무색계)에 속하는 자는 마음[의 소산]에 불과하다('三界唯心'). 그것은 무슨 이유인가 하면, 자신이 이것저것 생각하는 대로 그것들은 나타나기 때문이다."[10]

그렇다면 위에서 본 (1)에서 (5)까지의 꿈의 비유에서 꿈속에서의 체험은 매우 선명한 것으로, 그 현실성에서 거의 현실과 다름없는 것으로 말해지고 있다. 요컨대, 이들 비유에서 꿈은 허망성을 비유한 것이 아닌 것이다. 꿈의 허망성을 말하는 것처럼 보이는 (4)에서도 중요한 것은, 꿈속에서 배부름이 현실적으로 경험되고 있다는 점이다. 즉, 꿈이라는 비물질적이고 외계에 어떤 의지처도 없는 것 속에서 신체적인 욕망이 의식(마음)만으로 실현된다는 것을 이 비유는 말하고자 하는 것이다. 현실은 꿈속에서 의식(심)만으로 사실처럼 경험된다. 『반주삼매경』 행품의 작자는 이것을 알아차리고 있었기 때문에 명상의 상태를 꿈에 비유하여 반복해서 설명하고, 또한 (6)과 (7)의 비유로 이야기를 전개시키고, 마지막으로 '삼계유심'이라는 초기대승불교의 교리를 표현하기에 이른 것이다.

일찍이 슈미트하우젠은 이 『반주삼매경』 행품의 본문은 '유심 cittamātra'이라는 말에 의해, 무릇 인식되는 모든 것은 마음의 활동에 의해 생겨나는 것임을 표명한 최초의 텍스트라고 한 후, 이러한 '모든 것은 마음 활동의 소산이다.'라는 초기대승불교에 공통된 사고방식은 '명상적인 정신 집중의 과정에서 내적으로 영상화된 여러 대상을 관찰한 모습을 일반화하는 것에 의해 생겨났다.'라고 주장하였다.[11] 이 주장에 대해 근년 브롱코스트나 프랑크에 의해 비판적인 검토가 이루어지고 있지만,[12] 여기서 보아 온 바와 같이 『반주삼매경』 행품의 문맥에 따르는 한, 슈미트하우젠의 주장은 여전히 설득력 있다고 할 수 있을 것이다. 명상은 신체성의 속박에서 완전히 벗어난 의식의 상태이다. 이는 바로 몽견夢見 상태와 같으며, 그 때문에 일상의 명상 수행 속에서 얻은 비전은 꿈속에서의 경험과 마찬가지로, 바로 의식으로만 만들어진 현실성일 수 있다. 그리고 거기서의 인식은 신체성을 초월하고 있기 때문에 보다 고차원의, 이른바 참된 현실에 관한 인식으로 받아들여지게 되는 것이다. 대승불교의 교리가 명상 체험에서 생겨났다고 한다면, 지금 보아온 바와 같이 꿈속에서의 경험을 어떻게 이해하는가가 이를 위한 하나의 계기가 되었다고 생각된다. 따라서 이어 힌두교에서 동일한 논의를 찾아 고찰을 진행하기로 한다.

3.
『아가마 샤스트라』

본론의 서두에서 소개한 핫토리의 논문에서도『아가마 샤스트라』에 관해 언급하고 있다. 거기서는 밧다차리야의 연구에 근거하여 이 책이 대승불교 사상으로부터 많은 영향을 받고 있는 점, 이 책을 구성하는 4장이 본래 따로따로 성립한 것이라고 추정되는 점이 서술되고, 또한 훼터 Vetter의 논문에 근거하여 이 책이 대승불교에서 볼 수 있는 최고 실재(공)의 실체화 경향의 베단타적 전개를 보인다는 지적이 이루어지고 있다. 단,『아가마 샤스트라』에 관해서는 1985년 이후, 비교적 훌륭한 형태로 정리된 몇 개의 연구가 출판되었다.[13] 근년 이들 연구에서는 당초의 밧다차리야의 연구처럼 이 책속에서 대승불교 사상으로부터의 일방적인 영향을 찾아내고, 대승불교 경전이나 논서로부터의 인용을 논하는 일 없이, 더불어 환영주의幻影主義('현상은 모두 환영이다'라는 사고방식)로 자리 매김 되는 초기대승불교 사상과 초기 베단타 사상의 전개를 인도사상사적인 관점을 가지고, 이 책에서 읽어내려는 경향을 볼 수 있다. 분명 이 책 속에는, 예를 들어 나가르쥬나(용수)의『중론송』에서의 인용이 많이 보이지만, 작자들은 이를 모두 의도적으로 바꿔 읽고 있다. 이 점은 문맥 상 명확하며, 이로 보아도 대승불교사상의 영향을 일방적으로 받은 텍스트라고만 간주할 수는 없다. 본론에서도 이러한 관점에서 이 책을 다루고자 한다.

『아가마 샤스트라』는 모두 4장으로 이루어져 있으며, 필시 각 장은 원래 따로따로 성립했을 것이다. 그렇다고 해서 각 장이 각각 다른 사고법을 보여주는가 하면, 그렇지는 않다. 이 책이 전체적으로 '모든 사물은 본래 불생不生이다'라고 일관되게 주장하고 있는 것은 명확하기 때문이다. 이 주장은 제4장에서 특히 명확하게 제시되고 있기 때문에, 이 제4장의 작자가 필시 이 책 전체를 자신의 입장에 따라 재편집했을 것이라고 생각하는 것이 타당할 것이다. 또한 이하에 보여주는 바와 같이, 꿈속의 경험과 잠에서 깨어 있을 때의 경험을 병행적으로 논하는 것도 제2장, 제3장, 제4장에서 똑같이 이루어지고 있으며, 그 주장에서 근본적인 차이는 볼 수 없다. 그렇다면 편찬자는 누구이며 언제쯤의 인물일까, 이는 명확하지 않다. 베단타 전통에서는 이 책의 작자가 상카라의 스승 고빈다의 스승이었던 가우다파다라고 하며, 그 때문에 이 책은 또한 『가우다파디야 카리카』(「가우다파다의 게송」)라는 제목으로도 알려져 있다. 하지만, '가우다'를 지명으로 보아 벵갈지방에서 활약한 초기의 베단타학파에 속하는 작품으로 생각하는 경우도 있다. 성립한 시대도 불확실하여, 상카라 이전인 6세기 후반에서 적어도 8세기 사이라고 할 수 있는 정도이다.

그렇다면, 이 『아가마 샤스트라』에서는 꿈속에서의 경험과 현실세계에서의 경험을 어떻게 말하고 있을까. 이하, 이 점을 살펴보자.

4.
『아가마 샤스트라』 제2장 – 꿈과 현실(제1–12시절)

우선 제2장에서의 논술을 보자. 본문은 운문이지만, 여기서는 산문적으로 번역한다. 역문 중 〈 〉 안의 숫자는 시절의 번호이다.

> '꿈속에서는 [그곳에 나타나고 있는] 모든 존재물은 비非-실實이다.'라고 현자들은 말한다. 그들 존재물은 [신체의/정신의] 내부에 존재하고 있기 때문이다. 또한 그들은 뒤덮여서 존재하고 있기 때문이다〈1〉.
>
> 또한 [꿈속에서 여러 가지 장소에 갔다 하더라도,] 그것에 걸리는 시간은 아주 순간이기 때문이다. 즉, 실제로 그 곳에 가서 그들 장소를 보고 있는 것이 아니다. 그리고 잠에서 깨어났다면 누구든 실제로 그 장소에 있는 일도 없다〈2〉.
>
> 또한 [꿈속에서의] 마차 등의 비존재가 논리적으로 성전을 통해 가르쳐지고 있다. 꿈속에서 [그들 여러 사물이] 비-실인 것은 실로 [지금 말해진] 이유에 의해 확증된다는 것을 그들(현자들)은 명확하게 말하고 있는 것이다〈3〉.

꿈속에 나타나는 여러 사물이 실재하지 않는다는 것 정도는 현자가 아니라도 알 터인데, 왜 굳이 장 서두에서 이런 말을 하는 것일까. 하지만 우리들은 앞서 '반주삼매'의 원의가 '붓다의/가 면전에 선 자의 삼매(명상).'라는 것을 보았으며, 또한 명상 속에서 붓다를 만났다 해도 그것은 실제로 붓다가 어디선가 온 것도 보살이 붓다가 있는 곳에 실제로 간 것도 아니라는 인식에서 서술되고 있음을 보았다. 요컨대 '꿈속에서는 모든 존재물이 비-실이다.'라는 인식은 명상 속에서 붓다를 만났다 해도 실은 정말로 붓다를 만난 것은 아니라는 인식과 마찬가지로 하나의 큰 인식의 전환점을 여실하게 보여주는 것이라는 점을 우리들은 먼저 이해해야 할 것이다. 우파니샤드에서는 자고 있는 자의 영혼은 꿈속에서 외부 세계를 자유롭게 헤매고 다니는 것이며, 꿈속에서의 경험은 바로 현실 세계 속에서의 사건이라는 관념을 이야기하기도 한다. 이를 탈혼형의 샤만에서 볼 수 있는 원초적인 관념이라고 할 수 있을 것이다. 즉, 꿈속에서의 사건을 진실이라고 간주하는 생각이 있었던 것이다. 이러한 생각에 대해 논리와 성전을 근거로 '꿈속에서는 모든 존재물이 비-실이다.'라는 것을 확증하고자 하는 것이, 이 서두의 언명이라고 할 수 있을 것이다.

그러나 꿈속에 나타나는 사물이 모두 실재하지 않는 것이라는 점을 언명하는 듯한 우파니샤드는 실제로는 없는 것 같다. 위에서 든 시절 〈3〉에 나오는 '마차 등의 비존재'라는 어구는, 분명 『브리하드아란야카 우파니샤드』 제4장 제3절 10의 '거기(꿈속)에는 마차도 없고'를 이어받은 것이며, 이 우파니샤드의 문구를 근거로 여기서는 '꿈속에서는 모든 존재물이 비-실이다.'라는 것을 확증하려 하고 있는데, 이 문구를 포함한 우파니샤드 본문은 실은 다음과 같은 것이다.

> "거기(꿈속)에는 마차도 없고, 마차에 매어둘 말도 없고, 길도 없습니다. 그래서 그는 마차나 마차에 매어둘 말이나 길을 자신을 위해 만듭니다. 거기에는 환희도 환락도 없습니다. 그래서 그는 환희나 쾌락이나 환락을 자신을 위해 만들어냅니다. 거기에는 저수지도 연못도, 강도 없습니다. 그래서 그는 저수지나 연못이나 강을 자신을 위해 만들어냅니다. 왜냐하면, 그는 창조자이기 때문입니다."[14]

이것은 인식으로 이루어진 내적인 빛인 신인(神人 푸루샤)으로서의 아트만이야말로 꿈속의 창조자이며, 아트만은 스스로를 광명으로 꿈속에서 창조한다는 것을 서술하고 있는 한 문장에 다름 아니다. 요컨대, 이 우파니샤드는 꿈속에 나타나는 사물이 '비-실이다'라는 것을 말하는 것이 아닌, 그 사물들이 아트만의 자기반조적인 행위에 의해 만들어진 것이라는 점을 말하고 있는 것이다. 따라서 『아가마 샤스트라』 제2장 서두에서의 우파니샤드의 이 어구에 대한 언급은 그것이 오해가 아니라면 작자의 어떤 의도적인 해석을 포함하고 있는 것이 될 것이다. 한편, 이 우파니샤드의 논술 그 자체가 꿈속에서의 경험에 관한 어떤 종류의 본질적인 이해 방법을 보여주고 있는 것도 분명하다. 즉, 꿈속에서 실제의 사물이 존재하고 있지 않은 것은 명확하지만, 거기에 마치 사물이 실재하는 것처럼 인식되는 것은 아트만(의식 주체)의 자기반조가 거기서 일어나고 있기 때문이라는 것을 이 한 문장은 말하고 있다고 생각된다. 그렇다면 우리들은 이 『아가마 샤스트라』 제2장 서두에서, 작자는 꿈속에 나타나는 여러 사물이 '비-실인 것'과 '의식 내부의 자기 반조에 의해 만들어진 것이라는 것', 즉 의식만으로 만들어진 것이라는 점을 의도적으로 연결시킨 그 순간에 입회하고 있는 것이 된다. 논의의 다음 전개를 보자.

> [여러 사물의] 갖가지 구별은 [의식] 내부에 있는 것이므로, 깨어 있는 경우라도 [꿈속에서 갖가지 구별이 의식 내부에 있는 것에 의해 나타나는 것과] 마찬가지로 [비-실인 것으로서 나타나는 것이라고,] 전통적으로 배웠다. 그 경우(깨어 있는 경우)와 꿈속[에서 일어나고 있는 것]은 똑같다. 뒤덮여 존재하고 있다고 하는 것에 의해 갖가지 구별이 있는 것이다〈4〉.
>
> '꿈의 상태와 깨어 있는 상태는 완전히 똑같다.'라고 현자들은 말한다. [꿈에서도 깨어 있는 상태에서도] 갖가지 사물의 구별은 완전히 똑같[이 의식 속에서 나타난]다고 하는, 일반적으로 주지되고 확립된 이유에 근거하여[, 그와 같이 말해진다]〈5〉.

'꿈의 상태와 깨어 있는 상태는 완전히 똑같다'. 이것이야말로 『아가마 샤스트라』 제2장뿐 아니라 전체의 근본 명제이다. 그리고 그 근거로서 대상에 관해 인식되는 여러 가지 구별은 꿈이든 깨어 있는 현실 세계에 있어서든 의식 내부에서 뒤덮여 존재하고 있는 것에 의한다는 점을 말하고 있다. 이것은 인식이 분절화 된 대상은 의식만으로 만들어지는 것이며, 그것은 꿈이든 현실 세계에서든 똑같다고 말하고 있는 것이다. 그리고 서두에서 말한 "꿈에서는 모든 존재물이 비-실이다."라는 언명과, 여기서의 "꿈의 상태와 깨어 있는 상태와는 완전히 똑같다."라는 언명을 통해 내려진 결론은 '깨어 있는 상태에서 인식된 모든 존재물은 비-실이다'라는 것이 될 것이다. 이를 단적으로 말하는 것이 다음 시절이다.

> 꿈을 꾸고 있는 상태에서도 내적인 마음의 활동에 의해 상상된 것은 '현재 존재하고 있지 않은 것'이며, 외적인 마음의 활동에 의해 파악된 것은 '현재 존재하고 있는 것'이다. 하지만 [실제로는,] 양쪽 모두 비-실인 것이라는 점은 경험적으로 알려져 있다〈9〉.
>
> 깨어 있는 상태에서도 내적인 마음의 활동에 의해 상상된 것은 '현재 존재하고 있지 않은 것]이며, 외적인 마음의 활동에 의해 파악된 것은 '현재 존재하고 있는 것'이다. 하지만 [실제로는,] 양쪽 모두 비-실인 것이라는 점은 논리적으로 설명된다〈10〉.

우리의 마음 활동에는 두 가지 종류가 있다. 내적인 마음의 활동 antaścetas으로서의 주체적인 사유나 상상, 공상空想과, 외적인 마음의 활동 bahiścetas으로서 객체적인 대상을 인식하고 파악하는 활동이다. 그리고 내적인 마음 활동에 의해 상상된 것 kalpita은 상상적인 것으로 비실재 asat라고 간주하는 한편, 외적인 마음 활동에 의해 대상으로 파악된 것 gṛhīta은 실재 sat라고 간주된다. 통상, 인식의 메커니즘을 일반적으로 설명하면 이와 같이 될 것이다. 작자는 이 도식을 전제로 우선 꿈을 꾸는 상태에서의 인식의 존재 방식을 들어, 그것이 인식인 한은 거기서도 이러한 인식의 메커니즘이 기능한다는 것을 말한 후, 하지만 그것이 꿈속에서의 일인 한 여하튼 거기서의 인식은 '비-실인 것'과만 관련된다는 것을 말하는 것이다. 그리고 다음으로 깨어 있는 상태, 즉 현실에서의 인식의 존재 방식에 이 메커니즘을 옮기고 현실에서도 그것이 '마음의 활동'에 의해 일어나는 인식인 한 꿈을 꾸고 있는 상태에서의 인식과 마찬가지로 역시 '비-실인 것'과만 관련된다고 설명하는 것이다. 이렇게 해서 작자는 여기서 다음과 같은 결론을 이끌어낸다.

> 꿈의 상태에서도 깨어 있는 상태에서도 어떤 상태에서도 [그곳에 나타나는] 여러 가지 구별이 만약 비-실이라면, 도대체 누가 그 구별들을 알며, 도대체 누가 그 구별들을 상상=창조하는가〈11〉.
> 광휘인 아트만이 스스로 자신의 마야幻惑의 힘을 사용하여 자신을 상상=창조하는 것이다. 그야말로 여러 [현상계의] 구별을 안다는 것이 베단타학파의 결론이다〈12〉.

앞서 시절 〈3〉을 보았을 때 『아가마 샤스트라』의 작자가 우파니샤드의 한 구절을 언급하며, 꿈에 나타난 여러 사물이 '비-실인 것'과 '의식 내부의 자기 반조에 의해 만들어진 것이라는 것'을 의도적으로 연결시키고 있다는 점을 지적했는데, 나아가 여기서는 그것이 깨어 있는 상태로까지 확장되고 있다. 즉, 그것은 꿈이든 생시든 그것이 현상으로서의 세계라는 것에는 변함이 없다는 것이다. 이리하여 일체 현상은 모두 아트만=의식의 자기 반조에 의해 만들어지고 있다는 결론에 이르는 것이다. '현상은 모두 환영이다'라는 환영주의가 초기대승불교 사상과 초기 베단타 사상에 공통된 사고방식이라는 것이 본 장의 주제인데, 이와 같은 사고방식은 베단타 사상 쪽에서 태어난 과정의 한 면을 여기서 확인할 수 있었다고 할 수 있을 것이다.

그러나 위의 결론은 아트만을 개인의식과 직접적으로 관련시키고 있다는 점에서 비약이 있는 것 같다. 꿈속에서의 경험도, 잠에서 깨어 있는 상태에서의 경험도 '나'의 경험이며, 의식 역시 '나'의 의식일 것이기 때문이다. 꿈에서의 경험은 실제 대상을 갖지 않기 때문에 허망하며, 마찬가지로 현실 세계에서의 경험도 주관적인 의식에 의해 만들어진 것이므로 '비-실이다'라고 한다면, 그것은 현실 세계에서의 '나'의 경험은 단지 주관적인 선입견이나 착각이라고 말하고 있는 것일 뿐이다. 그것만으로는 현실에서 인식되고 있는 여러 사물의 모습 그 자체가 꿈에서의 '나'의 의식에 의해 경험된 여러 사물의 모습과 같다고 하는 식으로 일반화해서 말할 수는 없을 것이다. 개인의식의 활동을 아트만의 활동으로 교체하는 것, 그것도 창조라는 존재론적인 작용과 유사한 것이라 하는 것은 어떤 사고에 근거하고 있는 것일까? 마지막으로 이 점을 확인해두지 않으면 안 된다.

5.
『아가마 샤스트라』 제3장 – 의식과 무의식(제29-32시절)

의식(마나스)은 꿈에서는 [주체와 객체라는] 이중의 나타남을 취하여 마야幻惑의 힘으로 활동한다. 마찬가지로 의식은 깨어 있을 때도 이중의 나타남을 취하여 마야(환혹)의 힘으로 활동한다〈29〉.

본래는 불이不二인 의식이 꿈에서 이중의 나타남을 지닌다. 이 점에 의심할 여지는 없다. 마찬가지로 본래는 불이인 의식이 깨어 있을 때에 이중의 나타남을 지닌다. 이 점에 의심의 여지는 없다〈30〉.

이 이중성은 무엇이든 모두 동動과 부동不動의 만물을 포함하고, 의식에 의해 볼 수 있는 것이다. 실로 의식이 무-의식의 상태 amanībhāva가 되었을 때에는 이중성은 결코 인식되지 않는 것이다〈31〉.

[의식은,] 아트만의 진실을 아는 것에 의해 [아트만에 관해] 이것저것 계산해서 생각하는 일이 없어질 때에 무-의식의 상태에 이르는 것이다. 파악되어야 할 대상이 없을 때에는 그것은 파악하는 [인식의] 활동도 없는 것이다〈32〉.

의식은 의식인 한, 꿈의 상태이든 깨어 있는 상태이든 주체와 객체라는 두 개의 계기를 포함한다. 그러는 한, 꿈을 꾸는 상태도 깨어 있는 상태도 마찬가지이다. 그리고 의식이 주체이며 객체라고 하는 이중성을 떠나 무-의식이 되었을 때, 그것은 순연한 아트만으로 존재한다. 개個의 의식이 아트만일 수도 있다고 하는 사태를 초기의 베단타사상은 이처럼 설명한 것이다. 여기서 무-의식이란 순수 의식의 상태로 바꾸어 말해도 좋을 것이다. 그리고 이것을 좀 더 자세히 설명한다면, 이것이야말로 개체 의식으로서의 아트만이 초월적인 실재인 브라흐만과의 본원적인 동일성을 깨달은 상태인 것이다.

이상, 꿈을 꾸는 상태와 현실 상태와의 관계를 『아가마 샤스트라』라는 텍스트가 어떻게 논하고 있는지 보아 왔다. 이 텍스트에서는 이밖에, 제4장의 제32-41시절, 그리고 제61-73시절에서도 동일한 주제가 반복되고 있는데, 내용은 여기서 보아 온 것과 기본적으로 같다. 이제 정리하는 의미에서 다음 시절을 인용해둔다.

> 파악되어야 할 대상(객체)과 파악하는 것(주체)으로 이루어진 이 이중성은 단순한 마음의 진동 운동이다. 마음에 객체 대상은 없다. 그 때문에 [마음은] 영원하며 무집착이라고 일컬어진다(제4장 〈72〉).

6.
결론

일반적으로 인식되는 모든 현상은 마음의 활동에 의해 만들어진 것이다. 『반주삼매경』에서 처음 언명되고, 초기대승불교에서 공통적으로 보이는 이 사고는 초기의 베단타 사상을 서술하는 『아가마 샤스트라』에서도 발견된다. 게다가 여기서는 논술이 논리적이고도 의도적으로 전개되고 있다. 여기서 우리들이 확인할 수 있는 것은, 초기대승불교가 힌두교 사상에 영향을 주었다는 점이 아닌, 인도사상사의 흐름 속에서 존재론이 의식론으로 전환한 시점, 혹은 존재론이 실은 의식론이라는 점을 사상가가 알아차린 그 시점 — 그것은 요컨대 명상에서 교리가 발생할 수 있다고 알아차린 시점이기도 한데 — 에서 당시의 사상가들 중 어떤 자들이 공통적으로 품고 있던 사고방식이 어떻게 전개되었는가 하는 것에 다름 아니다.

---

1 服部正明, 「インド思想と大乗佛教」「講座大乗佛教 10」, 『大乗佛教とその周邊』, 春秋社 (1985), p.82.

2 Erich Frauwallner, *Die Philosophie des Buddhismus*, Vierte Auflage, Berlin (1994), p.144.

3 Lambert Schmithausen, 'Spirituelle Praxis und philosophische Theorie im Buddhismus', *Zeitschrift für Missionswissenschaft und Religionswissenschaft* 57(1973), pp.161-186. (영역판) 'On the Problem of the Relation of Spiritual Practice and Philosophical Theory in Buddhism., *German Scholars on India. Contributions to Indian Studies,* vol.2, Bombay-Delhi (1976), pp.235-250.

4 Paul Harrison, *The Samādhi of Direct Encounter with the Buddhas of the Present: An Annotated English Translation of the Tibetan Version of the Pratyutpanna-Buddha-Sammukhāvasthita-Samādhi-Sūtra.* Tokyo: The International Institute for Buddhist Studies. (Studia Philologica Buddhica, Monograph Series, V)(1990).

5 服部正明, 앞의 논문, pp.82-83.

6 服部正明, 위의 논문, p.83.

7 『浄土佛教の思想 第2巻』(觀無量壽經, 末木文美士; 般舟三昧經, 梶山雄一), 講談社, 1992.

8 梶山雄一 역, 위에서 든 『浄土佛教の思想 第2巻』, pp.269-279. 해리슨 역에 따라 일부 개역.

9 인용은 모두 위의 책 p.307.

10 梶山雄一 역, 위의 책, pp.277-278.

11 본고의 주 3)에서 언급한 논문을 참조. Lambert Schmithausen, *German Scholars on India, Contributions to Indian Studies,* vol.2, p.247.

12 Johannes Bronkhorst, *Karma and Teleology, A problem and its solutions in Indian philosophy*, Tokyo: The International Institute for Buddhist Studies. (Studia Philologica Buddhica, Monograph Series, XV) (2000), pp.77-93. Eli Franco, 'Meditation and Metaphysics. On their Mutual Relationship in South Asian Buddhism', *Yogic Perception, Medition and Altered States of Consciousness*, Wien (2009), pp.93-132.

13 Thomas E. Wood, *The Māṇḍūkya Upaniṣad and the Āgama Śāstra: An Investigation into the Meaning of the Vedānta.* University of Hawaii Press (1990). Richard King, *Early Advaita Vedānta and Buddhism. The Mahāyāna Context of the Gauḍapādīya-kārikā*. SUNY (1995). Christian Bouy, *Gauḍapāda. L'Āgamaśāstra. Text, traduction et notes*. Paris (2000). 또한 다음 저작도 중요하다. Olle Qvarnström, *Hindu Philosophy in Buddhist Perspective: the Vedāntatattvaviniścaya Chapter of Bhavyaś Madhyamakahṛdayakārikā*(Lund Studies in African and Asian Religion Vol.4), Lund (1989).

14 『브리하드아라냐카 우파니샤드』 제4장 제3절 10. 服部正明 역, 『世界の名著 1 バラモン教典, 原始佛典』, 中央公論社, (1969), pp.91-92.

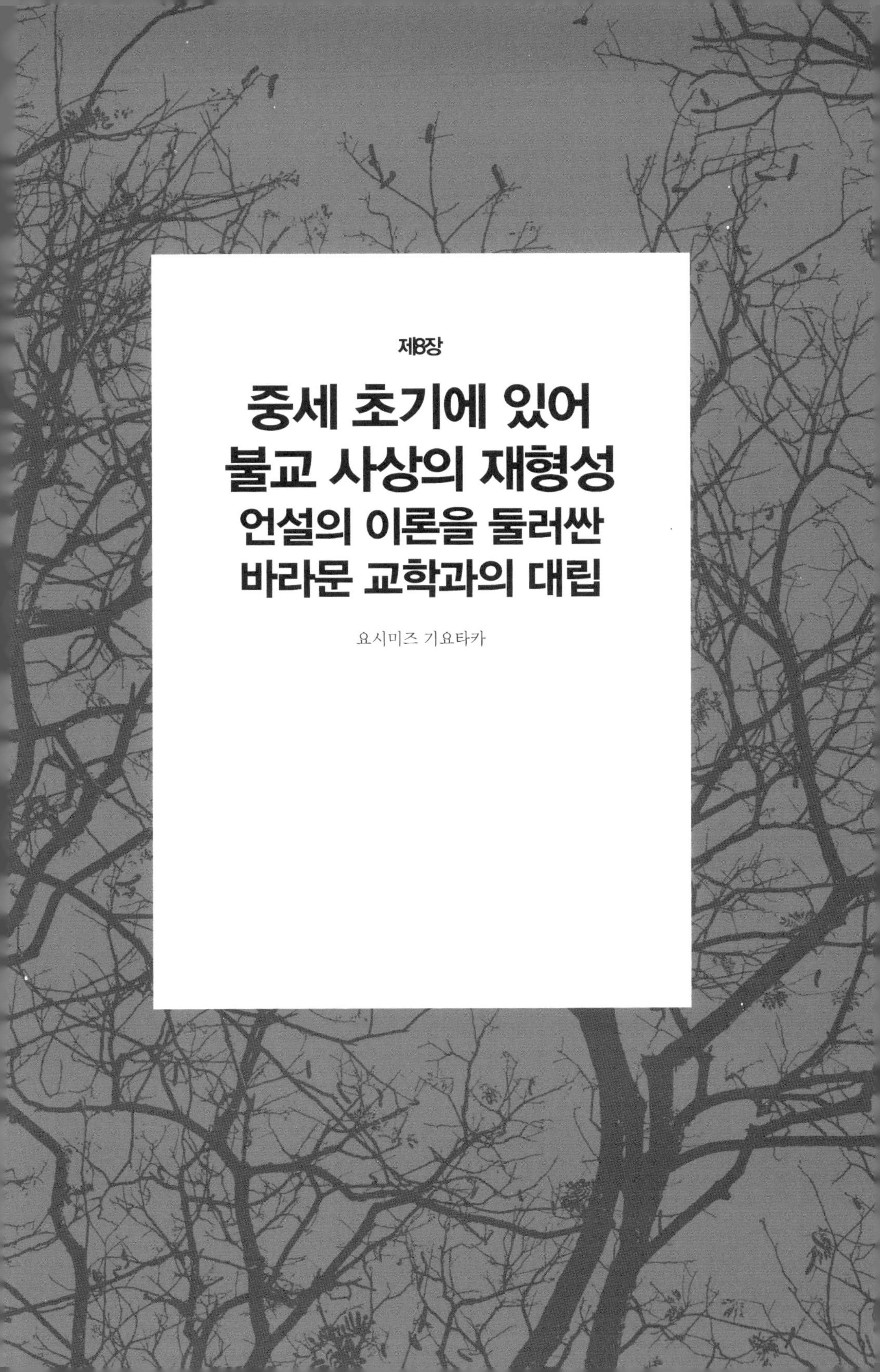

제8장

중세 초기에 있어 불교 사상의 재형성
언설의 이론을 둘러싼 바라문 교학과의 대립

요시미즈 기요타카

1.
머리말

붓다 열반 후의 시대에 출가한 불교 승려는 교단이 편찬한 경전을 청문하는 것으로 붓다가 설한 이법 dharma을 처음 접할 수 있었다. 그러나 다른 한편, 붓다의 교설이 진실이라는 점은 스스로 음미하고 체험한 후 확신해야 하는 것이 교단 설립 이래 일관되게 추구되었다. 드디어 부파불교 시대를 거쳐 대승불교가 일어나고, 교단이 전하는 성전과 출가자 자신에 의한 이법 탐구의 관계가 끊임없이 문제시되었다.[1]

디그나가 Dignāga(480-540)는 만년의 저서인 『지식론집성 知識論集成』(*Pramāṇasamuccaya*, 약호 PS) 및 이에 대한 자주(自註 *Vṛtti*)에서 인간이 올바르게 사물을 인식하기 위한 수단(pramāṇa 지식수단)을 지각과 추론의 2종에 한정하고, 개념 작용 kalpanā의 유무로 양자를 구별하였다. 그리고 올바른 추론을 성립시키는 논증인 論證因이 지녀야 할 조건을 정하고, 그 조건을 얼마나 못 채우는가 하는 관점에서 잘못된 추론을 종류에 따라 나누어 구별하여 체계적인 논리학을 확립하였다. 디그나가 이전의 불교에서는 번뇌를 가진 개인의 개념적 인식(vikalpa 분별)은 단지 대상을 구별할 뿐만 아니라, 한편으로 집착하고 다른 한편으로 배척하는 행동을 유발하기 때문에 극복해야 할 열등한 인식으로 간주되고 있었다. 디그나가는 개념적 인식에 대한 종래의 부정적 평가를 우선 보류하고, 속세간에서의 언설의 주고 받음도 포함하여 개념적 인식이 어떻게 기능하는가를 형식적인 면에서 탐구하였다.

지식 수단을 지각과 추론에 한정하는 것은 애초에 바이셰시카학파에서 주장하고 있었다.[2] 지각을 '개념 작용을 결여한 인식'이라 정의하는 것도 상키야학파에

선례가 있다.[3] 디그나가의 독자성은 불교도이면서 성전을 독립적 지식 수단에서 제외한 점에 있다. '신뢰해야 할 사람의 언설' āpta-vacana이라 정의되는 성전을 지각과 추론에 더하여, 이 셋을 지식 수단으로 삼은 설은 상키야학파의 정설이며,[4] 불교에서도 유가행파에서 바수반두 Vasubandhu의 『석궤론 釋軌論』 *Vyākhyāyukti*에 이르기까지 계승되어왔다.[5] 디그나가는 지식론의 틀을 크게 전환하여 불교와 바라문교학의 새로운 대립의 길을 열었다. 인도사에서는 굽타조 쇠망후의 수세기를 중세 초기 Early Medieval라고 부른다. 이하, 언설이 지니는 다양한 측면을 주제로 6·7세기에 불교와 바라문교학 사이에서 전개된 논쟁을 개설하고, 중세 초기에 있어 그 시대적 배경은 무엇이었는지 생각해보고자 한다.

2.
디그나가에 의한 언설의 요소로서의 말[語]과 문장[文]의 의미론

디그나가 이전의 보편 이론

디그나가는 『지식론집성』 제5장에서 언설의 구성 요소가 되는 말과 문장의 기능을 해명한다. 말의 기능에 관해서는 말에 의해 어떻게 보편 인식이 가능해지는가를 논하였다.

산스크리트 문법학파에서는 이른 시대에 보통명사의 의미를 둘러싸고 보편설과 개체설 간에 논쟁이 있었으며, 이를 카트야야나(Kātyāyana, 기원전 3세기)가 요약하고, 주석가 파탄잘리(Patañjali, 기원전 2세기)가 부연하고 있다.[6] 예를 들어 '소'라는 말이 말해지면, 듣는 사람은 눈앞의 대상이 어떤 종류의 소인가 상관없이 '이것은 소이다'라는 인식을 똑같이 갖게 된다. 이 인식은 다른 때와 장소에서도, 또한 대상이 나이를 먹어도 항상 일정한 것이다. 대상의 개별성이나 인식자가 대상과 접하는 상황에 좌우되지 않는, 보편적인 인식이 말에 의해 가능해지는 것은 모든 대상에는 동일한 특질이 있어 말이 그 보편적 특질을 표시하기 때문이라고 설하는 것이 보편설이다. 이에 대해 개체설 쪽에서 반론이 제기된다. 생활세계에서는 한 마리의 소가 태어나고 결국 죽어 가는데, 우성 牛性 그 자체가 태어나거나 죽거나 하는 일은 없다. 그리고 타자와의 사이에서 언설을 주고받을 때도 문제가 되는 것은 개체뿐이다. 이처럼 보편설에서는 언설의 보편타당성을 중시하고, 개체설에서는 언설을 인식하는 개인의 경험 가능성을 중시한다. 파탄잘리는 두 학설을 절충하는 입장에 서서 언설의 주고 받음에서 대상으로 삼는 것은 보편의 기체 adhikaraṇa, 즉 보편을 가진 개체라고 하였다.

불교에서는 제 부파 가운데 설일체유부가 개인 존재의 분석에서 심과 연결되지 않은 생리적 기능(citta-viprayukta 心不相應行)의 하나로 동류성(sabhāgatā 同分)을 인정하였다(AK 2.41a).[7] 동류성은 같은 종류의 생물 개체 모두에 갖추어져 있으며, 같은 종류인 한 모든 개체는 형태나 활동이 저절로 유사해지는 것의 원인이 되는 활동이다. 이에 대해 경량부는 애초 심불상응행이라는 것을 지각 대상(rūpa 色)이나 심작용(caitta 心所)과 같은 개인 존재를 구성하는 요소로 인정하지 않는다. 동류성에 관해 말하자면, 바수반두는 그것을 인식하는 것은 지각에 의해서도 이성 prajñā에 의해서도 불가능하다는 이유로 배척하였다(AKBh pp. 67,23-68,2). 세계에는 형태나 활동이라는 점에서 유사하지만, 서로 반드시 차이점도 있는 여러 개체가 있을 뿐이며,

바이셰시카학파처럼 유사성을 만들어내는 원인과 같은 하나의 것이 동류의 모든 개체에 존재한다고 상정할 필요는 전혀 없다(AKBh p.68,4-5). 설일체유부에도 거칠고 큰 존재는 구성요소의 집합에 불과하며, 전체의 명칭에 대응하는 것은 실재하지 않는다고 하는 의미에서 유명론唯名論적 경향이 있지만, 경량부는 같은 종류의 생물 개체들에 공통된 보편을 실재시하지 않는다는 점에서 보다 철저한 유명론에 서 있다.

말의 의미론(아포하설)

바수반두가 설하는 것과 같은 유명론을 배경으로 디그나가는 말의 기능을 추론에 있어서의 논증인論證因의 기능과 평행하게 정식화正式化한다(PS 5. 34). 예를 들어 추론에서는, '저 산에 불이 있다'고 하는 주장 명제가 '연기가 있다'고 하는 논증인에 의해 정당화되기 위해서는 온 세계에 주장 명제의 빈사賓辭(역주 : 명제에서 주사主辭에 결합되어 그것을 규정하는 개념)를 적용할 수 없을 경우(vipakṣa 異類例)에는 논증인을 결코 볼 수 없다는 것, 즉 '불이 없는 곳에 연기는 나지 않는다'고 말할 수 있어야 한다. 한편, 세간에서의 언어관용을 보면 소 이외의 종류의 동물에 '소'라는 말을 적용하는 것은 결코 볼 수 없다. 적용했다고 한다면 그것은 오용이다. 이로부터 디그나가는 어떤 대상을 지시해서 적용된 말이 그 대상을 무언가로 표시할 수 있는 것은 대상에 갖추어진 보편 때문이 아닌, 말이 다른 것을 배제하는 것 anya-apoha에 의한다고 주장하였다. 이 때문에 디그나가에 의한 말의 의미론은 아포하설이라 불린다.

하지만 '소'라는 말을 적용하는 근거가 소가 아닌 것을 모두 배제한다면, 배제되어야 할 것의 총칭이 되는 '소가 아닌 것[非牛]'은 그것에 의해 부정되는 것, 즉 '소'를 전제로 한다. 그렇다면 '소'라는 말을 적용할 때에 소라는 인식과 소가 아니라는 인식 중 어느 쪽이 처음인지 결정할 수 없는 순환론에 빠지게 되는 것은 아닐까. 또한 소 이외의 동물 종류를 개별적으로 배제한다면, 그것은 무수하게 있으므로 배제가 끝나지 않는 것은 아닐까.

그러나 디그나가는 순환론에 빠지는 일 없이, 게다가 단일한 보편이 한 무리의 개체에 실재한다고 전제하지 않고 끝내는 방법으로 말이 어떻게 해서 무수한 배제 대상을 배제할 수 있는지 보여주고 있다. 문법가 파탄잘리는 세간에서 소란 목의 주머니·꼬리·어깨의 혹·굽·뿔이 있는 것이라고들 하며, '소'라는 말이 발음되면 세간 사람에게는 이러한 형태를 지닌 개체의 인식이 일어난다고 서술하였다(MBh p.1,6-11). 소의 형태를 이렇게 기술하는 것은 인도의 일반 상식이며(VS 2. 1.8을 참조), 디그나가도 세간에서는 예를 들어 '소'라는 말을 어떤 대상에 적용할 경우, 대상이 목의 주머니 등을 갖고 있다고 관찰하는 것이 그 근거 nimitta가 된다는 설을 거론한다(PSV ad 5. 41). 그리고 나서 추론의 논증인이 이류異類의 예에서는 결코 보이지 않는 것에 대응하는 '소'라는 말의 기능을 '뿔을 갖는 일이 말에서는 볼 수 없는 것에 의해 말을 배제하는 것'이라고 예시한다. 소의 정의를 구성하는 여러 조건 가운데, 뿔이 없다고 하는 것만을 가지고 다른 조건을 고려할 것도 없이 모든 말이 배제된다. 세상에는 흰말 등 여러 말이 있지만, 그것들을 개별적으로 배제할 필요는 없다(PSV add 5. 43b). 디그나가는 정식화하고 있지 않지만, 이 점으로부터 단어에 의한 '다른 것의 배제'란 그 말이 의미하는 것의 상식적인 정의를 구성하는 여러 조건[8]을 하나라도 채우지 않는 것 모두의 배제라고 말할 수 있을 것이다. 조건의 수는 유한하므로 '뿔을 갖는다'에 더하여 '목의 주머니를 갖는다' 등의 개별적 조건을 갖추지 않는 것을 계속해서 배제해가면 우성牛性이라는 단일한 보편을 전제로 하지 않고, 대상을 '소'라는 말의 의미를 구성하는 닫힌 영역에 가두는 것을 완료할 수 있다. 그리고 말의 의미를 정의하는 여러 조건은 개인이 마음대로 변경할 수 있는 것은 아니지만, 거기에 어떤 조건을 넣는가 하는 것에는 사회 통념이 영향을 주게 된다.

문장의 의미론과 바르트리하리

디그나가의 유명론적 세계관에서 존재하는 것은 각각의 개체뿐이며, 개체 각각은 다양한 측면에서 분석할 수 있는 하나의 전체 samudāya로 간주된다. 예를 들어, '연꽃'이라는 단어 하나로 연꽃의 세간적 정의를 채우지 않는 존재를 모두 배제해도 색이 없는 연꽃 일반이 존재하는 것은 아니다. 언설이 존재에 관해 진술하기 위해서는, 예를 들면 '청색'이라는 것과 같은 성질 명을 더하여 '청색 연꽃'으로서 청색 이외의 색채의 개체를 배제함으로써 대상을 특수화하여 서술하지 않으면 안 된다(PS 5.14-15). 또한 실체나 성질이라는 범주마다 특수어는 특정한 보편어 밑에 귀속되고, 그 보편어와 판단에 있어 결합되기 위하여 같은 레벨의 특수어들이 서로 다른 것을 배제한다(PS 5.27-28ab). 그 결과 디그나가의 의미론에서도 보편어와 이에 귀속하는 여러 특수어는 바이셰시카학파가 실재하는 보편에 관해 말하는 것과 똑같은 모습의 복합 피라미드형의 계층을 형성한다.[9] 이처럼 디그나가가 말과 말의 연결을 중시하는 것은, 그가 문장의 의미론 면에서 문법학자 바르트리하리의 영향을 받고 있기 때문이다.

바르트리하리 Bhartṛhari(450-510)는 주저인 『문장단어론』(*Vākyapadīya*, 약호 VP)에서 인간의 인식이 언어에 의해 구석구석까지 규제되고 있는 것을 강조하였다(VP

1. 131).[10] 그리고 절대자 브라흐만은 말로 이루어진 것이며, 고대의 성전 베다는 그와 유사한 모습이라고 말하여(VP 1. 1&5), 베다의 전통을 무시하고 논리에만 의존하는 자를 비판한다(VP 1. 30-31&41-42). 따라서 지각에서 말의 기능은 일어나지 않는다고 단언하고, 지식 수단을 지각과 추론에 한정한 디그나가는 바르트리하리가 경계하고 있던, 전통보다 개인의 인식 능력을 중시하는 사상 경향을 첨예화한 것이 된다. 그러나 바르트리하리에 의하면, 하나의 문장 전체가 인식자에게 불러일으키는 것은 일종의 직관 pratibhā이며, 인식자는 이 직관을 문장을 구성하는 여러 단어의 의미에 의해 분절화하여 문장의 의미로 이해한다(VP 2. 143). 디그나가 역시 일상의 언설에서 의의가 있는 것은 개별 단어가 아닌, 이들로 이루어진 문장이라 서술하고, 바르트리하리와 마찬가지로 직관 pratibhā이라 부를 수 있는 의미 이해가 문장에서 일어난다고 말한다(PS 5. 46).[11] 이 직관을 각 단어에 의한 대상의 둘러쌈의 조합으로 다시 이해함으로써 문장이 구체적으로 이해된다. 디그나가는 문장의 의미론의 면에서는 바르트리하리에게 친화적이었다.[12] 그러나 다음에 보는 바와 같이, 디그나가 이후에 불교철학과 바라문교학은 이전 시대보다 대립이 더욱 심해진다.

3.
디그나가 이후의 불교와 바라문 이데올로기의 대립

아리야데바의 재평가

나가르쥬나의 제자였던 아리야데바(Āryadeva, 3세기 중반)는 불교 외의 사상가들을 날카롭게 비판하였을 뿐만 아니라, 바라문과 왕족(크샤트리야)이 지배하는 사회의 현실도 엄격히 규탄하였다. 그의 저서 『사백론四百論』 제4장 「아집을 끊는 수단을 설하는 장」에서는 아집이 가장 강한 인간으로 왕을 들며, 그 권력 남용을 비판한다. 제12장 「사견을 끊는 수단을 설하는 장」에서는 바라문과 자이나교 행자를 비교하며 양자의 권위를 부정하였다(vv. 294-297). 불교 승원이 대규모화하고, 부파불교와 대승을 불문하고 모두 교리 정비에 전념하게 되면, 외부의 계급 사회에 대한 관심은 교단 안에서 희박해졌다. 그러나 디그나가 이후의 시대가 되면, 갑자기 『사백론』이 각광을 받기 시작한다. 디그나가의 유식 사상을 계승한 다르마팔라와, 마찬가지로 이를 비판한 중관파의 찬드라키르티가 서로 『사백론』의 주석을 지었다.

다르마팔라 Dharmapāla(530-561)는 『사백론』의 주석인 『대승광백론석론 大乘廣百論釋論』 파견품 破見品 4에서 바라문의 권위를 다음과 같이 비판한다.[13] 바라문은 주문, 제화에 의한 제사, 고행, 길흉점 등, 여러 가지 수단을 사용하여 판단력이 없는 사람들을 현혹시키고 존경의 마음을 일으켜 자신들을 공양하게 한다. 베다는 자신들의 선조가 고대에 창작한 문헌임에도 불구하고, 그것은 스스로 존재하는 것(自然有)이라고 설하며, 암송하여 자신들이 독점하고, 그 때문에 자신들은 고귀하다고 떠들어댄다. 바라문은 고귀한 자신들을 공양하면 무량한 복덕을 얻을 수 있다고 선전하고 있지만, 바라문이 세상 사람들에게 공양을 권장하는 것은 실은 자신들의 처자를 부양하기 위해서이다. 또한 바라문들은 자신들은 태생이 고귀하므로, 자신들만이 해탈 할 수 있다고 자만하고 있지만, 바라문가에 태어난 것은 과거 업의 결과이다. 해탈을 실현하는 것은 현세에서의 행위뿐이며, 바라문이라는 태생은 아니다(『대정대장경』 제30권, 1571, pp.220c-221a).

찬드라키르티 Candrakīrti는 『사백론』의 주석(약호 CŚṬ) 제4장에서 아리야데바에 의한 왕의 권력 남용 비판을 상세히 부연하였다. 왕은 욕망에 휩싸여 실력 행사하는 경우는 물론이거니와, 설사 치안을 지키기 위해서라 해도 가혹한 형벌을 내리는 행위를 통해 스스로에게 죄를 짓게 한다(CŚṬ ad 4. 8-12). 또한 바라문 선인이 편찬했다는 법전이 왕에 의한 사형 집행을 정당화하는 것은 잘못이다. 어떠한 살생도 죄라고 설하는 선인은 훌륭하지만, 선한 행위를 위해 필요한 살생은 죄가 되지 않는다고 설하는 선인은 열악하며, 그러한 자가 지은 논서는 올바른 지식 수단이 되지 않는다(CŚṬ ad 4. 14). 찬드라키르티는 『사백론』 전반의 주석에서 수많은 비유 내지 비유 이야기를 인용하여, 이들은 다르마다사 Dharmadāsa가 각 시절 詩節에 대해 창작한 것이라고 인정하고 있다(CŚṬ ad 1.1). 다르마다사는 아상가, 바수반두 형제의 제자가 되어 문수를 모시는 불전을 각지에 건립했다고 전해진다.[14] 찬드라키르티의 왕권 비판은 독자적인 귀류법 歸謬法에 의한 논리적 논구가 아닌, 비유 이야기에 따른 평이한 해설이다. 따라서 그의 활동 연대는 7세기이지만, 왕권에 의한 살인과 바라문의 언설에 의한 그것의 옹호를 비판하는 논법은 다르마다사 이래, 6세기 중에 정착하고 있었던 것이리라.

바비베카의 미맘사 비판

중관파의 바비베카 Bhāviveka(490-570)는 디그나가의 논리학을 공의 논증에 응용하고, 자신의 저서 『중관심론 中觀心論』 *Madhyamakahṛdaya*에 상키야(제6장), 바이셰시카(제7장), 베단타(제8장), 미맘사(제9장) 등 각 바라문학파를 논박하는 장을 마련하였다. 상키야와 바이셰시카는 디그나가 이전의 불교교단에서 불교 외부의 주요한 논적이었다. 그리고 양 학파 모두 바라문교학에 포함된다고는 해도, 바라문 보수파로부터 본다면 이단에 가까운 존재였다.[15] 바비베카가 미맘사와 베단타의 장을 마련하고, 디그나가가 다룬 지식론뿐만 아니라, 윤리와 종교 면에서도 비판한 것은 직접적으로는 그의 관심이 광범위했기 때문이지만, 6세기가 되어 베다 제사부祭事部와 우파니샤드 각각의 해석을 담당했던 두 학파가 보수적 바라문의 철학학파로 사상계에 대두하였다는 시대 상황도 반영하고 있다.

바비베카는 『중관심론』 제9장 서두에서 미맘사학파의 기본적인 교설을 요약하고 있다(vv. 1-17). 이에 의하면, 사람은 베다에 설해진 제식의 실행에 의해서만 지상至上의 행복을 달성할 수 있다. 또한 인간의 언설은 욕망으로 오염되어 있지만, 베다는 인간에 의해 만들어진 것이 아닌, 무한한 과거부터 중단하지 않고 전승되어온 오류 없는 성전이다. 거기 설해진 천계나 그 달성 수단은 개인의 인식 능력으로는 인식할 수 없다. 원래 말은 영원한 것이며, 그것이 의미하는 대상과 항상恒常적인 관계를 유지한다. 바비베카는 이들 학설을 비판함과 동시에, 여러 가지 힌두교 신화를 예로 들어 범천·비슈누·시바라는 세 주요 신의 악행과 무능력을 지적하고(vv. 59-119), 또한 목욕·단식·육식 기피라는 힌두의 의례 습관은 무의미하다고 설한다(vv. 120-138). 바비베카는 미맘사 가운데 협의의 베다 성전 해석학에 한정하지 않고, 당시 일부 바라문들이 베다의 종교를 민간 신앙과 습합시키면서 착실하게 진행하고 있던 일반사회에서의 교화 활동도 포함시키고 있다.[16]

'비슈누 푸라나'에 의한 불교의 포섭

푸라나 문헌은 힌두교 신화를 모은 인기 있는 성전 군인데, 바라문을 편자로 하는 푸라나에는 불교에 대한 경계심이 반영되어 있다. 이미 최초기의 푸라나가 세계 주기 가운데 암흑시대(칼리 유가)에서의 사회의 추락을 예언하는 가운데 불교 출가자를 연상시키는 풍모의 집단을 베다 전통의 파괴자로 그리고 있다.[17]

『비슈누 푸라나』는 비슈누 신앙을 일관되게 설하는 비교적 성립이 빠른 푸라나로 편찬자는 정통 바라문이다. 제3권에서는 4베다의 성립과 분파에 관한 전설을 집성하고 있다. 최종부(ViPu 3.17-18)는 마신들에게 괴롭힘을 당한 신들의 요청으로 비슈누가 나체형의 지나(자이나교 개조)와 적의赤衣를 두른 붓다 모습의 분신을 이 세상에 파견하는 신화를 설한다. 비슈누 화신avatāra의 신화는 다른 종교의 신을 부정하지 않지만, 비슈누의 지고성도 양보하지 않고 그 신을 종속적으로 포섭하려는 비슈누교의 포섭주의Inclusivism를 잘 말해주는데, 이 화신 붓다에게는 불교에 대한 바라문의 반감이 굴절하여 나타나고 있다. 화신 붓다는 '하늘에 태어나고 싶다고 바란다면, 동물 희생을 그만 두어라.'라고 명하고, 또한 '세계는 인식으로 이루어져 있다vijñānamaya.' '세계는 지탱할 만한 것을 갖지 않는다anādhāra'라고 유식과 공 사상을 펼치고, '깨달으라budh'고 반복하여 재촉한다(3.18.17-20). 또한 제식과 선조 공양의 무의미함을 야유하고(3.18.27-30), 붓다의 언설은 합리적yuktimat이라고 한다(3.18.31). 그리고 이 가르침에 속은 마신들은 베다 제식을 없앴기 때문에 약체화하여 신들과의 싸움에서 패하였다고 한다. 이 부분은 『비슈누 푸라나』 본체에 후대에 부가되었을 가능성이 있는데, 붓다를 포함한 비슈누의 10화신의 이름은 이미 7세기 후반의 남인도 비문에 새겨져 있다.[18] 바비베카가 힌두교 신화를 비판하는 것도 동 시대의 바라문이 세상 사람들을 불교 신앙에서 멀어지도록 하기 위해 신화를 만들기 시작하였던 것에 대항하는 것이리라.[19]

4.
쿠마릴라에 의한 베다의 권위 옹호와 불교 비판

쿠마릴라(Kumārila, 600년 전후의 수십 년)는 베다 제사부祭事部를 비롯하여 문법학, 논리학, 법전, 베단타에 통달하였으며, 박식할 뿐만 아니라 각 분야에서 독창적인 사색도 전개한 미맘사학파 최대의 학자이다. 주요 저작으로는 인식론, 논리학, 언어 이론을 전편 운문으로 논한 『시절평석詩節評釋』(*Ślokavārttika*, 약호 ŚV)과, 성전 해석의 실제를 상세히 논한 『원리평석原理評釋』(*Tantravārttika*, 약호 TV)이 있다.[20] 『시절평석』에서 쿠마릴라는 디그나가의 논리학을 적극적으로 채용하면서도 보수적 합리주의의 바라문으로서 많은 장에서 불교에 대해 포괄적인 비판을 하고 있다.

이법(理法 다르마)의 반 보편성

미맘사학파에게 있어 이법dharma이란 베다 전통에 따른 윤리와 사회규범으로 베다 제식이 그 중핵을 이룬다. 보수적 바라문이 불교를 비롯한 출가 종교에 반감을 품은 이유 중 하나는, 이들이 대규모 베다 제식에서 이루어지는 동물희생을 금지하기 때문이었다. 쿠마릴라도 『시절평석』에서 동물 희생의 정당성을 논하는데, 주목할 점은 그가 동물 희생은 '규범이란 어떤 것인가'라는 윤리와 언설의 접점에 대한 근본적인 물음과 연관된다는 것을 간파한 점이다.[21]

우선 '동물희생은 악이다. 동물에게 고통을 주기 때문이다.'라는 추론은 성립하지 않는다. 애시 당초 행위의 선악은 타자에게 이익이 되는가, 해가 되는가에 의해 일률적으로 결정되는 것은 아니다. 중얼대는 목소리로 하는 성전 독송은 선행이지만 그것으로 타인이 기뻐하는 것은 아니며, 음주는 악행이지만 그것으로 타인이 괴로움을 당하는 것도 아니다. 제자가 스승의 처와 불륜을 저지르는 것은 대죄이지만(Mn.11.55 & 104-107), 만약 상대를 기쁘게 하는 행위는 선이 된다면, 설사 제자가 양심의 가책으로 고통 받는다 해도 스승의 처가 기뻐하는 한 불륜도 선행이 되어 버릴 것이다(ŚV, Codanā, vv. 243-245ab). 또한 '살생의 주체는 사후에 희생된 동물이 받았던 것과 똑같은 고통을 받는다. 살생도 행위이기 때문이다. 보시를 한 자가 사후에 즐거움을 받는 것과 같다.'라는 업에 의한 인과응보도 동물 희생을 금지하는 근거는 되지 않는다. 성전의 규정에 근거하지 않고, 고락 苦樂 중 어떤 것을 상대방에게 주었는가로 내세의 응보가 결정되는 일은 없다. 감히 보시와 대비한다면, 희생된 동물은 보시물에 해당하며, 보시물을 받은 자는 모셔진 신들이며, 신들은 희생을 받고 기뻐한다고 말해지고 있다(ŚV, Codanā, vv. 239cd-240).

추론뿐만 아니라, 성전에 의해서도 동물 희생의 금지는 정당화되지 않는다. 아리야인 사회에서 바라문 살해는 대죄이다. '바라문을 해쳐서는 안 된다'라는 취지의 금령이 베다성전(*Taittirīya-saṃhitā* 2.6.10.2)에 있는데, 이것이 그 근거이다. 그러나 이 금령에서 보편적 윤리로서의 불살생을 이끌어낼 수는 없다. 성전 내의 규정문에는 각각 적용 범위가 있으며, 이를 넘어 규제는 미치지 않는다. 예를 들면, 수라(곡물로 빚은 술)의 음주는 모든 아리야인에게 금지되어 있지만(Mn 11.94), 노예(슈드라)는 이를 마셔도 지옥에 떨어지지 않는다. 바라문이나 왕족이 평민(바이샤)용 제식을 하여도 과보는 얻을 수 없다(ŚV, Codanā, vv. 252cd-253). 제식 외에서의 살인은 살해 자체가 목적이지만, 제식 안에서의 동물 희생은 큰 선행인 제식을 완성하기 위해 불가결한 보조수단이다. '해쳐서는 안 된다'는 금령은 전자를 금할 뿐이다(ŚV, Codanā, vv. 255cd-258).

불교는 행위 주체가 되는 인간을 출생 계급으로 구별하지 않고, 또한 제식 등 일상의 윤리 규범이 미치지 않는 특별한 시공간을 설정하는 것을 거부하며 불살생으로 대표되는 이법 dharma을 보편적 윤리로 설하였다. 쿠마릴라는 여기서 서로 모순되는 대립점을 발견하였다. 보수적 바라문의 신조에 의하면, 다르마는 사람이 행위 주체가 되기 위한 자격 adhikāra이나 행위를 해야 할 때와 장소를 달리 하는 다수의 다양한 자기 규범의 총체로, 거기에 단일 보편의 본질 등은 없다. 이들 규범은 광대한 성전 속에서 각각 고유의 문맥으로 정해져 있을 뿐이며, 개인의 경험과 논리에 의해 근거를 찾을 수는 없는 것이다.

언설의 '자율적 진실'과 '타율적 거짓'

미맘사학파는 성립 당초부터 베다를 인간이나 신 등의 인격적 존재가 만들어 낸 것이 아닌 계시성전 śruti으로 간주하였다. 인위적 언설은 작자의 오해나 의도적 왜곡을 포함할 가능성이 있으므로, 그대로 신용할 수 없다. 하지만 작자를 갖지 않는 베다에는 작자의 결함에 기인하는 오류의 가능성은 없다. 그 때문에 베다는 올바른 지식 수단이다. 쿠마릴라는 '베다는 인위적이지 않은 apauruṣeya 성전이다.'라는 학파의 전통설에 맞추어, 인식 일반에 관해 '참된 인식은 자율적으로 진실 svataḥ-prāmāṇya이다.'라고 주장하였다(ŚV, Codanā, v. 47).[22] 인식은 발생에 있어 그것을 초래하는 원인이 결함으로 손상되어 있지 않은 한, 스스로 진실이 된다. 또한 인간은 경험의 범위에서 타자에게 정보를 제공할 수 있으므로, 인위적 언설이 진실이라면 이를 들은 상대에게는 실제 그대로라고 다른 지식 수단에 의해 검증할 수 있을 것이다(ŚV, Codanā, v. 71). 그러나 언설의 뒷받침이 되는 검증지 檢證知는 원래의 언설과 모순하지 않고, 게다가 언설을 들은 시점에서는 미지였으며, 또한 구체적인 내용을 갖는다(ŚV, Codanā, v. 74). 따라서 인위적 언설도 검증지와의 내용상의 일치에 의해 진실이라고 판명하는 것이 아닌, 참된 지 知는 검증의 장면에서도 '자율적으로 진실'이다. 검증에 있어 언설과 모순하지 않는 신규의 인식을 얻을 수 있기 때문이다. 그러나 허위의 언설은 당초는 진실로 받아들여졌다 하더라도, 실은 언설의 작자에게 결함이 있기 때문에 허위가 되며, 후의 검증지가 이와 모순되므로 허위라고 판명하여 배척된다(ŚV, Codanā, v. 53). 인위적 언설은 작자의 결함 및 검증지와의 모순이라는 양 측면에서 '타율적으로 거짓' parataḥ-aprāmāṇya이 될 수 있는 것이다.

아포하설 비판과 그 편향

미맘사학파의 입장에서는 단어는 보편을 표시할 뿐이므로, 단어의 의미를 다 습득한 사람에게 그 단어만을 제시해도 보편 이외의 어떤 신규 정보를 제공할 수 없으므로 단어 자체는 지식 수단이 아니다(ŚV, Śabda, v. 101). 또한 보편은 항상恒常되므로, 그것은 어딘가에 있다고도 없다고도 말할 수 없다. 유무를 말할 수 있는 것은 개체에 관해서 뿐이다(ŚV, Vākya, vv. 309cd-311). 이 때문에 쿠마릴라도 디그나가와 마찬가지로 지식을 초래하는 언설의 최소 단위는 단어를 조합한 문장이라고 생각하는데, 단어의 기능에 관해서는 아포하설을 상세히 논구한다.[23]

쿠마릴라는 아포하설에 대해 이전부터 말해지고 있던 것처럼, '소'라는 말로 대상을 이해시키는 것이 '소가 아닌 것의 부정'에 의한다고 한다면, 소의 이해와 소가 아닌 것의 이해가 그대로 전제한다고 하는 순환론에 빠진다고 비판한다(ŚV,

Apoha, vv. 83-85ab).[24] 이에 더하여, 그는 독자적으로 배제되는 것의 차이에 의해 말의 의미 이해에 차이가 발생한다고 한 디그나가의 설에서 아포하설의 약점을 발견한다. '소'라는 말에 의해 배제되는 것은 말이나 코끼리 등의 소와 같은 레벨의 여러 동물이며, '말'이라는 말에 의해 배제되는 것은 소나 코끼리 등의 말과 같은 레벨의 여러 동물이다. 두 그룹을 비교해보면, 단 한 종목만이 공통되지 않는다. 즉, 말과 소는 공통하지 않지만, 나머지 무수한 동물은 전부 공통한다. 따라서 말의 의미가 그 말이 무엇을 배제하는가에 의해 정해진다고 한다면, 대립하는 말끼리 거의 동의어가 되어버려 구별이 불명확해진다(ŚV, Apoha, vv. 53-54). 단, 쿠마릴라는 디그나가가 말하는 '다른 것의 배제'가 세간 일반에서 인정하는, 말의 의미의 정의를 구성하는 여러 조건에 의한 고정화라는 점에 언급하지 않는다. 소와 말의 정의를 구성하는 여러 조건은 크게 다른데, 결과적으로 배제된 수많은 동물의 종류만을 비교하여 '소'와 '말'의 의미 차이가 극소화된 것은 아닌가라고 비난하는 것이다.

'바라문 성 性'과 계급론

쿠마릴라에게 있어 일군의 개체에 공통되는 보편이 실재한다는 학설은 단지 언어이론상에서의 요청이 아닌, 바라문을 정점으로 하는 사회 질서의 유지를 위한 이론 장치라는 이데올로기적 역할도 담당하고 있다.[25] 쿠마릴라는 바라문이 무엇에 의해 다른 계급과 구별되는가가 자명하지 않다는 점을 인정한다. 인간의 신체는 계급마다 형태를 달리하는 것은 아니다. 또한 왼쪽 어깨에서 오른쪽 겨드랑이 밑으로 걸치는 성스러운 끈 등의 옷차림이나, 베다학습에서 습득한 교양, 나아가 제관이나 교사라는 법전에서 정해진 직업도 실제로 바라문이 아닌 자에게서도 볼 수 있으므로 바라문을 구별하는 징표는 아니다(TV p.5,16-24).[26] 또한 '선행을 습관적으로 행하는 것 ācāra에 의해 사람은 바라문일 수 있다.'라고도 말할 수 없다. 어떠한 행위가 바라문에게 어울리는 선행인가를 확정하기 위해서는 먼저 바라문은 어떻게 행동하는가를 확인하지 않으면 안 되기 때문에, 바라문인 것과 습관적 선한 행위 사이에 상호 의존 관계가 발생해버린다(TV pp.6,24-7,9).

하지만, 사물에 고유한 보편을 구별하는 방법은 사물의 종류에 따라 다양하다. 동물의 종류는 뿔 등의 형태로 구별되지만, 형태가 없는 것이라면 금속은 색으로, 기름은 향과 맛으로 구별된다(ŚV, Vana, vv.27-29). 사람이 어떤 계급에 소속하는가는 그 사람을 낳은 부모의 계급을 상기함으로써 알 수 있다. 이 때문에 왕족이나 바라문의 집에서는 선조 대대의 계보를 잊지 않기 위해 가계문서 samūha-lekhya를 기록하고 있다(TV p.6,14-15). 또한 계급을 달리하는 남녀 간에 태어난 잡종 계급의 사람도 양친이 속하는 상하 계급의 한쪽하고만 혼인을 대대로 계속하면, 5대째 내지 7대째에서 그 계급의 정규 성원이 된다고 법전에 설해져 있다(TV p.6,19-20).[27] 이러한 논거 하에 쿠마릴라는 바라문에게는 '바라문 성'과 같은, 문자 그대로의 '출생' jāti이라는 의미에서 네 개의 사회 계급마다 '인간성'이라는 상위의 보편 하에 귀속하는 고유한 보편이 있다고 인정한다(ŚV, Apoha, vv. 18&26-27). 쿠마릴라가 보편의 실재와 말에 의한 그 표시를 논증하고자 한 배후에는, 사회는 대등한 개인끼리 만들어 가는 것이 아닌, 각각 다른 역할을 지닌 몇몇 계급으로 이루어진 전체라고 하는, 개인주의에 대립하는 사회적 전체론이 있다.

이단종교로서의 불교 비판

쿠마릴라는 베다에는 많은 유파가 있고 자신들의 성전에 없는 생활 규정이라도 다른 유파의 성전에 포함되어 있을 가능성이 있으므로 일률적으로 부정해서는 안 된다고 말한다(TV p.105,9-11&p. 112,7-15). 상대가 베다의 전통을 존중하는 한, 타자에 대해 관용적이었다. 그러나 사람이 지켜야 할 이법은 계급의 차별 없이 만인에게 공통된다고 공언한 불교는 베다의 권위를 완전히 부정하는 것이며, 쿠마릴라에게 있어 인정하기 힘든 이단종교였다. 이하에 거론하는 것은 모두 쿠마릴라가 『원리평석』에서 하고 있는 불교 규탄의 논거이다.[28] 애시 당초 개조 붓다가 왕족 출신이라는 것이 잘못이다. 왕족의 의무는 힘으로 인민을 지키는 것인데, 왕자였던 붓다는 이를 방기하고 바라문처럼 종교가로 행동하며 사람을 인도하는 가르침을 설하고, 불교교단은 베다에는 없는 불탑 건립과 그 숭배를 권장하며, 슈드라를 포함한 신자로부터 보시를 받고 있다(TV p. 114,1-18). 또한 쿠마릴라는 바라문 사상가로는 매우 드물게 대승불교의 이타행 정신에 언급하며 반半 시절로 이루어진 "세간에서 암흑시대kali의 더러움으로 행해진 여러 악업은 나에게 들어오라. 그 대신 세간은 해방되어라."라는 붓다의 말을 인용하는데, 쿠마릴라의 말을 빌리자면 이것은 대중의 인기를 얻고자 하는 표현(alaṃkāra-buddhi 修辭意識)의 소산에 불과하다(TV p.114,5-7).[29] 쿠마릴라는 '대승'mahāyāna이라는 말을 사용하지 않고 있지만, 보살의 이타행이라는 대승불교의 이념은 그의 입장에서 본다면 출가교단이 민중이나 하층민 사이에 세력을 확대해가기 위해 고안해낸 전략인 것이다.

불교는 대중을 향해 베다에 반하는 교설만을 설한 것이 아니다. 교양 있는 사람들에게 수용되어 존경과 이득을 얻기 위해 베다에 설해진 불살생, 진실어, 자기

억제, 보시, 동정 등의 덕목을 교설에 끼워 넣고 이법(다르마)을 설했다고 하고 있다. 이처럼 쿠마릴라는 이단종교로 불교 śākya와 더불어 상키야, 요가, 판차라트라(비슈누교단), 파슈파타(시바교단), 자이나교의 이름을 거론한다.[30] 이들이 번영하고 있는 것은 시대가 암흑시대에 들어가 있기 때문이며, 이단 종교는 화려함 śobhā, 행하기 쉬움 saukarya, 변증 hetūkti에 의해 타락한 시대의 사람들의 마음을 어지럽히고 있다(TV pp.112,17-113,4). 베다로부터 차용한 여러 덕목은 그 자체로는 선의 근본 sanmūla이지만, 이법과 유사하나 다른 이단의 교설 속에 떨어져 버리면 개의 가죽 부대 속에 부어 넣은 우유처럼 쓸모없는, 신뢰해서는 안 될 것이 되어 버린다(TV p.124,3-5). 특히 불교에 관해 말하자면, 불교도는 유식·찰나멸·무아 등의 학설은 감각 대상에 대한 끝없는 욕망을 억제하기 위한 교설이라고 하지만, 욕망의 억제는 원래 베다의 일부인 우파니샤드에 설해져 있으므로 이 목적 설정 자체는 타당하다(TV p.81,17-18). 이처럼 붓다가 설한 언설 중 올바른 부분은 모두 베다로부터의 차용이며, 불교도들도 실은 이를 알고 있다. 하지만 그들은 이를 참지 못하고, 또한 부끄럽게 생각하므로 양친을 증오하여 불량해진 아들 duṣṭa-putra처럼 자신들의 성전이 베다에 근거하는 것을 인정하려 하지 않는 것이다(TV p.113,21-22).

쿠마릴라는 불교 비판을 정당화하는 전거로 『마누법전』에서 반베다의 무리를 공경해서는 안 되는 것(Mn 4.30 변경 있음) 및 그들의 성전이 무의미하다고 설하는 시절(Mn 12,95)을 인용한다(TV pp.114,26-115,9). 전설적 인물인 마누의 교설을 다르마로 인정한다면, 전설적 인물인 붓다의 교설 역시 인정해야 하지 않는가 라는 의견에 대해 쿠마릴라는 붓다와 마누의 차이를 명언한다. '마누'는 세계 질서의 유지자에 대한 칭호이며, 베다에 근거하여 만들어진 푸라나 문헌군의 신화에서 우주적 주기

kalpa 사이에 차례로 한명씩 통계 14명의 마누가 나타나고 있으며,[31] 또한 베다 본문에도 '마누가 말한 것은 무엇이든 약이다'라고 설해져 있다(TV p.122,10-20).[32] 베다와 이에 근거한 성전에 그 이름이 이법을 설해야 할 자로 실려 있는가 아닌가가 마누와 붓다를 정통과 이단으로 나누는 것이다.[33]

5.
다르마키르티에 의한 불교 교리의 재구축과 베다 성전론 비판

다르마키르티 Dharmakīrti(600-660)는 디그나가가 혁신한 인식론과 논리학을 한층 더 정밀화하면서 지식론의 틀을 살려 전통적인 불교 교리의 근거를 마련하였다. 또한 쿠마릴라를 언급하는 일은 드물지만, 최초의 저작인 『지식론평석 知識論評釋』(*Pramāṇavārttika*, 약호 PV) 제1장과 그 자주(自註 *Svavṛtti*)에서 개인과 전통의 관계에 대하여 불교와는 반대 입장에서 논의를 전개한 미맘사학파를 최대의 논적으로 삼아 그 언설의 이론을 비판하였다.

논리학에 의한 무상성의 증명

『지식론집성』 논리학 장에서 디그나가의 관심은 주장 명제의 빈사 賓辭와 논증인 論證因이 어떻게 관계하면 진실이나 거짓 어느 한쪽의 논증을 구성하는가라는 순수하게 형식 논리적인 것이었다. 이 때문에 말의 항상성을 설하는 미맘사학파에 대항하는 전통적인 논증인 '말은 무상하다. 만들어진 것이므로.'를 올바른 논증으로 제시하면서도, 이 논증이 올바른 것은 논증인이 되는 속성인 '만들어졌다고 하는 것' 所作性의 분포 영역이 주장 명제의 빈사가 나타내는 속성인 '무상성'의 분포 영역에 포함되기 때문이라고 할 뿐, 논증의 대전제인 '만들어진 것은 모두 무상하다'가 왜 성립하는가를 문제시하는 일은 없었다. 이에 대해 다르마키르티는 논증인이 주장 명제의 빈사를 논리적으로 이끄는 것은 존재의 세계에서 논증인이 되는 것이, 그것을 속성으로 갖는 사물의 '본성상의 속박' svabhāva-pratibandha을 받아, 주장 명제의 빈사가 나타내는 속성에서 떠나서는 존립할 수 없는 경우이며, 또한 그 경우에 한하여 가능하다고 하였다.[34]

경량부에 의하면, 모든 것은 어떤 원인에서 발생하고, 게다가 일단 발생한 것은 달리 아무런 부수적인 원인도 필요로 하지 않고 저절로 소멸한다(AKBh ad 4.2). 이 '멸무인설 滅無因說'에 따라, 다르마키르티는 만들어진 것은 그 자체를 만들어내는 원인에만 의존하여 소멸하므로, 소작성 所作性은 만들어진 것의 '본성상의 속박'을 받아 무상성을 필연적으로 이끌어낸다고 하였다. 하지만 만들어진 것이 멸하는 것은 그 본성에 의한 것이라고만 말한다면, 멸하지 않는 본성을 지닌 것이 만들어진다고 할 가능성이 남는다. 이 때문에 그는 『지식론평석』 이후의 저작에서 논증의 대전제를 '존재하는 것은 모두 찰나멸이다.'로 바꾸고 '존재한다는 것은 인과효력(因果效力 artha-kriyā)을 발휘하는 것이다.'라는 존재론에 의해, 이 대전제는 서로 대응하는 '찰나멸이 아닌 것, 즉 지속적인 것은 무엇이든 인과효력을 발휘할 수 없다.'로 증명할 수 있다고 하였다. 그리고 지속적인 존재가 인과효력을 발휘하는 방법을 두 가지로 가정하고, 지속적인 존재가 인과효력을 단계적으로 발휘한다면 부수적인 원인에 의해 변화를 겪고 나서 발휘하는 것이 되어버리고, 또한 인과효력의 발휘가 한

번에 일어난다면 존재가 지속하는 한 같은 효력을 계속 발휘하겠지만, 그렇게는 되지 않는다고 하는 귀류법에 의해 서로 대응하는 명제를 증명한다. 그러나 그는 이미 『지식론평석』 제1장에서 미맘사학파가 설하는 '말의 항상성'을 부정하는 가운데, 말은 항상되며 게다가 지각되는 본성을 지닌다고 한다면, 멸하고 있지 않은데 지각되지 않을 리가 없으며, 또한 지각되는 데 부수적인 원인을 필요로 한다면 말의 본성이 달라져 버리게 된다고 귀류를 설한다(PVSV ad vv. 251-252 & 282). 대전제의 주어에 '모두'를 붙이는 전칭화全稱化는 하고 있지 않지만, 지각을 인과효력의 하나로 보고 '인과효력을 발휘하는 것은 찰나멸이다.'라는 귀류 논증을 실질적으로 행하고 있는 것이다. 또한 디그나가 이전에도 초기 유가행파의 『유가사지론』이나 바수반두의 『성업론』에서는 항상적인 신이 세계를 창조하고,[35] 항상적인 아트만이 인식을 일으킨다고 가정했을 때에도[36] 같은 귀류에 빠진다고 설하였다. 다르마키르티는 항상적인 존재의 활동을 부정할 때 사용된 전통적인 논법을 제행무상이라는 불교의 기본 교리를 논증하는 가운데 적극적으로 도입한 것이다.[37]

아포하설의 옹호와 함정

아포하설에 의하면, 말에 의해 대상을 무언가로 인식할 때 그 무언가란 주관적인 관념인데, 세간에서는 그 무언가에 대응하는 공통성이 대상 속에 실재한다고 믿고 있다. 여기에 다르마키르티는 불교의 전통적 교리를 담았다. 예를 들어, 눈앞에 있는 한 마리의 소는 소가 아닌 동물과도, 그 외의 소와도 다른 개체임에도 불구하고, 사람은 과거의 경험으로 축적된 잠재인상vāsanā의 영향을 받아 개념 작용의 활동에 의해 대상의 개별상을 은폐sam-vṛ하고, 대상을 소 일반에 공통된 일반상으로 인식한다. 하지만 개념적 인식으로 나타나는 일반상은 궁극적으로 존재하는 것 paramārtha-sat은 아니다(PV 1. 68-70). 이렇게 해서 지각의 대상(개별상)을 승의적 존재, 개념적 인식의 대상(일반상)을 세속적 존재로 그 가치를 구별할 뿐만 아니라, 다르마키르티는 개념적 인식이 대상의 있는 그대로를 인식할 수 없는 것은 그것이 무명 avidyā에 기원을 두기 때문이라고까지 한다(PVSV ad vv.98-99ab).

그렇다면 한 마리 소를 소가 아닌 것과 구별하여 인식하는 근거는 무엇일까? 다르마키르티에 의하면, 그것은 여러 소가 공통된 인과효력을 발휘한다고 하는, 동일한 실용적 가치를 갖는 것이다. 예를 들어, 세계에는 여러 다양한 풀이 있지만, 열을 내리는 등의 치료 효과가 있는 풀은 모두 약초라 불린다(PV 1. 74). 이처럼 일군의 개체가 공통된 인과효력을 발휘한다는 경험을 더해보면, 그들 지각에서 개별상을 사상捨象한 단일한 상相의 현현을 지니는 개념적 인식이 성립한다(PVSV ad v.72). 하지만 이렇게 되면, 말의 의미론을 존재론으로 근거지우려고 한 나머지, 보편 실재론에 한없이 다가가게 된다. 다르마키르티는 개체가 특정한 인과효력을 지니는 것은 그 본성 svabhāva에 의한다고 인정하고 있다(PVSV ad v. 167).[38] 말과 의미의 대응은 사람들의 협약 saṅketa에 의한 것이라고 하면서도(PVSV ad v. 92), 어떠한 말을 사용하든 명명하는 근거는 단일한 특질로서 대상에 갖추어져 있다고 인정하는 것이다. 그러나 디그나가에게 있어 아포하의 단일성이란, 말이 의미하는 것의 정의를 구성하는 여러 조건이 세간에서 정하고 있는 것과 다름없다. 다르마키르티 이후, 불교 내에서 아포하의 긍정적인 면과 부정적인 면의 관계에 대한 논의가 성행하는데, 보편 실재론과의 논쟁 뒤편에서 디그나가의 아포하설이 잉태하고 있던 '말의 의미의 자의성'은 상실했다고 말하지 않을 수 없다.

언설의 진리성의 검증

쿠마릴라는 '인식은 그 원인(언설의 경우는 작자)에 탁월성이 있는 것에 의해 진실이 되고, 또한 검증지와의 내용상의 일치에 의해 진실이라 판정된다.'고 하는 '타율적 진실'parataḥ-prāmāṇya의 입장을 설정하고, 이러한 입장에서는 검증지의 검증이 필요해지며 무한 후퇴에 빠진다고 비판하였다(ŚV, Codanā, vv. 49-51&75).[39] 다르마키르티는 인식 일반의 진리성은 자율적인가 타율적인가라는 양자택일에 의하지 않고, 문제를 언설의 진리성에 한정하여 그 검증 가능성을 논하고 있다. 현세에서는 경험할 수 없는 사항을 서술한 언설은, 이를 확인하는 지각도 추론도 없다고 하여 즉시 허위라고 할 수는 없다(PV 1.199). 그러나 또한 어떠한 언설도 직접적으로는 작자의 의도를 나타내고 있는 것이며, 사물vastu과의 필연적 nāntarīyaka인 연결은 없다(PV 1.213&336). 올바른 추론은 사물의 '본성상의 속박'을 받은 논증인을 사용하므로, 예를 들어 산 위에 연기가 오르는 것을 보면, 그 산에 연기의 원인이 되는 어떤 불이 있는 것은 현장 검증하지 않아도 확실하다. 그러나 다른 이로부터 들은 언설이 바르다고 하기 위해서는 새로운 검증이 필요해진다.

다르마키르티는 음미할 만한 언설은 수미일관되며, 실행 가능한 수단이 있고, 인생의 목적 puruṣārtha을 설하는 것뿐이라고 한 후에(PV 1.214),[40] 불교 내외의 교리를 말하는 여러 언설이 어떠한 기준에 의해 검증되는가를 셋으로 분류한다.[41] 먼저 지각에 의하는가 추론에 의하는가 둘로 나눈다. 예를 들어 불교에서 인간은 오온으로 이루어진다고 하지만, 오온 각각은 말해진 대로 지각할 수 있으므로 이 언설은 진실이다. 그러나 바이셰시카학파에서는 존재는 실체·보편 등으로 이루어진다고 하지만, 그것들은 실제로 지각할 수 없으므로 그 언설은 배척된다. 또한 다르마키르티는 불교 교리의 사성제는 추론에 의해 증명할 수 있다고 언명하지만, 실제로 그는 『지식론평석』 제2장(vv. 147-229a)에서 그것을 해보이기 때문에 사성제라는 언설은 진실이다. 이에 대해 불교 외에서는 '아트만은 존재한다'고 주장하지만, 그 존재 논증에서 오류를 지적할 수 있으므로, 이는 추론으로 증명할 수 없다고 하는 것이 올바르다(PVSV ad v.215).

그러나 종교적 언설 중에는 완전히 경험할 수 없는 사항을 말하는 것도 있다. 이러한 언설에는 제3의 '성전에 근거한 추론'이라는 방법이 적용된다. 이 사례로 다르마키르티는 '악 adharma은 탐욕과 이로부터 발생하는 것이라고 인정하는 이상, 이를 제거하기 위해 목욕이나 제식을 설하는 일은 없다.'고 서술한다(PVSV ad v.215). 목욕이나 제식에 의의가 있다고 하는 것은 경험에 의해 검증할 수 없지만, 그렇다고 해서 반증도 불가능하다. 그러나 붓다의 경전은 악의 근원은 인간 개인의 내면에 있다고 설하므로, 불교도는 외면적인 목욕이나 제식을 가지고 악을 제거할 수 있다고 말할 수는 없을 것이다. 이처럼 '성전에 근거한 추론'이란 언설이 논자 자신이 의거하는 다른 언설과 모순하고 있지 않은가를 음미하는 일이다.[42] 단, 악의 근원은 개인의 내면에 있다고 하는 교설 내용은 가르침을 받은 사람이 성찰에 의해 스스로 확증해야 하는 것이다. 또한 다르마키르티는 목욕이나 제식을 권장하는 언설을 배척할 뿐이지, 제3의 방법에 의해 진실이라고 검증되는 바와 같은 언설을 예시하지 않는다. 성전에 근거한 제3의 검증 방법을 제시하면서도 언설을 진실이라고 판정할 수 있는 지식 수단은 지각과 성전을 전제로 하지 않는 추론, 이 두 종류뿐이라고 하는 것이다.

디그나가는, 경험할 수 없는 사항을 말하는 언설에 관해 "신뢰해야 할 만한 사람의 언설은 속이지 않는다 avisaṃvāda라는 점에서 공통성을 갖는 한 추론이다."(『지식론집성』 제2장 v.5ab)라는 말을 남기고 있다. 바라문 논리학파인 니야야학파는 경험할 수 있는 분야에 관한 교시가 실제로 그대로 검증되는 것에 근거하여 '교주는 신뢰할 수 있는 인물이다'라고 말할 수 있다면, 경험할 수 없는 사항에 관해 그 사람이 말한 언설도 진실이라고 인정하고 있었다.[43] 다르마키르티는 디그나가가 지식수단을 지각과 추론에만 한정하면서도 니야야학파의 언설론을 모방하여 위와 같은 말을 남겼다고 해석한다(PVSV ad v.216).[44] 또한 마찬가지로 교주의 신뢰성에 근거하면서도 니야야학파와는 별개로 가치의 관점에서 경험할 수 없는 내용의 언설의 올바름을 개연적으로는 인정해도 좋다고 논한다. 우선 내세의 귀추歸趨[45] 등, 현세에서 경험할 수 없는 사항은 경험할 수 있는 사항보다 중요하다고 하는 일반적인 가치관을 역전시킨다. 내세의 귀추보다 사성제 등의 교설이 설하는 현세에서 인생고의 근본적 해소와 그 방법이야말로 인생의 목적이 되는 주요한 pradhāna 사항이다. 그리고 사성제 등의 진리성은 스스로 검증해야 할 것이며, 검증에 의해 사성제 등을 설한 붓다는 신뢰할 수 있는 인물이라고 말할 수 있게 되므로 경험할 수 없는 사항에 관한 붓다의 교설도 그것이 진실이라고 검증할 수는 없지만, 주요한 사항에 관한 교설과 모순하지 않는 이상, 사람을 속이는 것은 아닐 것으로 추측된다(PVSV ad v.217). 다르마키르티는 내세의 귀추는 인생에서 가장 중요한 문제는 아니라고 생각하고, 일반적으로 내세의 귀추와 관련된 교설에 관해서는 그 속에서 붓다가 어떤 행동을 권장하거나 경계하고 있는가를 청문 śravaṇa하는 것만으로도 사람은 그에 따라 행동해도 좋다고 용인한 것이다(PVSV ad v. 213).[46]

베다성전론 비판

다르마키르티는 『지식론평석』 제1장 자주 自註의 서두에서 "유익한 것 artha과 유해한 것 anartha의 변별은 추론에 근거한다."고 선언한다. 이것은 미맘사학파가 베다의 해석에 의해 양자를 변별한다고 설한 것에 대항하여, 개인의 이성적 판단 능력을 중시하는 태도를 표명한 것이리라.[47] 그리고 제1장 전체의 3분의 1(v. 224부터 말미까지)을 할애하여 "베다는 비인위 非人爲의 성전이므로 작자의 결함에 의해 손상되는 일이 없는, 불생불멸의 참된 지식수단이다."라는 미맘사학파의 근본 교리를 집요하게 비판한다.[48] 우선 제관이 베다제식 속에서 주장하는 문구, 즉 만트라(진언)에 관해 그 효력이 만트라의 말 자체에 유래한다면 누가 암송하여도 만트라는 변화하는 일 없이 같은 효과를 초래하게 되며, 바라문의 우월성이 위협받게 될 것이라고 지적한다(PV 1. 294).[49]

또한 설사 베다는 인간이 만든 텍스트가 아니라고 인정하였다 해도 미맘사학파가 인간은 누구나 욕망을 갖고 있으므로 신용할 수 없다고 하는 이상, 아무도 베다의 해설자로 신용할 수 없게 된다. 하지만 누구인지 몰라도 평범한 사람을 넘어 탁월한 해설자를 인정한다면, 초감각적인 대상을 스스로 인식할 수 있을 정도의 탁월성을 지닌 인물이 있는 것도 부정할 수 없게 된다(PVSV ad vv. 312-313). 그렇다고 해설자가 불필요하다고 한다면, 누구라도 베다를 들은 것만으로 똑같이 이해할 수 있게 된다(PVSV ad v.317). 따라서 베다의 교설에 작자의 의도가 없다면, 그 교설이 무엇을 의미하는지 확정할 수 없으며, 그것이 '개고기를 먹어야 한다'가 아니라는 보증은 아무것도 없다(PV 1. 318). 그럼에도 불구하고 미맘사학자가 베다를 그럴듯하게 해설하는 것은 비인위의 성전이 말한다고 가장하여, 실은 자기 자신의 생각을 강요하고 있는 것에 불과하다(PVSV ad v. 324). 베다를 비인위의 성전이라 말하는 자들은 다른 이가 길을 물으면 의식이 없는 기둥을 가리키며 '기둥이 저쪽으로 가라고 말하고 있다'라고 대답하는 것과 같은 것이며, 그와 같은 해설을 신용하는 것은 어리석은 자뿐이다(PVSV ad v.325).

6.
언설의 이론을 둘러싼 대립의 시대 배경

이상 개관한 바와 같이, 6·7세기에 걸쳐 불교와 바라문교학 사이에서 그것도 특히 가장 보수적인 미맘사학파와의 사이에서 언설의 이론을 둘러싸고 사상적 대립이 명확하게 되었다. 그것은 이미 이전 시대에 상키야학파와 논쟁하였던, 함께 윤회로부터의 해탈을 지향하는 종교적 세계관끼리의 대립이 아니었다. 이 배경에는 무엇이 있던 것일까?

중세사회로의 이행과 바라문의 지주화 地主化

굽타조가 5세기 후반부터 약체화하기 시작하여 6세기 중반에 멸망함과 동시에, 인도사는 지방마다 독자적인 사회 통합을 형성하는 중세 초기의 시대를 맞이한다. 6·7세기에는 힌두교의 여러 교단이 아직 강한 사회 세력으로까지 성장하고 있지 않아, 이 사이에는 지방 왕권과 바라문과의 결합이 강해졌다. 지역에 따라 일괄적으로 말할 수 없지만, 새롭게 지배권을 장악한 왕들이 왕가의 권위 향상을 위해 바라문에게 토지나 촌락을 기진하는 풍조가 강해지고, 왕이 바라문에게 납세가 면제된 세습 지주로서의 권리를 공인한 동판 문서가 이 시대에 급증한다.[50] 이 동판 문서에는 바라문의 계족명(系族名 gotra)과, 대부분의 경우에는 소속하는 베다의 유파명(流派名 śākhā)이 기록되어 있다. 그리고 카스트마다의 유대가 강화된 중세 초기 사회에서는 농지를 경영하는 실업가 바라문과 베다의 전통 유지에 종사하는 종교가 바라문 사이에도 경제 지원을 포함한 일종의 네트워크가 존재하고 있었을 가능성이 있다.[51] 그렇다면 미맘사학파에는 베다의 권위와 카스트의 질서를 옹호하는 언설에 의해 세속사회 내에서 생활하는 바라문의 사회적 지위의 보전을 도모하는 일이 네트워크 속에서 추구되고 있었던 것은 아닐까.

대학화한 불교승원

디그나가는 『지식론집성』 자주 自註 끝에서, 이교의 학파에서 지식 수단과 그 대상에 관한 교설이 부적절하게 제시되고 있는 것을 보여줌으로써 그 신봉자를 학파에서 분리하는 것이 이 책을 지은 목적이라고 하며, 나아가 붓다가 설하는 이법은 논리에 의해 이해되는 대상은 아니지만, 듣는 사람이 이교의 교설을 버리고 있다면 이해를 방해하는 장애를 없앨 수 있을 것이라고 서술한다.[52] 이 '조론 造論의 의미'는 유가행파가 전통적으로 보살이 닦아야 할 학문을 불교 내부와 불교 외부의 것으로 이분하고, 후자는 언어학·논증학 hetu-śāstra/hetu-vidyā·의학·공예학으로 이루어진다고 정하고,[53] 나아가 논증학의 목적은 상대의 소론을 논박(nigraha 제압)하는 것에 있다고 한 것[54] 및 불교의 깨달음을 지향하는 수련을 이법 理法의 청문·논리적 음미에 의한 사색·명상에 의한 체험의 3단계[聞思修]로 하는 것에 기반하고 있다. 이처럼 디그나가는 논리학 연구에 전념하는 한편, 논리학이 직접 깨달음을 초래하는 것이 아니라는 것도 인정하고 있다.

하지만 디그나가 이후, 사회적으로 신장해온 바라문 세력에 대항하기 위해 변론의 기초가 되는 논리학의 중요성은 불교 교단에서 한층 높아져 갔다. 불교교단은 굽타왕조 기간 동안 지속적으로 유력자의 귀의를 받으며 순조롭게 확대해왔는데, 불안정한 중세 초기의 시대에는 영리 목적이 아닌 이법의 탐구를 위해서이기는 하지만, 한편으로는 정치적 동란에서 승리하여 살아남은 왕을 후원자로 하여 새로운 경제적 지원을 얻어내고, 다른 한편으로는 우수한 인재를 받아들여 교단의 구성원을 확보할 필요성이 강하게 대두되었다. 이를 위해서는 공개적인 장소에서 다른 학파와의 논쟁에 이겨 '경쟁적 자금'을 획득하고 '매력적인 승원'을 사회적으로 어필해야 했다. 이 위기의 시대에 다르마키르티는 교설의 진리성은 사색과 명상에 의해 각자가 스스로 확증해야 한다는 불교의 기본자세를 다시금 명시하고, 논리학을 활용하여 불교 교리를 재구성하여 사색의 면에서 스스로 그것을 실행하였다. 그는 『지식론평석』 서두의 귀경계에 이어 주위의 몰이해를 한탄하는 시를 제시하였는데, 머지않아 광대한 영지를 소유한 당시 인도의 최대 규모의 대학이었던 날란다승원에서 그의 지식론은 교단에 있어 매우 매력적인 체계로서 전면적으로 중시되게 된다.

1 최초기의 경전 『숫타니파타』(*Suttanipāta*, ed. Andersen and Smith, 934 & 1053)에 의하면, 붓다는 그가 설하는 이법(dhamma)은 현재 관찰되는 것(sakkhi/diṭṭha)이며, 전해들은 것은 아니라고(anītiha)하였다. 한편, 교단이 편찬한 불전에서는 죽을 때가 다가왔음을 자각한 붓다가 遺誡로서 누군가 새롭게 이법이나 계율을 불설로 주장했을 때에도 그것을 교단이 전하는 경전과 계율에 조합하여 일치하는 것만을 승인하라고 명하였다고 전하고 있다(*Mahāparinibbānasuttanta* 4. 8). 上田昇, 「論理と體驗－インド後期佛教から」 『岩波講座哲學』 13, 岩波書店 (2008), pp. 149-166, 제1절 참조.

2 『바이셰시카 수트라』 9. 19는 언설지(śābda)를 추론의 일종이라고 설한다.

3 바수반두와 동시대의 빈디야바신(Vindhyavāsin)은 지각을 '개념이 없는 청각 등의 활동'이라고 정의하였다. E. Frauwallner, "Die Erkenntnislehre des klassischen Sāṃkhya-Systems," *Kleine Schriften*, Wiesbaden (1982), pp. 223-278, 253을 참조.

4 이들 3종은 이슈바라크리슈나(Īśvarakṛṣṇa)가 『상키야송』(*Sāṃkhyakārikā*) 제4시절에서 열거한다. 또한 그가 의거한 브리샤가나(Vṛṣaghana)도 지각과 추론 외에 전승을 pramāṇa로 인정하고 있다. Frauwallner[1982] p. 261을 참조. 전승을 이법(dharma)의 pramāṇa라고 부르는 것은 초기 법전으로 거슬러 올라가며, *Āpastambadharmasūtra* 1. 1. 2-3은 '이법을 아는 자들의 합의'(dharmajña-samaya)를 제1의, 베다를 제2의 pramāṇa로 하였다. *Mahābhārata* 13. 147. 17 (Poona Critical ed.)은 베다, 지각, 有識者(śiṣṭa)의 행동(ācāra)을 세 개의 pramāṇa로 거론한다.

5 Cf. P.C. Verhagen, "Studies in Indo-Tibetan Budddhist Hermeneutics (6)," *Buddhist Studies* (Papers of the 12th World Sanskrit Conference, vol.8), Delhi (2008), pp. 233-258.

6 MBh pp.242-247. Cf. P.M. Scharf, *The Denotation of Generic Terms in Ancient Indian Philosophy: Grammar, Nyāya, and Mīmāṃsā*, Philadelphia (1996), pp. 21-149.

7 Cf. M. Hattori, "The Sautrāntika Background of the *Apoha* Theory," *Festschrift H. V.* Guenther, Emeryville (1977), pp. 47-58; V. Eltschinger, *Caste et philosophie bouddhique*, Wien (2000), pp. 63-73.

8 현대의 의미론에서 말하는 '意義素'(sense-component)에 해당한다. Cf. K. Yoshimizu, "How to Refer to a Thing by a Word," *Journal of Indian Philosophy* 39 (4-5), Special issue on 14th World Sanskrit Conference (2011), pp. 571-587. '非牛'는 어떻게 해서 설정되는가를 설명할 수 없다면 아포하설은 무의미하다. 谷澤淳三, 「アポーハ說は何を說いているのか」, 『信州大學人文學部人文科學論集』(人間情報學科編) 32, pp. 3-19. 특히 주 (2)를 참조.

9 Cf. Sh. Katsura, "The Apoha Theory of Dignāga," 『印度學佛教學研究』 28-1 (1979), pp. 489-493.

10 제1, 2권의 전역은 赤松明彦, 『古典インドの言語哲學』(東洋文庫, 平凡社)를 참조.

11 Cf. M. Hattori, "Apoha and Pratibhā," *Festschrift D.H.H. Ingalls*, Dordrecht (1979), pp. 61-73.

12 디그나가는 초기에 유식불교의 입장에서 『문장단어론』 제3권 「관계의 고찰」 장 제53-제85시절과 제1권 주석의 2시절을 차용하여, 'brahman'이라는 말을 '識'(rnam śes)으로 전환하고, 『三

時의 고찰』(*Traikālyaparīkṣā*)이라는 제목으로 저서를 지었다. E. Frauwallner, "Dignāga, sein Werk und seine Entwicklung," *Kleine Schriften*, Wiesbaden (1982), pp.759-841을 참조.

13 Cf. T.J.F. Tillemans, *Materials for the study of Āryadeva, Dharmapāla and Candrakīrti*, vol 1, Wien (1990), pp.108-111.

14 上田昇,『チャンドラキールティ著『四百論注』第一～八章和譯』, 山喜房佛書林 (1994), p.131의 주 (8)을 참조.

15 상키야학파는 신체와 세계 전체를 물질 원리로부터의 파생으로 간주하고, 해탈을 위한 금욕적 실천론을 설하는 점에서 출가 사상에 접근하고 있다. 또한 바이셰시카학파의 기원 중 하나는 4대 요소와 영혼을 항상불변한 실재로 간주하는 반 베다사상이다.

16 川崎信定,『一切智思想の研究』, 春秋社 (1995), pp.369-467을 참조.

17 W. Kirfel은 *Vāyupurāṇa*(repr., Nag Publication, 약호 VyPu)와 *Brahmāṇḍapurāṇa*(*ibid.*, 약호 BPu)의 자구가 일치하는 부분을 오래된 동일 푸라나로 거슬러 올라가는 것으로 간주하고, 그 성립 上限을 335년으로 하였다(*Das Purāṇa Pañcalakṣaṇa*, Bonn 1927: XVIII). VyPu 1.58.59＝BPu 1.2.31.59cd-60ab는 '유가의 종말이 다가오면 치아가 하얗고, 感官을 극복한, 삭발하고, 가사를 입은 슈드라가 이법을 실천할 것이다.'라고 서술하고, VyPu 1.58.64cd＝BPu 1.2.31.65ab는 이단자로서 자이나교도(nirgrantha)와 시바교 髑髏파(kāpālin/kāpālika)와 더불어 '가사를 입은 자(kaṣāyin)들'을 거론한다.

18 Cf. A.J. Gail, "Buddha als Avatāra Viṣṇus in Spiegel der Purāṇas," *Zeitschrift der Deutschen Morgenländischen Gesellschaft*, Supplimenta I－3 (1969), pp.917-923; ViPu, vol.1, Introduction, pp.23-25.

19 6세기 전반의 바라하미히라(Varāhamihira)는 점술서 *Bṛhatsaṃhitā* 제57장에서 神像에 붓다와 지나의 상을 포함하고, 붓다의 상에는 연꽃 표식을, 지나의 상에는 슈리밧사(śrīvatsa, 비슈누의 표식)를 붙인다고 정하고 있다. 矢野道雄, 杉田瑞枝 역주,『占術大集成 I』 平凡社 (1995), p.279를 참조.

20 『시절평석』은 미맘사학파의 근본 전적인 *Mīmāṃsāsūtra* 제1권 제1장,『원리평석』은 제1권 제2장에서 제3권 말까지의 복주(6세기 초의 Śabarasvāmin 주에 대한 주석)이다. 이 외의 저작으로는 제4권 이후에 대한 覺書集 *Ṭupṭīkā*와, 만년에『시절평석』을 대폭 증보 개정했지만 散逸된『浩瀚註解』(*Bṛhaṭṭīkā*)가 있다. 불교와의 논쟁점에 관한 잔존 단편에 다르마키르티의 영향이 없는 점으로 보아『浩瀚註解』의 저술은 620년대로 추정된다. Cf. K. Yoshimizu, "Reconsidering the fragment of the *Bṛhaṭṭīkā* on inseparable connection (*avinābhāva*)," *Festschrift E. Steinkellner*, Wien (2007), pp.1079-1103.

21 Cf. W. Halbfass, "Vedic Apologetics, Ritual Killing, and the Foundation of Ethics," *Tradition and Reflection*, Albany (1991), pp.87-129.

22 이미 샤바라스바민이 인용한 註作者(Vṛttikāra)가 지각 인식의 진리성을 지각의 원인에 결함을 볼 수 없는 점에서 이끌어내고 있다. Cf. E. Frauwallner, *Materialien zur ältesten Erkenntnislehre der Karmamīmāṃsā*, Wien (1968), p.26,18-21.

23 텍스트와 완역은 服部正明, 「Mīmāṃsāślokavārttika, Apohavāda章の研究」(上)(下), 『京都大學文學部硏究紀要』14 (1973), pp. 1-44; 同15 (1975), pp. 1-63을 참조.

24 같은 취지의 아포하설 비판은 쿠마릴라에 앞서 니야야학파의 웃드요타카라(Uddyotakara)에게서 볼 수 있다. 服部正明, 「Nyāyavārttika, II. 2. 66におけるアポーハ論批判」, 『松尾義海博士古稀記念論集 密教と印度思想』(1980), pp. 15-30, 25를 참조.

25 針貝邦生, 『古典インド聖典解釋學硏究』, 九州大學出版會 (1990), pp. 315-318 및 Eltschinger[2000], pp.116-123을 참조.

26 이들 논점은 『金剛針論』(*Vajrasūcī*)으로 집약되어 불교에서 정착하고 있었다.

27 Cf. Mn 10. 64-65; *Yājñavalkyasmṛti* 1. 95 (ed. T. G. Sastri).

28 針貝邦生, 「クマーリラの釋尊觀」, 『日本佛敎學會年報』 50 (1985), pp. 49-65를 참조.

29 이 詩節 전체가 Rājaśekhara(900년 전후) 작의 시 논서 *Kāvyamīmāṃsā*(ed. Dalal & Sastry, 3rd ed., p.38)에서 불교도 作의 美文詩(kāvya)로 인용되고 있으며, 그 후반부는 "실로 나의 선행에 의해 모든 생류는 최고의 기쁨을 동반한 극락(sukhāvatī)으로 향하라."라고 되어 있기 때문에, 쿠마릴라는 붓다의 회향에 의한 극락왕생의 사상을 알고 있었을 가능성이 높다. 또한 쿠마릴라는 "여래들이 출현하든 출현하지 않든, 이법이 영원한 것은 확정되어 있다."(utpādād vā tathāgatānām anutpādād vā sthitaiveyaṃ dharmanityatā) (高崎直道, 「法身の一元論」, 『平川彰博士還曆記念論集』, 1975, pp.221-240, 222를 참조, 『열반경』 ed. E. Waldschmidt, 9. 18을 참조)라는 정형구를 인용한 후(TV p. 156,18-19), "불교도는 붓다도 인간인 이상 감관을 초월한 사항을 인식할 수 없다고 하는 미맘사학파로부터의 논란에 대답할 수 없기 때문에, 마치 어린아이가 입으로 흉내 내어 말(bālānukaraṇavākya)하듯이, 미맘사에서 베다를 인위적이지 않은 영원한 성전이라 하는 것을 모방하여 불법은 영원하다고 설하고 있다."고 평하며, 바라문사회에서의 부계 동일계족(gotra) 내의 결혼 금지(Mn 3. 5)를 전제로 하여 "이것은 마치 어리석은 구혼자가 신부의 아버지에게 자신의 혈족에 관해 질문받자, '당신의 혈족과 같습니다.'라고 대답하는 것과 같은 것이다."라고 비웃는다(TV p. 163,1-6).

30 쿠마릴라는 여기서 이법을 설하는 이단 종교가 속인의 욕망을 이루어준다고 하며, 해독이나 지배, 추방, 착란 등을 목적으로 한 만트라나 약물에 의한 주법을 이용하고 있는 점에 대해서도 언급한다.

31 '마누의 계보'(manvantara)에 관해서는 J. Mitchiner, *Traditions of the Seven Ṛṣis*, Delhi (1982), pp. 48-78을 참조.

32 쿠마릴라는 베다의 전거로 *Pañcaviṃśabrāhmaṇa* 23. 16. 7을 인용한다. 유사구의 전거로 S. Lévi, *La doctrine du sacrifice dans les brāhmaṇas*, Paris, 1966, pp. 121의 주 1)을 참조.

33 쿠마릴라는 *Chāndogya-upaniṣad* 7. 1. 2에서 당시의 여러 학문을 열거한 부분을 인용하고, 거기에 불교가 포함되어 있지 않으므로 불전은 이법의 인식 수단이 아니라고 말한다(TV p. 123,8-11). 고타마 붓다 이전의 시대에 성립한 古우파니샤드가 불교에 대해 언급하지 않는 것은 당연하지만, 우파니샤드를 포함한 베다는 역사적 산물이 아니라는 견지에서, 이처럼 불전의 권위를

부정하는 것이다. 또한 쿠마릴라는 붓다는 인간인 한 일체지자(sarva-jña)가 되지 못하며, 또한 설사 일체지자였다 해도 우리에게는 그것을 인식할 수단이 없다는 취지의 '일체지자 비판'을 『시절평석』(Codanā, vv.110cd-140)에서 행하고, 만년에 『浩瀚註解』에서 약간의 논점을 추가하여 다시 정비하였다. 단, 거기에 다르마키르티에 대한 언급은 보이지 않는다.

34 Cf. E. Steinkellner, "Wirklichkeit und Begriff bei Dharmakīrti", *Wiener Zeitschrift für die Kunde Südasiens* (약호 WZKS) 15 (1971), pp.179-211.

35 Cf. *Yogācārabhūmi* (ed. V. Bhattacharya), p.145, 9-16.

36 Cf. *Karmasiddhiprakaraṇa* (Tibetan tr., ed. G. Muroji), pp.50,11-51,4.

37 吉水千鶴子, 「恒常なものはなぜ無能力か」, 『印度學佛教學硏究』 48(1) (1999), pp.373-377, 同 "The Development of *sattvānumāna* from the Refutation of a Permanent Existent in the Sautrāntika Tradition", WZKS 43 (1999), pp.231-254; 同 "What makes all that is produced impermanent?", *Proceedings of the fourth International Dharmakīrti Conference,* Wien (2011), pp.491-506을 참조.

38 Cf. J. D. Dunne, *Foundations of Dharmakīrti's Philosophy,* Boston (2004), p.125.

39 쿠마릴라는 대론자에게 "만약 眞知는 그 자체로 진실이라면 꿈의 인식도 진실인 것이 된다." 라고 말하게 하여(ŚV, Codanā, v.40), 천성적 번뇌에 현혹된 범부의 인식을 꿈에 비유하는 유식파를 대론자로 보고 있다.

40 『지식론평석』 제2장에서는 버려야 할 것(heya)을 버리고, 취해야 할 것(upādeya)을 취하고자 하는 행동은 올바른 지식에 근거한다고 하고(v. 3cd), 행동을 위한 지식 수단이 되는 교전(śāstra)에는 '미망의 정지'(moha-nivartana) 또는 '미지의 사항의 조명'(ajñātārtha-prakāśa)의 활동이 있다고 한다(v. 5bc). 쿠마릴라와 『지식론평석』의 주석가들은 후자의 활동을 지식 수단 일반의 특질 가운데 하나로 본다. Cf. E. Steinkellner u. H. Krasser, *Dharmottaras Exkurs zur Definition gültiger Erkenntnis im Pramāṇaviniścaya,* Wien (1989), p.3, n.2; E. Franco, *Dharmakīrti on Compassion and Rebirth*, Wien (1997), p.62.

41 3종의 검증 방법의 선구가 『해심밀경』이 설하는 證成道理(upapatti-sādhana-yukti)에 있다. Cf. *Sandhinirmocanasūtra*(Tibetan tr., ed. É. Lamotte) p.156,6-36; 吉水千鶴子, 「Sandhinirmocanasūtra Xにおける四種のyuktiについて」, 『成田山佛教硏究所紀要』 19 (1996), pp.132-168, 158. 또한 다르마키르티는 『지식론평석』 본문에서는 언설이 진실이라는 것의 근거를 '반증이 없는 것'(abādhana)이라는 '자율적 眞'설의 용어로 표현하는데(PV 1. 215), 그 自註에서는 검증 가능한 언설의 abādhana란 언설 내용이 실제로 지각 내지 추론에 의해 '그대로이다'(tathābhāva)라고 판명하는 것이라고 한다. '타율적 진을 버리고 쿠마릴라 류의 자율적 진의 입장에서 불전의 권위를 옹호하는' 것은 아니다.

42 Cf. V. Eltschinger, *Penser l'autorite des ecritures*, Wien (2007), pp.106-107.

43 Cf. *Nyāyabhāṣya ad Nyāyasūtra* 1. 1. 7-8 (ed. A. Thakur).

44 단 『지식론집성』의 문맥에서는, 디그나가는 니야야학파에 대해 전혀 언급하지 않고 바이셰시카학파가 제기하는 바람의 존재논증(VS 2. 1. 10을 참조)의 비판에 이어 이렇게 서술하고 있다.

大野田晴美, 「*Pramāṇasamuccaya* におけるディグナーガとヴァイシェーシカ學派の論争」, 『インド哲學佛教學研究』 11 (2004), pp.71-86을 참조.

45 다르마키르티는 '초감관적 과보'(atyakṣaphala)라고 한다(PVSV ad v. 213).

46 나중에 다르마키르티는 성전(āgama)은 무지한 자가 구하는 지식수단이며, 있는 그대로를 이해한 자는 교시를 받을 필요가 없는 것, 또한 어떤 사람의 언설에 지금까지 잘못이 발견되지 않았다 해도 그것만으로는 언설에 대한 疑念이 완전히 불식되지 않는다는 것을 인정하고 있다(PVSV ad v.338).

47 샤바라스바민은 이법(dharma)을 '베다의 教令에 제시된(codanālakṣaṇa) 유익한 것(artha)'이라고 정의하는 *Mīmāṃsāsūtra* 1. 1. 2에 대한 주석에서 呪殺祭 등의 유해한 것(anartha)도 베다 속에 제시되고 있는 것을 변명하고 있다.

48 이 부분의 상세한 논의에 관해서는 若原雄昭, 「マントラの効果と全知者」, 『佛教史學研究』 31-1 (1988), pp.1-30(주 6에서 『지식론평석』 제1장에서의 베다 비판 詩節이 『지식론결택』 Pramāṇaviniścaya 제2장에 轉用되고 있는 것을 지적한다), 同 「ダルマキールティのヴェーダ聖典批判」, 『龍谷大學大學院研究紀要』 인문과학 11 (1990), pp.10-34를 참조.

49 다르마키르티는 바라문과 슈드라 사이에는 종사하는 행위나 태어난 가계 등의 외면적인 차이밖에 없으며, 말과 소 사이에 있는 것과 같은 형태, 성질, 능력의 구별은 보이지 않으므로 계급마다의 種의 구별은 인정할 수 없다고 부언한다(PVSV ad v.295). 또한 미맘사학파에서는 베다제식에서의 만트라 發話는 의례에서 다루는 것을 의식하게 한다고 하는, 의례행위에 종속된 활동을 한다고 생각하지만(*Mīmāṇsāsūtra* 제1권 제2장 제4논제), 다르마키르티는 주술적 만트라 사용에 관해서만 말하고 있다.

50 Cf. M. Njammasch, Bauern, *Buddhism und Brahmanen, Das frühe Mittelalter in Gujarat,* Wiesbaden (2001); U. Singh, Kings, Brāhmaṇas and Temples in Orissa, New Delhi (1994).

51 Njammasch는 마이트라카왕조에서 발행된 바라문을 위한 기진문서 74점 가운데 7세기의 것 4점에 '바라문의 20분의 1'(brāhmaṇa-viṃśati)을 면제한다는 기술이 있으며(Njammasch[2001] p.301), 또한 609년의 어떤 동판문서에 '아리야 4베다 문화인 협회'라고 번역할 만한 ārya-cāturvidya-sāmānya라는 명칭이 있는 것에 착목하여, 농지를 경영하는 바라문은 원칙적으로 바라문의 相助 조직에 수입의 일부를 바쳤으며, 이는 종교 활동에 전념하는 바라문에게 제공되고 있었다고 추측한다(*ibid*, p.304).

52 *Pramāṇasamuccayavṛtti*, 티벳역 북경판 no.5702, $176b^8$-$177a^2$. H. Krasser, "Are Buddhist Pramāṇavādins non-Buddhistic?," Hōrin 11 (2004), pp.129-146, 131을 참조.

53 *Bodhisattvabhūmi* (ed. U. Wogihara) p.96,4-15.

54 *Mahāyānasūtrālaṃkāra* (ed. S. Lévi) 11. 60. Krasser[2004] pp.136-137을 참조.

약호표

AK(Bh)

Abhidharmakośa(-bhāṣya), ed. P. Pradhan, Patna 1967.

CŚṬ

Catuḥśatakaṭīkā, ed. K. Suzuki, Tokyo 1994: 티벳역 데르게판 no. 3865, 제4장 $75b^{7}$-$89a^{2}$.

MBh

Mahābhāṣya, ed. F. Kielhorn, vol. I, 3rd ed., Poona 1985.

Mn

Manusmṛti(Mānavadharmaśāstra), ed. P. Olivelle, Oxford 2005.

PS(V)

Pramāṇasamuccaya(-vṛtti), Anyāpoha-parīkṣā, ed. M. Hattori, 『京都大學文學部研究紀要』 21, 1982, pp.101-224.

PV(SV)

Pramāṇavārttika(-svavṛtti), ed. R. Gnoli, Roma 1960.

ŚV

Ślokavārttika, ed. Dvarikadasa Sastri, Varanasi 1978.

TV

Tantravārttika, ed. K. V. Abhyankar & G. A. Joshi(in: *Mīmāṃsādarśanam*, 2nd ed., part 2), Poona 1981.

ViPu

Viṣṇupurāṇa, ed. M. M. Pathak, 2 vols., Vadodara 1997-99.

VP

Vākyapadīya, ed. W. Rau, Wiesbaden 1977.

VS

Vaiśeṣikasūtra, ed. Jambuvijaya, Baroda 1961.

색인

[ㅈ]

[ㅊ]

[ㅋ]

[ㅍ]

[ㅎ]

저자 소개

사이토 아키라(斎藤 明)

1950년 일본 도쿄(東京)에서 출생. 도쿄(東京)대학 대학원 박사과정 수료. 오스트리아 국립대학 박사. 현재 도쿄대학 대학원 인문사회계연구과 교수.

시모다 마사히로(下田正弘)

1957년 일본 후쿠오카(福岡)에서 출생. 도쿄대학 대학원 박사과정 수료 및 1993년 문학박사. 현재 도쿄대학 대학원 인문사회계연구과 교수.

와타나베 쇼고(渡邊章悟)

1953년 일본 군마(群馬)에서 출생. 도요(東洋)대학 대학원 박사과정 수료 및 문학박사. 현재 도요대학 문학부 교수.

히라오카 사토시(平岡 聰)

1960년 일본 교토(京都)에서 출생. 붓쿄(佛教)대학 대학원 문학연구과 박사과정 수료 및 문학박사. 미시간대학 아시아언어 문화학과 객원연구원을 거쳐, 현재 교토분쿄(京都文教)대학 임상심리학부 교수.

바바 노리히사(馬場紀壽)

1973년 일본 아오모리(青森)에서 출생. 도쿄대학 대학원 박사과정 수료 및 문학박사. 현재 도쿄대학 동양문화연구소 준교수.

혼조 요시후미(本庄良文)

1951년 일본 교토에서 출생. 교토 대학 대학원 석사 과정 수료. 현재 붓쿄대학 특별임용 교수.

아카마츠 아키히코(赤松明彦)

1953년 일본 교토에서 출생. 파리 제3(신 소르본느)대학 수료. 현재 교토대학 이사·부학장.

요시미즈 키요타카(吉水清孝)

1959년 일본 이바라키(茨城)에서 출생. 빈대학 박사과정 수료 및 철학박사. 현재 도후쿠(東北)대학 대학원 문학연구과 조교수.

• 역자 소개

이자랑(李慈郞)

동국대학교 인도철학과 및 同대학원 석사과정 졸업. 일본 도쿄(東京)대학 인문사회계연구과 인도철학·불교학과에서 인도불교를 전공으로 석박사 과정을 거친 후, 2001년에 시모다 마사히로(下田正弘) 교수를 지도교수로 문학박사 학위를 취득하였다. 박사 논문 제목은 「초기불교교단의 연구 – 승단의 분열과 부파의 성립」이다. 동국대·중앙승가대 강사 및 일본 도쿄대학 외국인특별연구원 등을 거쳐 현재 동국대 불교학술원 HK연구교수로 재직 중이다. 대표 논문으로 「율장에 나타난 '不同住(nānāsaṃvāsaka)'에 관하여」, 「승단 추방에 관하여 – 멸빈(nāsana)을 중심으로」, 「「멸쟁건도」의 다수결 원칙(yebhuyyasikā)을 통해 본 승가 분쟁 해결의 이념」 등이 있으며, 저서로는 『나를 일깨우는 계율 이야기』, 『붓다와 39인의 제자』 등이 있다.

시리즈 대승불교 2

대승불교의 탄생

초판인쇄 2016년 03월 22일
초판발행 2016년 03월 29일

저 자 사이토 아키라 외
역 자 이자랑
펴 낸 이 김성배
펴 낸 곳 도서출판 씨아이알

책임편집 박영지
디 자 인 구수연, 윤미경
제작책임 이헌상

등록번호 제2-3285호
등 록 일 2001년 3월 19일
주 소 (04626) 서울특별시 중구 필동로8길 43(예장동 1-151)
전화번호 02-2275-8603(대표)
팩스번호 02-2275-8604
홈페이지 www.circom.co.kr

I S B N 979-11-5610-080-5 94220
979-11-5610-078-2 (세트)
정 가 20,000원